河南省宣传思想文化战线“四个一批”人才资助项目

媒介融合时代 我国图书出版业 数字化转型策略研究

MEIJIE RONGHE SHIDAI
WOGUO TUSHU CHUBANYE
SHUZIHUA ZHUANXING CELUE YANJIU

杨秦予◎编著

郑州大学出版社
·郑州·

图书在版编目(CIP)数据

媒介融合时代我国图书出版业数字化转型策略研究/杨秦予编著. —郑州:郑州大学出版社,2019.12(2021.2 重印)
ISBN 978-7-5645-6877-1

Ⅰ.①媒… Ⅱ.①杨… Ⅲ.①电子出版物-出版工作-研究-中国 Ⅳ.①G239.2

中国版本图书馆 CIP 数据核字(2020)第 007457 号

郑州大学出版社出版发行
郑州市大学路 40 号　　邮政编码:450052
出版人:孙保营　　发行电话:0371-66966070
全国新华书店经销
河南龙华印务有限公司印制
开本:710 mm×1 010 mm　1/16
印张:14.75
字数:245 千字
版次:2019 年 12 月第 1 版　　印次:2021 年 2 月第 2 次印刷

书号:ISBN 978-7-5645-6877-1　　定价:56.00 元

内容提要

本书为编著者本人主持的河南省宣传思想文化战线“四个一批”人才项目结项成果，获中共河南省委宣传部资助。全书共4章，系统研究了媒介融合时代我国教育出版、专业出版、大众出版三大版块的数字化转型策略。

第一章主要运用媒介融合理论，从传播者、讯息、媒介、受传者与传播效果五个方面分析我国图书出版业的现状、面临的问题、数字化转型的策略。第二章以教育出版数字化转型为研究对象，分析了在媒介融合时代，教育出版数字化转型存在的问题，面临的机遇与挑战，并在资本、内容、渠道、平台、经营、管理等多方面实现传统媒体与新兴媒体的融合，提出转型策略。第三章以专业图书出版数字化转型为研究对象，主要研究在数字化浪潮的冲击下，专业图书出版数字化转型的优势和劣势、机遇与挑战，从平台建设、技术渠道、盈利模式、品牌营销、人才培养等方面为我国专业图书出版数字化转型提供思路。第四章围绕我国大众图书出版的数字化转型策略研究这一主题，分析媒介融合背景下我国大众图书出版的时代特征、现状和问题、内部转型优势、外部机遇挑战，从政策、人才、技术、产权保护等角度，为我国大众图书出版数字化转型提供完善的保障性措施。

该书最大的创新之处是首次将出版学研究与新闻传播学紧密结合，运用传播学理论、经济学理论、出版学理论,从传播学、营销学、现代出版学等多学科角度,结合我国图书出版业成功转型典型案例,对我国教育出版、专业出版、大众出版三大版块的数字化转型进行系统研究。选题角度新颖,观点独创,理论性强,是从事编辑出版工作专业人员有益的参考书,也是从事新闻传播学教学与科研工作者重要的工具书。

前言

随着计算机数字技术的不断发展，当前媒体的形态发生了极大的变化，新媒体与传统媒体的融合俨然已成了媒体发展的新态势。图书作为最为传统的媒介之一，其构成的图书出版业也正在经历着媒介融合时代带来的各种机遇与挑战：作为传播者的出版主体逐渐呈现多元化的趋势，促使出版产业形成新的竞合格局。优质内容成为出版商争先抢夺的资源，现代传播技术快速发展令人应接不暇，读者的阅读方式在悄然变化，出版产业受技术的影响逐渐加深。这一切的变化都促使我国传统的图书出版业纷纷向数字化出版转型，以适应时代的要求。而如何在数字化出版转型中找出积极的应对策略，以满足市场与读者的需求，是出版业亟待解决的问题。

为了深入研究媒介融合时代我国传统图书出版向数字出版转型的策略，2016 年本人作为河南省宣传思想文化战线“四个一批”人才，申请了“媒介融合时代我国图书出版业数字化转型策略研究”项目，获得中共河南省委宣传部资助。项目 2017 年立项后，本人作为郑州大学新闻与传播学院硕士研究生导师，开始带领研究生查找文献、深度访谈、问卷调查、收集资料。参与本项目研究的成员有王丽（第一章）、王杏（第四章）、王欢欢（第三章）、王燕杰（第二章），他们协助收集资料，撰写书稿，正是一届又一届研究生的不懈努力，该项目才顺利实施，该项目也成了他们毕业论文的一个重要组成部分。

由于该项目可供参考的资料较少，本书运用文献分析、对比分析、案例分析、SWOT 分析等研究方法，采用“媒介融合”理论、“使用与满足”理论、“媒介即讯息”理论、“差异化战略”理论、4PS 营销理论等，结合我国图书出版业成功转型的典型案例，论述了我国图书出版业在媒介融合时代的数字化转型策略，为我国图书出版业在媒介融合环境下的发展提供借鉴。本书充分结合社会发展实际情况，通过对教育出版、专业出版、大众出版现状、主要发展模式进行分析，把媒介融合理论应用到教育出版、专业出版、大众出版研究领域，对其关键性问题进行剖析，探索具有可操作性的出版转型升级路径，为今后教育出版、专业出版、大众出版转型升级的理论研究与实践探索提供借鉴。

由于本项目涉及的学科领域广泛，数字出版的实践性较强，数字技术的更新换代迅速，因此，本书在涉及新数字技术方面略有欠缺。希望在今后的学习与工作中，寻找出更为科学的研究方法，总结出更多具有实践意义的转型策略。

杨秦予

2019 年 9 月于郑州

目录

第一章

总论

第二章

我国教育出版数字化转型策略研究

第四章

我国大众图书出版数字化转型策略研究

第一章

总　论

第一节　绪　论

一、研究背景与目的

出版业作为一个兼具文化性与商业性、意识形态属性与产业属性，这种双重属性的行业，担负着传播信息、传承文化与经营盈利等多方面的责任。回顾出版业的历史发展阶段，我们发现，其中科学技术扮演了至关重要的角色，它的进步对于出版业的发展起到了关键性的作用。无论是活字印刷术、机器印刷，还是数字出版技术都给我国图书出版业带来了深刻的变革。

从20世纪80年代末开始，随着计算机数字技术的快速发展，人类进入了信息社会，图书出版业也发展到一个新的阶段，即现代网络出版阶段，为传统图书出版业的数字化融合打下基础。近几年，新媒体与传统媒体的数字化融合，改变着信息传播的方式，满足了媒介融合这个媒体发展新趋势中受众需求的变化。而在出版领域，受媒介融合趋势的影响，传统的图书出版业也积极向数字网络出版转型，以适应媒介融合时代的要求。

在媒介融合的新时代，显然向数字化转型已经是我国图书出版业重要的发展战略及方向。我国也将数字出版纳入国家文化发展纲要，表明数字出版在我国文化领域举足轻重的地位。2012年，《国家"十二五"时期文化改革发展规划纲要》明确指出："发展数字出版，完成数字复合出版系统、数字版权保护技术研发工程，建立数字内容生产、转换、加工平台，形成覆盖网络、手机以及适用于各种终端的数字出版内容供给体系"，"发展电子阅读及有声阅读,开展电子书包实验”。[①] 2017 年《国家“十三五”时期文化发展改革规划纲要》明确指出:“加快发展网络视听、移动多媒体、数字出版、动漫游戏、创意设计、3D 和巨幕电影等新兴产业,推动出版发行、影视制作、工艺美术、印刷复制、广告服务、文化娱乐等传统产业转型升级,鼓励演出、娱乐、艺术品展览等传统业态实现线上线下融合。”[②]这些都表明国家已经把数字化出版和传播作为出版现代化的关键标志之一。

虽然图书出版业在各个历史阶段不断地吸收各种媒体的优点来发展自己,以适应时代变迁,形成了自己的独特优势、市场份额与受众青睐,但是在互联网以及各种新媒体的强烈冲击下,图书出版业必然面临着各种挑战与机遇。媒介融合时代决定了传统图书出版向数字出版转型是一个不可改变的趋势,而数字出版作为我国的一个新兴产业,如何使之在新时代下抓住机遇,迎接挑战,在保持原有优势的基础上继续取长补短,是一个亟待解决的问题,也是本书试图探索与解答的问题。

二、研究的基本现状

出版产业作为我国文化产业的重要组成部分,在社会主义经济条件下不但具有意识形态属性,也具有产业属性。在中国知网上以“出版产业”为关键词,可以检测到6000 多条记录,由此可见我国对于出版产业的研究正处于较为积极的阶段,关于出版产业的专著也较为丰富。其中比较具有代表性的著作是周蔚华的《出版产业散论》。该书以出版产业的属性为出发点,把理论研究与出版实践紧密结合,围绕出版产业的实际问题展开出版理论研究,有针对性地回答了出版工作中面临的实际问题。齐峰在其《纵论出版产业的科学发展》一书中,谈到了出版工作当前最为关注的内容,包括科学出版研究、出版产业化与集团化的建设以及出版体制改革等,提出了出版产业的可持续发展与科学发展的策略问题。

20 世纪 90 年代初,当第一本电子图书出现的时候,正如许多新事物所

---

① 韩玉红. 论新媒体时代我国图书出版业的发展策略[D]. 郑州:郑州大学,2011.

② 2017 年中共中央办公厅、国务院办公厅印发《国家“十三五”时期文化发展改革规划纲要》。

经历的那样，并没有受到过多的关注与支持。但是，经过几年的沉寂，随着数字化技术的开发与互联网技术的发展，它焕发了生机。虽然我国数字化出版在20世纪90年代初期尚处于起步阶段，对其学术研究也处于初期，但是在国家的大力支持下，对于数字出版的研究大有增长趋势，特别是数字出版转型的策略研究。

冯宏声在《培育出版业新动能——推动数字化转型升级迈向新阶段》一文中指出："推动数字化转型升级迈向新阶段，转型是以技术为动力，进行产业结构调整，对支撑行业运转的技术逻辑、运行逻辑做出调整，切换到新发展道路；升级是以发展为目标，进行产业生态再造，对新道路不断完善，推动产业建立新格局。近十年来数字化转型升级的一条基本路径是：技术装备配置、数字资源建设、数字形态产品开发、平台搭建、模式创新、前沿技术跟踪。虽然总局和全行业在数字化转型升级工作上深耕多年，但仍处于初级阶段。要想深入推进出版业数字化转型升级，出版人要做'认知'重启，对自身的认知不断深化。下一阶段，出版业要借助技术穿透包装和封装，成为信息内容的重要组成，进入产品与服务形态创新阶段。"

(一)关于数字出版转型的研究现状

在中国知网上，以"数字出版转型"为关键词进行检索，2010年仅检索到106条相关记录，到2019年就能查到相关记录810条，相隔9年对此问题研究的论文和专著增加了7.6倍，可见"数字出版转型"已成为近年来出版业研究的热点。

1. 截至2010年研究现状

截至2010年，对"数字出版转型"的研究大部分是期刊上的论文，有少数会议论文和专著。其中，会议论文比较具有代表性的是中国人民大学新闻学院丁汉青在"新闻传媒与社会发展论坛 · 2007——中国新闻业发展现状与趋势"会议上发表的《出版社向数字出版转型的动力与阻力》，该文站在出版业的立场上，从经济学的角度，分析了我国出版业向数字出版转型的过程中将要面对的得与失，转型中的动力与阻力二者共同构成了数字化转型的大方向。专著具有代表性的是黄孝章的《数字出版产业发展研究》和周蔚华的《数字传播与出版转型》。黄孝章的《数字出版产业发展研究》一书深入分析了我国数字出版产业发展现状及存在的问题，并提出了相应的创新发展模式与发展策略，对我国图书出版业转型中的发展与规划，具有较高的参考价值。周蔚华在其《数字传播与出版转型》一书中指出了出版发展过程与数字化转型的趋势，并介绍了数字出版的流程、管理问题、盈利模式、著作权的保护问题以及数字出版的现状与发展对策等，全面分析了向数字出版转型的各方面问题，为我国出版业的数字化转型提出了实际的发展策略。

2. 截至 2019 年研究现状

截至 2019 年，检索到关于"数字出版转型"的研究期刊论文 685 篇，硕士研究生论文 125 篇，研究主题涉及出版各个领域。大部分是期刊上发表的论文，有一部分硕士研究生论文，还没有专著出版。

(1)关于盈利模式的研究

陈美华在其《全媒体视域下的区域出版产业竞争力评价与提升研究——以江西省为例》一文中，将出版产业理论与竞争力理论相互融合，以"全媒体"新业态为视域，从新的视角全面客观地阐述出版产业竞争力的内涵，从经济和社会双重属性方面，综合运用多学科理论论述区域出版产业发展现状及对竞争力培育模式的研究。从实际出发，分析不同地区之间的社会经济文化等环境差异，使区域出版产业竞争力研究更趋于合理性，也进一步完善了出版产业理论的知识网络体系，并为区域出版产业的协同发展提供了理论依据与经验指导。①

刘娜的《龙门书局数字化转型商业模式研究》，在总结前人研究成果的基础上，力图通过对中小学教辅图书市场的历史、现状、未来发展趋势的分析，结合龙门书局的经营现状及现有商业模式，借鉴培生集团成功的数字化转型商业模式，综合运用亚历山大的商业模式理论、波特五力模型、蓝海战略价值创新理论，构建适合龙门书局数字化转型的三种新型商业模式，对新型模式进行有效评估，并提出新型商业模式的实施管理建议，为企业管理层数字化转型决策提供有益参考。②

---

① 陈美华. 全媒体视域下的区域出版产业竞争力评价与提升研究：以江西省为例[D]. 南昌：南昌大学，2018.

② 刘娜. 龙门书局数字化转型商业模式研究[D]. 北京：北京理工大学，2016.

(2)关于数字化转型现状的研究

关于数字出版现状研究的论文有张亚运的《华东师范大学出版社全媒体出版现状研究》和石彬筠的《我国少儿数字出版现状、问题及对策探析》。

张亚运的《华东师范大学出版社全媒体出版现状研究》,选取将全媒体出版做得有声有色的华东师范大学出版社,进行重点研究,运用文献分析法、人物访谈法、实地调查法等研究方法,探索业界在全媒体出版上的不同模式和成功的机制,希望在一定程度上推动全媒体出版研究的发展,为业界提供可供参考的理论思考。①

石彬筠的《我国少儿数字出版现状、问题及对策探析》,结合当前我国少儿数字出版发展态势,试图从少儿数字出版产品、渠道及运营模式三个方面对我国少儿数字出版现状进行梳理,指出当前少儿数字出版存在的问题是内容缺乏原创活力、平台建设不够完善以及数字出版人才稀缺等。根据存在问题,从受众细分、专属平台打造、数字出版人才培养、数字出版品牌树立等方面尝试提出了应对策略。该文的研究意义在于对少儿数字出版结构进行了较为系统的梳理,搜集了当前参与竞争的企业在数字出版过程中的成功案例,对分析研究加以例证。并且针对当前少儿数字出版面临的问题提出了解决办法。②

刘红、李云雯在其《近年来我国出版社数字化转型研究综述》一文中提出:"随着我国传媒产业转型初见成效,出版社数字化转型成了学术界和出版界的研究热点。近年来,我国出版社数字化转型研究主要集中在出版理念、商业模式、技术应用及人才培养等领域,具有现实性、交叉性、实证性等特点,但也存在研究质量不高,研究领域较集中,研究方法较单一的不足。今后,在保持高度研究热情的同时,需进一步深入研究领域,丰富研究方法。"③

---

① 张亚运.华东师范大学出版社全媒体出版现状研究[D].上海:上海师范大学,2017.

② 石彬筠.我国少儿数字出版现状、问题及对策探析[D].武汉:华中科技大学,2017.

③ 刘红,李云雯.近年来我国出版社数字化转型研究综述[J].昆明理工大学学报(社会科学版),2016,16(2):90-94.

段鹏、张媛媛在《传统出版社数字化转型方向与突破点》一文中指出："在媒体融合的时代背景下，我国传统出版单位面临内容生产、呈现、传播等多维度的数字化转型。我国传统出版单位在当下发展中需要重点关注的三个转型方向，出版内容应始终被置于最核心的位置，与计算机、互联网技术的深度融合，强调传播的重要性，并建议其将智能媒体视为这一轮改革的重要突破点。"①

(3)关于数字出版转型路径的研究

目前硕士研究生论文对"数字出版转型"的研究，大都以某个数字出版转型成功的案例为研究对象，如刘才琴的《中信出版集团数字化转型策略研究》，张浩忱的《陕西新华出版传媒集团数字化发展战略研究》，张茹冰的《中原大地传媒数字化转型研究》，何国平的《江西教育出版社转型道路研究》，张蕊的《基于数字出版的传统出版企业转型与创新路径分析》等。

其中硕士研究生论文比较有代表性的是张茹冰的《中原大地传媒数字化转型研究》，作者以中原大地传媒股份有限公司为研究对象，采用访谈法、文献调查法、个案分析法、SWOT 分析法等，通过分析中原大地传媒的经营报表，总结出在数字出版方面的资金投入与产出关系，对中原大地传媒的发展策略、数字转型现状、项目构建和重点出版社的转型实践进行阐述，总结出中原大地传媒的问题主要表现为内容资源欠缺、特色不鲜明、资金投入有限、战略规划不足、数字出版专业人才亟需引进、盈利模式不成熟等。经过系统研究，对中原大地传媒的数字化转型实践和问题进行了总结和归纳，提出有针对性的发展策略，对出版集团的数字化转型提供有益的发展思路。通过对隶属于第二方阵的出版集团的数字化转型状况进行梳理和分析，有助于对中型出版集团的数字化发展规律形成全面的认识，找到一条切实可行的发展路径，对全国第二方阵的出版集团都能产生一定的启发作用。

张蕊在《基于数字出版的传统出版企业转型与创新路径分析》一文中指出："随着数字网络技术的发展与演进，大众的阅读习惯也逐渐发生转变，现在，大众已经逐渐习惯了电子书籍与期刊的阅读，传统出版企业面临着严重

---

① 段鹏，张媛媛. 传统出版社数字化转型方向与突破点[J]. 中国出版，2019(8)：33-37.

的生存困境。对于传统出版企业而言,向数字出版转型已经成为必然的趋势。然而,对于企业而言,彻底改变自己的模式仍然十分困难,经验不足、人才缺乏等因素都是阻碍传统出版企业转型的问题。”①

（二）关于媒介融合与图书出版研究现状

2010 年在知网上以“媒介融合”与“图书出版”为关键词,只能检索到 14 条与此相关的研究结果,2019 年再以此为关键词,可以检索到 58 条研究结果。

截至 2019 年检索到的关于“媒介融合”与“图书出版”的期刊论文有 49 篇,硕士研究生论文有 9 篇,学术专著还没有一部。

期刊论文中周山丹的《媒介融合时代图书出版业的发展策略》是较有代表性的。该文指出,在媒介融合时代,我国图书出版业虽受到挑战,但是也拥有了新的资源与机遇,并分别从内容优势、整合资源、数字变革与战略联盟四个方面,提出了图书出版业在新形势下的四大发展策略,对现实具有实际的指导意义。

截至 2019 年检索到的硕士研究生论文,其研究主题涉及出版多个领域,全方位研究的论文有 9 篇,主要有:陈淑芹的《媒介融合背景下图书出版的数字化转型发展》,徐冲冲的《我国传统图书出版与新媒体融合发展研究》,姜军的《媒介融合视角下我国图书出版业的数字化转型分析》,李梁的《图书出版媒介的融合与发展策略》,聂震宁的《媒介融合:图书出版业独特融合之道》,秦艳华、路英勇的《出版产业媒介融合发展之我见》,王丽的《论媒介融合时代我国图书出版业的数字化转型策略》,魏悦的《浅谈图书出版媒介融合现象》,陈驹的《论我国图书出版的媒介融合》。

王丽的硕士研究生论文《论媒介融合时代我国图书出版业的数字化转型策略》是其中较有代表性的,该文运用文献分析与案例分析的研究方法,结合我国图书出版业逐步向数字出版转型的现实情况,并运用拉斯韦尔的传播过程五要素,即传播者、讯息、媒介、受传者、传播效果五个方面分析我

① 张蕊. 基于数字出版的传统出版企业转型与创新路径分析[J]. 智库时代,2019:28-29.

国图书出版业的数字化转型现状。从内容资源、营销方式、媒介融合、人才与国际化五个角度论述了我国图书出版业在媒介融合时代的数字化转型策略，为我国图书出版业在媒介融合环境下的发展提供借鉴。

徐冲冲的硕士研究生论文《我国传统图书出版与新媒体融合发展研究》也是其中的代表。该文重点分析了我国传统图书出版在与新媒体融合发展的过程中，在主业经营、平台渠道建设、组织结构创新方面面临的困境，运用技术创新发展理论、经济学相关理论，以及互联网思维理论，从宏观、中观、微观层面分析了我国传统图书出版与新媒体融合发展的背景，从传统图书出版的主业经营角度、平台渠道建设角度、组织结构创新角度分析融合发展过程中传统图书出版的困境，从内容资源价值的再开发和再定位、主动建设特色平台渠道、创新组织机构体制等角度尝试寻找突破之路。

综上所述，有关图书出版产业研究的成果较为成熟、丰富，对于数字出版的研究也趋于成熟。但是，有关“媒介融合”与“图书出版”的研究较少，而且尚不够深入。所以，有必要将我国图书出版业放在媒介融合的大环境中进行剖析，并且将数字出版转型也纳入此环境之中。在媒介融合时代，分析我国图书出版业面临数字化转型的优势与劣势，机遇与挑战，提出数字化转型的策略，为我国图书出版产业的发展提供借鉴。

三、研究内容与方法

本章致力于研究在媒介融合时代，数字出版对我国图书出版业的影响，及其在数字化转型过程中的应对策略。对于分析我国图书出版业的现状以及大环境对其产生的影响，以“五 W 模式”作为分析方法，即从传播者、讯息、媒介、受传者与传播效果五方面分析图书出版业的现状，并根据这一现状提出数字化转型面临的问题，通过理论与个案分析来论述传统图书出版向数字化转型的策略。

就本章研究而言，笔者将采用定性的研究方法，结合新闻传播学、编辑出版学、市场营销学以及经济学进行一系列较为全面的阐述。具体来说，主要采用文献研究法和理论分析法，并结合个案研究。

运用文献研究法省钱省时，通过对现存的资料进行选择和提炼，有助于自己获取有效信息，也有利于对个案进行分析，使之“有理可依”。本章采用的文献主要有以下三种来源：相关的书籍、期刊，相关的学术研究报告，以及各类学科的相关观点。因此，开展本章研究一方面致力于搜集新媒体与传统媒体对于图书出版业的报道，另一方面还需要搜集关于媒介融合以及图书出版业的期刊文章及相关著作，这样可以提供一些分析的理论依据以及完善相关概念的界定。

而个案分析的目的是通过典型的案例，为媒介融合环境下的图书出版业的数字化转型策略提供一些可以借鉴的经验，并对转型策略进行有效的透视。

四、相关概念和理论界定

（一）相关概念界定

1. 媒体融合

“媒体融合”最早由尼古拉斯·尼葛洛庞蒂提出，美国马萨诸塞州理工大学教授浦尔认为媒介融合是指各种媒介呈现多功能一体化的趋势。其概念应该包括狭义和广义两种，狭义的概念是指将不同的媒介形态“融合”在一起，随之会产生“质变”，形成一种新的媒介形态，如电子杂志、博客新闻等；而广义的“媒介融合”则范围广阔，包括一切媒介及其有关要素的结合、汇聚甚至融合，不仅包括媒介形态的融合，还包括媒介功能、传播手段、所有权、组织结构等要素的融合。也就是说，“媒体融合”是信息传输通道多元化下的新作业模式，是把报纸、电视台、电台等传统媒体，与互联网、手机、手持智能终端等新兴媒体传播通道有效结合起来，资源共享，集中处理，衍生出不同形式的信息产品，然后通过不同的平台传播给受众。①

2. 媒体融合与媒介融合的区别

媒体和媒介是有区别的：媒介是信息传播所需要的载体、介质或通道。媒体是“媒介+内容体系”的组合，拥有后端内容架构、生产流程、编读互动等系统支撑。因此，我们在掌握多种媒介的处理技术之外，必须要有一个内容

---

① 百度百科词条。

体系来支撑处理工艺，最终实现内容和通道的良好结合。①

3. 出版产业

出版产业是生产图书、期刊、音像制品、电子出版物等多种传播媒介的信息产业群。是以知识、信息为主体元素的特殊产业，具有文化积累和思想传播的重要功能。可分为传统出版产业和现代出版产业两大部分。前者以图书、期刊出版为主，后者的出版形式多样，电子出版物是其重要组成部分，如磁带、磁盘、光盘、在线出版物（通过通信线路、计算机网络等电子技术传递出版信息）等。其产业属性主要表现为出版单位企业化、出版组织专业化、出版经营集约化、出版物市场最大化。②

4. 数字出版

数字出版是人类文化的数字化传承，它是建立在计算机技术、通讯技术、网络技术、流媒体技术、存储技术、显示技术等高新技术基础上，融合并超越了传统出版内容而发展起来的新兴出版产业。数字化出版是在出版的整个过程中，将所有的信息都以统一的二进制代码的数字化形式存储于光盘、磁盘等介质中，信息的处理与接收则借助计算机或终端设备进行。它强调内容的数字化、生产模式和运作流程的数字化、传播载体的数字化和阅读消费、学习形态的数字化。数字出版在我国虽然起步较晚，但是发展很快，目前已经形成了电子图书、数字报纸、数字期刊、网络原创文学、网络教育出版物、网络地图、数字音乐、网络动漫、网络游戏、数据库出版物、手机出版物等新业态。③

（二）相关理论界定

1. 五 W 模式

第一位提出传播过程模式的是美国学者拉斯韦尔，他将传播过程分成五种基本要素，并将它们按照一定的顺序排列，形成了后来的“五 W 模式”，即谁（传播者）、说了什么（讯息）、通过什么渠道（媒介）、对谁说（受传者）、

① 百度百科词条。

② 上海辞书出版社《大辞海》在线数据库提供内容 。

③ 百度百科词条。

有什么效果(传播效果)。“五 W 模式”为今后传播学的研究奠定了理论基础。

2.“媒介即讯息”理论

“媒介即讯息”理论是麦克卢汉媒介学说的主要内容之一,其含义是:媒介本身才是真正有意义的讯息。人类自从有了媒介才有可能开始从事与之相适应的传播和其他社会活动,因此,真正有价值的讯息并不是各个时代的传播内容,而是这个时代使用传播工具的性质以及它所带来的社会变革。

3.“使用与满足”理论

“使用与满足”理论是一种对受众心理与受众行为的研究,把受众看作有着特定“需求”的个人,把他们的媒介接触活动看作基于特定的需求动机来“使用”媒介,从而使这些“需求”得到“满足”的过程。换言之,受众的媒介接触是基于自己的需求对媒介内容进行选择的活动,强调了受众需求对传播效果的制约作用。

五、研究的意义与创新点

(一)本研究的意义

一是分析我国图书出版业向数字化转型的现状,结合实例说明在此过程中出现的图书出版业的优势与劣势,在媒介融合时代的大环境下认清事实,取长补短,以便更好地顺应时代要求。

二是总结我国图书出版业向数字化转型的现行策略与长远策略,从内容资源、营销方式、媒体融合、人才培养与国际化这五个方面对我国图书出版业的未来发展提出意见与建议,促进我国图书出版业做大做强,发展我国的出版产业。

(二)本研究的创新之处

与传统的出版研究重视实务研究不同,本研究更加注重出版理论的研究。本研究最大的创新之处在于将出版研究与新闻传播学科相结合,从新闻传播学的角度,运用新闻与传播学的理论,探讨出版这一人类传播行为。在媒介融合时代这一大环境下,从市场营销学、经济学、编辑出版学等多学科角度,对我国图书出版业向数字化转型策略进行研究。

第二节 媒介融合时代我国图书出版业概述

一、我国图书出版业发展的三个阶段

图书出版业经历了一个漫长的历史过程,随之变化的还有出版的性质与功能,而所有的这些变化都与它所依靠的社会环境有关。

语言的产生是真正意义上人类传播的开始。从语言的产生到现如今的媒介融合时代,人类的传播大致经历了四个发展阶段:口语传播时代、文字传播时代、印刷传播时代和电子传播时代。[①] 口语的产生为人类的沟通提供了一个最为基本的工具,大大加速了人类社会进化与发展的进程,使得人类开始走向文明时代;文字的产生使得信息可以长久保存下来,也可以将信息传递到遥远的地方,因而,文字的出现使得人类进入了一个更高的文明发展阶段,但文字传播时代以手抄为主;印刷时代是建立在造纸术与印刷术之上的,造纸术的发明为信息的传播提供了轻便的物质载体,而印刷技术将文字信息大批量地生产与复制,弥补了手抄传播费时费力的不足,极大地加快了信息的传播速度;电子传播时代实现了信息的远距离快速传输,人类知识经验的积累与文化传承的效率有了新的飞跃,电子技术的发展还推动了计算机的产生。

综上所述,我们发现社会技术的进步是推动传播活动不断发展的关键因素。同样,出版技术的发展与进步也极大地推动了出版业的发展,不仅加快了信息传播的速度,而且增强了信息的可获得性,因而也推动了人类社会文明的发展,从活字印刷术、雕版印刷术到机器印刷和现如今的数字出版技术,都为出版业注入了新鲜的活力。目前,学术界公认的因技术的发展而导致的出版变革一共有三次,分别是在农业社会、工业社会和信息社会。

第一个阶段是在农业社会的背景下,此阶段正是文字与古代书籍出版

---

① 郭庆光.传播学教程[M].北京:中国人民大学出版社,2009:28.

的形成时期。从出版技术上看,文字的出现、造纸术与印刷术是它的典型标志。文字的出现与应用,使得信息得以保存和被精确地再现,为以后的刻石、抄书、印书以至于现代的数字化打下了坚实的基础,促进了印刷术的产生,也意味着创造书籍的基本条件的具备。同时,人们开始有意识地将信息用文字的方式记录下来,以记录事件或者表达人们的思想感情,这些行为进一步地促进了书籍的产生。

在纸张出现之前,人们将文字记载于甲骨、青铜器、石头或者简帛上。其他国家或者民族也采用上述载体。但是,只有在中国,竹木和丝帛被大量应用于书写,其他地区比较少见。公元105年,我国东汉时期的蔡伦发明了廉价且便于制作的“蔡侯纸”,这种纸完全适用于书写与出版,为书籍的产生提供了最佳的物质载体。印刷术则为书籍的产生提供了坚实的技术支持。我国的印刷术开始于隋朝的雕版印刷,为知识的广泛传播、交流创造了条件,是人类近代文明的先导。朝鲜、日本、中亚、西亚和欧洲也先后得益于我国的印刷技术。这两项技术的发明与推广,使人们在几百年的实践中越来越意识到出版的巨大作用,由于它可以使知识信息在较短的时间内得以复制与传播,使得图书逐步进入了流通的领域,并初步具有了商品的性质。

在我国古代,支持出版事业的力量主要来自三个方面:一是政府出版机构。由于政府有充足的人力、物力、组织等保证,因而用料优、付印快、质量高,成为传统出版的主体。官办出版机构出版的书籍,一为收藏,二为赠送,三为售卖。但售卖的很少,且不以营利为目的。二是私人自费刻书或集资出版。三是商办的书坊书肆。书坊刻书在刻书业中开始最早、地域分布最广、刻印数量在社会图书生产总量中所占的比例最大,是图书商品流通的主体。①

但是,在农业社会,记载占卜、宗教仪式或者社会中的重大事件是出版的主要目的,为政治的上层建筑所控制,即所谓的“学术在官”。直到封建社会初期,才逐渐出现了“学术下移”,然而出版的内容依然仅限于唱词、佛经、日历等市民需求量大的信息,直到后来被用于印制儒家经典,出版业也只是

① 周蔚华.出版产业散论[M].上海:复旦大学出版社,2009:32-33.

起到了一定的教化作用。

第二个阶段与工业社会相适应，是活字印刷术与电子技术的应用阶段。从出版技术来看，此阶段的典型标志就是活字印刷术的发明与广泛应用、电子出版技术的产生与普及。

隋朝的雕版印刷，经宋仁宗时代毕昇的发展、完善，产生了活字印刷，因此后人称毕昇为印刷术的始祖。活字印刷术进一步提高了出版的传播效率。而将出版与印刷真正带到一个新的发展时期，当数15世纪以后的德国人古登堡将活字印刷变成了实用的技术，发明了铅活字印刷。图书印刷很快传遍了彼时的欧洲，成为一个繁荣的行业，并逐渐出现了明确的分工，出版者、印刷者与售卖者由不同的人来从事。多个欧洲城市也渐渐成为出版中心，如意大利的威尼斯、英国的伦敦，但出版的图书大多数是圣经或者祈祷书，狭小的受众范围与需求影响了书籍的印刷与传播。18世纪之后，这种状况有所转变。由于那时的欧洲大学将传播知识作为其主要的任务，对非宗教化图书的需求量大，因此就推动了与科学相关的图书的大量出现。19世纪以后，工业革命的成果开始运用与推广到出版业，铅字印刷、蒸汽机与排版的使用都大大加速了出版效率，推动了出版业的繁荣与发展，培育了一批大型的出版公司。

尽管我国是最早发明印刷术与造纸术的国家，但是在近代之前并没有出现比较有影响力的出版企业。随着中外文化与技术交流的加深与发展，西方先进的出版技术与理念渐渐传入中国，也积极影响了我国出版业的发展。19世纪末到20世纪50年代，我国在西方的影响之下也诞生了一批民族出版企业，如商务印书馆、中华书局、开明书店等，从规模与管理方式上都已经初步具有现代出版的雏形。随后，我国的出版业进行了社会主义改造，形成了高度集中的计划经济出版体制。从20世纪80年代开始才打破这种状态，并且逐步向社会主义经济条件下的新出版体制过渡。

在这一阶段，电子通讯技术也是一项重要的发明。模拟式电子传播方式相继诞生，如电影、广播、电视和录像技术等，传播速度大大加快，传播内容也更为丰富，复制与储存的方便程度前所未有，使得信息传播的空间范围扩大到了全社会，甚至开始向国际延伸。以声音图像传播为主体，电磁介质为载体是本阶段的传播特点。工业革命促进了各种技术在出版业的广泛运用,而出版业的发展反过来也推动了工业革命的进程。这一阶段后期,出版业受到大量投资者与资本家的追捧。再加上现代企业制度的不断兴起,在出版领域也形成了一批大规模的出版公司。这样,出版的功能由此发生了变化,从一种单纯的信息传播的功能,逐步跨入经济生活之中,成为其不可或缺的一个组成部分,同时也具备了产业的功能。

第三个阶段与信息社会相适应,即现代网络出版阶段。这一阶段的标志是全球化、网络化与数字化。

在脱离了工业化的信息社会中,信息成了比物质与能源更加重要的资源,也是推动社会经济发展的重要动力之一,与信息有关的一切行业都纳入了知识经济的产业范畴。出版业作为知识与信息的提供者,毫无疑问也在其范围之内。现代网络技术从根本上改变着人们的生活与工作方式、价值观以及行为方式等,也改变着传统的出版形态、出版流程和出版的经营模式,推动着出版业由传统的制造业向产业内的行业(信息服务业)转变,出版业正在转型,向着真正意义上的出版产业发展。

当前出版界面临着大的转型,对于大多数出版社来说,这个转型具体包括三个方面的内容:一是从出版事业向出版产业的功能转型;二是从事业单位转制为企业的单位性质转型;三是从传统出版向现代数字化出版的出版业态转型。① 从事业向产业的转变意味着把出版业作为经济的一部分来看待,它就不再仅仅是意识形态而是产业,涉及市场问题与经营问题,不仅可以继续起到传播知识的作用,也要产生利润。从事业单位转为企业,其面临的最大问题就是创利,虽然现代企业也强调社会责任,但是企业的真正性质就是盈利。2004 年 4 月 5 日,国务院批准中国出版集团改制为中国出版集团公司,这标志着中国出版事业单位的企业化改制正式开始。此后,我国多个出版社、发行集团等都开始了由事业向企业体制的转变。转变其体制之后,如何更好地实现其社会责任,如何更好地创收与发展成为出版社面临的最大问题。新媒体与传统媒体的融合如何更好地推动出版业向数字化出版的转变,这也是亟待解决的问题之一。

---

① 周蔚华. 出版产业散论[M]. 上海:复旦大学出版社,2009:302.

在媒介融合时代,数字出版技术逐步渗透传统的出版行业,电子书、网络出版、博客、网上销售等新兴的出版形态已经开始崭露头角,大有成为主流的趋势。目前,纸质出版物阅读率连连下降,而网络阅读、手机阅读率直线上升,说明人们早已经接受了数字出版对其阅读方式的改变,接受了屏幕阅读,接受了对人类几千年来的阅读习惯的颠覆。据有关资料显示,我国已经有500多家出版社参与了数字出版的进程,开始了自己的电子书业务,与网络接轨,与读者沟通,渐渐跟上了时代的步伐。但是我国数字出版的发展并没有想象中那么乐观,出版社参与的深度并不理想。总的来说,所建设的网站也只限于形象的宣传、简单的信息发布这样的粗浅功能。

二、媒介融合时代的图书出版

(一)媒介融合研究

随着计算机数字技术的发展,受众获取信息的方式逐渐改变,新媒体强烈冲击着传统媒体,因此,媒体积极进行内容的数字化,改变自己传播信息的方式,以满足受众日益变化的需求。时代的发展也为传统媒体与新媒体的数字化融合提供了主要的外部技术条件与支持。在全球,或多或少都出现了媒介之间的边缘模糊与消失,这就是媒介融合。对于媒介融合的研究尚未成熟,且主要集中在对媒介融合概念的辨析与对于媒介融合状态的介绍。各个组织、媒体与专家学者等从不同的领域或者角度对媒介融合下了不同的定义。

媒介融合最早是由美国马萨诸塞州理工大学的浦尔教授提出的,1983年他在其《自由的科技》一书中提出了"传播形态融合",指出媒介融合是各种媒介呈现出一体化的发展趋势,即在传媒产业领域,随着网络宽带化与文件压缩等数字技术的发展,传媒产业界限不断突破的现象。

美国麻省理工学院的媒体实验室创始人尼古拉斯·尼葛洛庞蒂指出:"在计算机技术和网络技术二者融合的基础上用一种终端和网络来传输数字形态的信息,由此带来不同媒体之间的互换性和互联性。"①

---

① 周山丹.媒介融合时代图书出版业的发展策略[J].编辑之友,2010(2):34-41.

国内学者对这一概念也有不同的阐述。在《媒介大融合》一书中，作者王菲对媒介融合下的定义是：在数字技术和网络技术的背景下，以信息消费终端的需求为指向，由内容融合、网络融合、终端融合所构成的媒介形态的演化过程。内容融合是位于产业链上游的融合，即采用数字技术而形成了跨媒体跨平台的使用，利用数字化终端形成多层多类型的内容融合产品。网络融合指位于产业链中游渠道的融合，具体来说是三网融合，即电信网、广电网、互联网的融合。终端融合是位于产业链下游的终端应用的融合，即3G融合，计算机、电子消费品、电脑、手机等设备的融合。①

在《媒介融合的轨迹》一书中，作者提出媒介融合是将报纸、电台、电视台和互联网站的采编作业结合起来，资源共享，集中处理，衍生出不同形式的信息产品，然后通过不同的平台传播给受众。② 作者还认为媒介融合在网络融合、服务融合、事业融合和接收终端融合这四个方面都有体现。服务融合与事业融合分别指在媒体提供的服务之间，经营主体之间出现区分不明的现象；网络融合指的是传输网络之间的区分不再明显或者是"多网合一"现象；接收终端融合是指接收媒体内容的终端设备的整合。

所以，媒介融合是一种社会发展现象和一股新的潮流，它是基于数字技术与网络技术的，总的来说，它的最终目的就是为受众服务，多样化的信息内容可以通过更为简便的方式来接收。媒介融合改变着受众的需求，而受众的需求也在不断促进并完善媒介融合。

综上所述，我们可以看出，媒介融合不仅仅是各种媒体的融合，也是利用多样化的数字技术集成多种形式的媒体服务，创造出新的价值。所以，我们不能将媒介融合这一概念仅仅局限于技术层面，而是要综合各个方面来理解它。

（二）图书出版研究

中国是图书出版历史悠久、文化典籍非常丰富的国家。我国的图书出版活动源远流长，最早发现的文字材料记载于甲骨、钟鼎。随着人类文明的

---

① 王菲．媒介大融合[M]．广州：南方日报出版社，2007：21．

② 许颖．媒介融合的轨迹[M]．北京：中国人民大学出版社，2011：6-7．

发展,在西周、春秋时期,出现了以传播为目的的简策与帛书。此后历代都有专门的人编书、写书、刻书或者藏书,积累了宝贵的文化财富,也引发了相关的、图书出版的学理研究。① 但是,对于出版的定义,不同的年代有不同的界定,这一定义随着时间的推移和社会的变迁而变化,从传统出版到向数字化出版的转变,出版的概念也不断丰富。

现如今,"出版"在《中华人民共和国著作权法实施条例》中被定义为"将作品编辑加工后,经过复制向公众发行"。在知识经济时代,随着信息传播数字化的发展,我国的图书出版业逐渐由传统的纸质出版向数字出版转变。因此,在这样的网络化、数字化的出版背景之下,学者们对于出版这一概念有了许多不同的认识。近几年来,对于出版这一概念的讨论,较具有代表性的是以下三位学者的论述。

罗紫初教授对出版的定义是:"所谓出版,就是将知识信息产品经过加工后,以商品生产的形式大量复制在一定的物质载体上,并使其广泛传播的过程。"②这一概念不仅指出了出版的本质属性与构成要素,而且突出了在新的技术条件下出版的新内涵。王建辉提出了"现代出版"的定义:"现代出版是以多种现代媒体为手段的内容提供,其特征是以市场经济为基本前提,以高新技术作为物质基础,以大出版大市场为生产形态,以多媒体的共同发展为运行载体,以知识管理为产业原则,以国际规则为发展参照的出版。"③余敏主编的《出版学》一书中提到:"内容提供商,或许是21世纪出版概念的新涵义。新角色与旧身份的区别在于,传统出版仅仅承担了内容加工和单向传播的职责,读者只能被动地接受无差别的内容;而新角色则使出版者可以为顾客提供个性化量身定做的信息,并尽可能提供全方位的服务。技术、内容、服务是新角色的三个支柱,其中技术是基础,内容是桥梁,而服务是信息增值的关键,是新角色的核心竞争力。从这个角度讲,内容提供商更确切地说,是信息服务商。"这一表述将内容提供作为出版活动的核心,也将"新"与"旧"的出版进行了一个比较。

---

① 张天定.图书出版学[M].开封:河南大学出版社,2006:1.

② 罗紫初.出版学理论研究述评[J].出版科学,2002(39):4-12.

③ 王建辉.现代出版的内涵[J].出版科学,2004(4):1-3.

这些对于出版活动的新形势与新概念的表述突出了媒介融合时代我国的图书出版活动，强调了出版实践活动与时俱进的发展，对于我们正确理解媒介融合时代我国图书出版业的数字化转型有重要的启迪意义。

出版产业是近几年提出的与出版这一概念密切相关的新概念。虽然学界对于出版产业依然没有一个明确且权威的解释，但是不少学者已经结合出版实践活动与相关理论，对其进行了一系列的讨论。其中，比较具有代表性的是黄先蓉的《出版学研究进展》一书中所归纳的关于出版产业的三个要点：一是出版产业以知识与信息为核心内容；二是出版产业以市场为纽带；三是出版产业以现代化为显著特征。①

数字出版是一个日益成熟的概念，它指的是在出版的整个过程中，将所有的信息都以统一的二进制代码的数字化形式存储于光盘、磁盘等介质中，信息的处理与接收则借助计算机或终端设备进行。张立在《数字出版的若干问题讨论》一文中指出，数字出版第一次用更为本质的技术属性来概括出版的全过程。因此，概括来说，只要用二进制这种技术手段对出版任何环节进行操作，都是数字出版的一部分。② 不同的是，徐丽芳在《数字出版概念与形态》一文中强调采用数字技术来完成出版过程中某些环节的做法，称为数字出版才更加科学。从以上学者对于数字出版的观点来看，我们可以明确一点，就是数字出版的概念是随着技术的进步而不断深化的，它的发展呈现出了多种媒体融合的发展趋势，不同形式的数字出版已成为一种出版方式，“内容为王”与“多媒体化”是数字出版的两大发展趋势。

第三节　我国图书出版业向数字化转型的态势分析

美国学者哈罗德·拉斯韦尔在 1948 年提出了传播过程的五个基本要素，形成了“五 W 模式”。后来，学者丹尼斯·麦奎尔对这个模式进行了整理。拉斯韦尔的传播过程模式如图 1-1 所示。

虽然这个模式并没有揭示人类传播活动的双向性与互动性，但是它为

---

① 黄先蓉. 出版学研究进展[M]. 武汉：武汉大学出版社，2006：16.

② 张立. 数字出版的若干问题讨论[J]. 出版发行研究，2005(7)：13-18.

人类了解传播活动的结构与特性奠定了基础。图书出版是传播活动的一种,媒介融合时代为图书出版的发展提供了新技术与新理念。进入媒介融合时代,我国的传统图书出版业将以何种姿态面对各种机遇与挑战,已成为其数字化转型的重要问题之一。出版企业要认清当前国际出版的发展趋势,认清我国出版发展的大环境,在转制的基础上逐步推进向数字化转型的方针。下面将从传播学的角度,从传播者、讯息、媒介、受传者和传播效果这五个方面对图书出版数字化转型的现状与趋势进行分析。

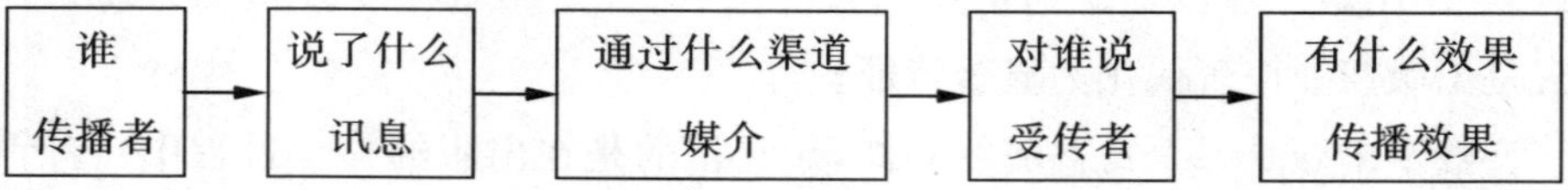

图 1–1　拉斯韦尔的传播过程模式

一、传播者:出版主体多元化促成新的竞合格局

在媒介融合时代,各种新型出版形式如雨后春笋般地出现,曾经为传统出版提供服务的内容提供商、技术提供商以及渠道运营商等,他们也力争在出版业的相互竞争中,从出版市场分一杯羹。

随着社会与科技的发展,人们因为工作繁忙、学习或者生活压力大等原因,阅读传统的纸质图书的时间越来越少,相反,使用电脑、手机等电子产品的时间越来越长。许多非传统的出版企业利用自身的技术,抓住读者的阅读需求与习惯的变化,发展速度迅猛,早已超越了传统出版业。例如,在学术文献数据库出版方面,中国知网、维普资讯、万方数据和龙源期刊四大期刊数字出版企业已经基本上垄断了我国学术期刊的数字出版业务;在电子图书出版方面,北大方正、超星、汉王等企业由于较早进入这个领域,经过多年努力,占据了我国电子图书 90% 以上的市场份额;在手机出版方面,中国的两大电信运营商:移动和联通,早已推出了手机报等增值业务,站在了手机出版的制高点上;在网络图书出版方面,起点中文、潇湘以及晋江等原创文学门户网站成为中国网络出版的主力军。

在媒介融合时代,为了成为竞争中的胜者,传统出版业与非传统出版业开始从曾经的竞争关系转向了相互合作关系,力求整合最好的技术与资源,谋求自己的市场地位。如以方正阿帕比、书生等为代表的技术提供商积极寻求与传统出版社的合作，积累内容资源。传统出版社也开始倾向于与原创作品网站合作，利用其资源，出版纸质图书。

下面以幻剑书盟为例，来看一下新的竞合格局的产生。幻剑书盟是国内最大的原创文学网站之一，以创作武侠与奇幻文学见长，每天的页面访问量在1200万到1500万人，目前有注册会员50多万人。这种原创文学网站为读者、作者和出版商提供了一个沟通、交流的通道和增值平台。读者作为其他二者的一个风向标，可以自主选择阅读自己喜欢的作品，并对作品进行评价，与其他的读者互动交流，甚至可以通过给作者提建议直接或间接参与到作品的创作中去。作者可以通过这样的一个低成本的渠道，发表自己的作品，无需通过烦琐的审查过程和对出版商的选择过程。出版商可以通过网络轻易地发现人气高且市场前景好的文学作品，对其进行出版，大大减少了盲目投资的风险。说到幻剑书盟，不得不提到一个成功的经典案例《诛仙》。这部拥有8册的长篇武侠小说，讲述了两个少年被武林中人带上山之后惊心动魄的一生，书中没有关于武术招式的讲解，却充满了法术与奇幻。这部小说起初在幻剑书盟连载，风靡一时，受到了广大书迷的追捧，作者与网站的知名度大增。这样的商机被朝华出版社发现，朝华出版社出版了此书，使此书一跃成为当年的全国畅销书，其销量紧逼《哈利波特》。随后，国内一流网络游戏公司“完美时空”制作了一款同名的网络游戏《诛仙》，迅速受到市场的追捧。此后，一发不可收拾，各种以“诛仙”二字为名的网站纷纷建立，主要是小说连载、转载以及网游。2019年《诛仙》拍成电影公映，甚至还传来了小说将被拍成电视剧的消息。

总之，各大出版主体不再仅仅是在相互竞争，而且还伴随着相互的合作。非传统出版业与传统出版业的相互渗透与转变正在改变着我国图书出版业的环境。

目前我国的图书出版业向数字化转型应该充分考虑利用好技术与资源，积极应对媒介融合时代的要求。

二、讯息：优质内容是转型的核心指标

内容的定义比较宽泛，可以指文字、图片、声音等信息组合用来满足特

定的需求。对于图书出版业来说,是以文字与图片的形式为主。

传统出版业以“内容为王”为不二法则,这在图书出版业的数字化转型进程中同样适用。人们将拥有内容资源的多少视为出版商、技术商等利益方取得竞争优势的先决条件。而事实上,内容的真正来源是作者,他可以将手中的内容资源交给传统的出版商,也可以交给渠道开发商或者技术服务商等。在渠道丰富的媒介融合时代,大众无论是购买传统的纸质出版物还是数字出版物,其目的仍然是阅读内容资源。因此无论新技术如何变化,渠道如何发展,内容的创新与独特依然是图书出版业转型的核心指标。

我们以亚马逊为例,来看一下它是如何以内容取胜的。由于亚马逊的创立者看到了网络的巨大潜力与特色,当实体书店可以提供十万册的图书给读者时,网上书店则能够提供远比十万册图书多得多的选择。于是在1995年,亚马逊成立,它们可以提供的图书目录比全球任何一家书店的存书都要多15倍以上,并且涉及多个学科,如科学、文学、艺术等。值得一提的是亚马逊推出的最畅销的产品——Kindle电子书阅读器,它为读者提供了报纸、杂志等丰富且新鲜的内容。

在数字出版领域,亚马逊的两个主要盈利模式:一是销售电子书阅读器,二是在自己的网站上提供电子书的在线下载。而后者的内容来源依然是传统的图书出版商,有超过三分之二的利润分给了电子书的作者与传统出版商,而亚马逊只得到了其中的三分之一。和其他的数字出版商一样,亚马逊将自己定位于技术提供商,但是通过几年来亚马逊开展的种种业务,我们可以看出其对内容生产商这一角色表现出了极大的兴趣。相信在不久的将来,亚马逊将实现跳过出版商直接与作者交易的模式,作者愿意与亚马逊合作的原因之一将是不再与出版商分所得的利润。显而易见,亚马逊的终极目标是将自己建设成为一个数字出版内容提供商与内容平台,而完整的销售渠道正是完成此目标的条件之一。通过对Kindle阅读器的成功销售,亚马逊早已抢占了市场先机,扩大了自身的市场优势。

在媒介融合时代,虽然到处充斥着各种各样的信息内容,但并不是所有的内容都可以进入市场且被市场所接受。特别是互联网上信息质量明显偏低,缺乏稀缺性,有的甚至是直接复制粘贴的传统内容。唯独高质量的且富有创意的内容才具有稀缺性,才会成为内容产品面向市场。显而易见,图书出版业向数字化转型将以高质量的内容为其抢占市场的强大武器。

1995年,西方七国信息会议首次提出了"数字内容产业"(Digital Content Industry)的概念。1996年,欧盟《信息社会2000计划》进一步明确了数字内容产业的内涵,它涉及移动内容、互联网服务、游戏、动画、影音、数字出版和数字化教育培训等多个领域。近年来,虽然我国数字出版产业呈现高速发展的态势,总产值连年上升,但是90%以上的收入都来自网络游戏、网络广告和手机出版,电子图书与数字期刊的收入与三者相较甚微。因此,可以看出,我国的图书出版业在数字出版方面力量不足,需要扩大影响力。

在媒介融合时代,依然需要"内容为王"这一不二法则,我国的图书出版业在发展数字出版的过程中必须吸收新观念,摒弃传统的束缚,全方位多层次地开发优质的内容资源,充分利用新技术发展数字出版,进而推动图书出版业的整体发展。

三、媒介:现代传播技术成就发行模式多元化

传播学家麦克卢汉认为,每一种新媒介的产生都开创了社会生活和社会行为的新方式,媒介是社会发展的基本动力,进而提出了"媒介即讯息"这一著名的论断。从长远的角度看,真正有意义的讯息并不是各个时代的媒介提供给人们的内容,而是媒介本身。换句话说,人类只有在拥有了某种媒介之后才有可能从事与之相适应的传播和其他社会活动。纵观人类发展历史,我们可以看出人类是如何在技术与媒介的发展与影响之下认识世界的。在印刷媒介时代,印刷技术生产文字与图片传递信息;在广播电视一统天下的时代,我们从单纯的看发展到多种感官同时工作,声音、文字与图像传递给我们一个更为生动的世界;在媒介融合时代,数字技术与网络技术急速发展,多样化的数字技术集成多种形式的媒体服务来满足人们的需求。显而易见,拥有巨大力量的媒介正在改变世界。所谓图书发行,就是通过预定、销售、互换和赠阅等方式将制作好的图书交付给广大读者的流通过程。

2019年2月28日,中国互联网络信息中心(CNNIC)在京发布第43次《中国互联网络发展状况统计报告》(以下简称《报告》),《报告》从互联网基础建设、互联网应用发展、政务应用发展、产业与技术发展及互联网安全等多个方面展示了2018年我国互联网发展状况。报告数据显示,截至2018年

12 月底，中国网民人数 8.29 亿，其中手机网民数量为 8.17 亿，占整体网民人数的 98.6%。2018 年，贫困地区网络基础设施“最后一公里”逐步打通，“数字鸿沟”加快弥合；移动流量资费大幅下降，跨省“漫游”成为历史，居民入网门槛进一步降低，信息交流效率得到提升。随着科学与技术的不断发展与进步，受众获取信息的方式会越来越多样化。

手机这一“第五媒体”成为中国第一大上网终端，3G 的普及、4G 的出现、5G 的试运营、无线网络的发展和手机应用的更新，促成了我国手机网民数量的快速提升。手机上网可以实现随时随地浏览或者传送图片、视频、声音等，以及自由使用五花八门的手机应用，我们也可以在公交车上、地铁里发现人们利用手机阅读小说与新闻信息，进行全方位、个性化的娱乐活动。近年来，红得发紫的微信成为人们拿起手机进行交流的方式之一，显然也是时尚潮流一族的新宠，引起了传播界学者以及业内人士对其的热烈讨论。作为一种新的传播方式，微博给图书出版也带来了一定影响，和曾经的“博客书”一样，“微博书”也慢慢出现在公众的视野里。

传统的出版需要把内容复制在纸介质上，以图书、期刊、报纸等形式作为媒介进行传播，印刷是其关键环节。随着数据库、人工智能、数据挖掘等技术的发展，新的出版方式不断出现，国内外的出版集团积极组建网络出版部门，纷纷向数字出版转型。例如，美国亚历山大斯特里特出版社正在与高校出版社和图书馆进行电子版本的合作，倡导出版社要加强合作而不要相互抗衡。他们通过谷歌、雅虎和微软等提供的技术支持开发自己的数字出版平台。我国的一些著名的出版集团也推出电子书、按需印刷和手机出版等新的出版方式，为了满足这些需求，一些技术公司也在不断提供技术支持。例如，自 2001 年起方正阿帕比公司进入数字出版领域，它不仅继承了传统出版印刷技术的优势，而且还自主研发了数字出版技术及其整体解决方案，目前已发展成为领先世界的数字出版技术提供商。它以互联网为纽带，还原出版流程，将传统出版的供应链有机地联结起来，实现出版社、报社、杂志社迅速进入数字化出版。目前，方正阿帕比技术及其平台被中国 90% 以上的出版社应用于出版发行电子书，每年新出版电子书超过 12 万种，同时与方正阿帕比共同打造，推出了各类专业数据库产品。

在我国，传统的图书发行渠道大到新华书店、图书大厦，小到报刊亭、超市。随着科技的发展,人们观念的转变,新图书发行渠道的出现,传统的书店与出版社开展了网络售书业务。与传统的图书批发零售不同,网络售书旨在通过网络的信息流进行图书交易,买卖双方可以即时即刻进行交流互动,服务第一,产品第二是网络售书的宗旨。在我国有许多比较成熟的网络发行渠道,当当网、卓越、亚马逊等都是其中的佼佼者。以当当网为例,其网上书店总裁李国庆有着最具价值的传统图书资源,至今已经有十余年的出版发行经验。目前,当当网是中国网上购书第一店,在中国低廉的劳动力市场中其单车送货军团以货到付款的方式,获取了广大书迷的心。以网络销售图书俨然顺应了读者选购图书方式的变化,网上购书为读者提供了可供参考的图片与文字信息,详细的图书分类提高了购买效率,特别是打折图书更是让人们体验到了实惠,传统的实体书店难免受到网上书店的冲击。

图书发行模式在发展迅猛的数字技术的影响下逐步走向多元化,无论是新兴的手机发行及专业发行平台的组建,还是网络发行,其图文声像等信息可以通过多种媒体发布与传播,使出版业真正实现低成本高效益。在媒介融合时代,所有的媒体和所有的传播手段塑造一定的信息社会图景,因此,只有充分调动与利用社会媒介资源与技术,才能更好地发展我国的图书出版业。

四、受传者:阅读方式具有明显的后现代性

在传统媒体时代,由于大众传播的单向性,人们在信息的选择上不具有主导权,看什么电视节目、什么时间看,听什么广播、什么时间听完全是由传播者所决定的。在媒介融合时代,接受者与传播者的关系发生了巨大的变化。新媒体使得信息的传播不再是一个单向直线模式,受者也不再处于被动接收信息的状态。

受众能够根据自己的需求,主动选择信息,并且可以通过信息的反馈潜移默化地影响传播者。这样,传播者与接受者的角色不断发生转换与交替。新技术与新设备使得内容定制和信息点播成为现实,信息接收终端也向着便携化发展,受众摆脱被动角色,成为积极主动的用户,其个性化的需求也得到了满足。

随着媒体与技术的发展,受众的阅读方式也逐渐转变,并且体现出一种

明显的后现代性。著名学者高宣扬在《后现代论》中指出:“作为一种表现时代精神的思想性范畴,‘后现代’所要表达的是一种‘不确定’‘模糊’‘偶然’‘不可捉摸’‘不可表达’‘不可设定’‘不可化约’的精神状态、思想模式、品位模式和事物状态。”①从传统阅读方式到现代阅读方式,再到后现代阅读方式,三个方式各体现了三个阶段的社会特点。传统阅读方式体现的是农业社会的一些典型特征,它是小众化的并且以作者为中心的,其社会影响力也逐步减弱。现代阅读方式体现的是现代信息社会特别是网络社会的典型特征,它的特点是大批量生产或大规模定制阅读产品,目前处于主导与支配地位。后现代阅读方式以读者为中心,是一种非线性的、跳跃式的、海量的阅读,充满不确定性与感官享受,它对人们的社会生活影响越来越大。它给我国的图书出版业带来了强烈冲击,弱化了出版的最基本功能——信息内容的提供、传播和服务。如何趋利避害,正视阅读方式的变化,是推动出版业转型的关键之一。

2019 年 4 月 17 日中国新闻出版研究院发布了第 16 次全国国民阅读调查结果。结果显示,2018 年我国 18 至 70 周岁国民图书阅读率数字化阅读方式(网络在线阅读、手机阅读、电子阅读器阅读等)的接触率为 76.2%,比 2017 年的 73.0% 上升了 3.2 个百分点。其中,人均每天上网接触时间最长,且手机上网的比例增幅明显,网络在线阅读与手机阅读依然是数字阅读方式的两大主力。调查结果显示,2018 年全国国民的图书阅读率为 59%,与 2017 年的 59.1% 基本持平;报纸阅读率为 35.1%,较 2017 年的 37.6% 下降了 2.5 个百分点;期刊阅读率为 23.4%,较 2017 年的 25.3% 下降了 1.9 个百分点。数据显示,2018 年,我国成年国民的综合阅读率保持增长势头,数字化阅读方式的接触率均有所增长,但我国成年读者纸质书报刊的阅读时长有所下降。②

值得注意的是,2017 年中国新闻出版研究院公布的第十四次全国国民阅读调查的数据显示手机阅读群体中将近一半的人能够接受付费阅读,2016 年,国民人均花费在手机阅读上的费用为 16.95 元,较 2015 年的 11.9

① 高宣扬.后现代论[M].北京:中国人民大学出版社,2005:64.

② 国际在线,第 16 次全国国民阅读调查成果发布,2019-04-16。

元有所提升。网络文学网站用高稿酬来网罗网络文学写手与文学作家,吸引读者群付费阅读,这成了这些网站的利润增长点之一。随着在线付费技术的不断发展,读者群会越来越多,网络阅读与手机阅读也会继续保持在数字阅读方式的顶端,数字阅读的市场份额将会越来越大。后现代阅读方式的逐步形成在不断提醒着图书出版业应该以一个全新的理念服务读者市场,尽力开发多种内容产品与数字产品,满足受众多样化的、个性化的阅读需求。

五、传播效果:数字传播技术对图书业的影响加深

传播效果研究是传播学研究的主要出发点,也是将这门学科贯穿起来的一条主线。传播效果是人的传播行为产生的有效结果,它有两种含义:第一,它指带有说服动机的传播行为在受传者身上引起的心理、态度和行为的变化;第二,它指传播活动对受传者和社会所产生的一切影响和结果的总和。随着传播学的不断发展,传播效果的含义也有了很大的扩展。人们把态度转变、行为改变、信息共享、认同一致,甚至是情绪反应都纳入了传播效果的外延之中,因此,传播效果的不可控与不确定性大大提升,给传播者带来了巨大挑战。

在媒介融合时代,传统图书出版不但积极推进自己的数字化转型,而且不断加强与新媒体之间的互动。同时,手机出版、网络出版等新兴的出版模式也在剧烈地影响着人们对社会的认知。这一切均得益于数字传播技术的不断更新与发展。它扩大了信息的存储空间,突破了传统图书的容量限制,无论是使用手机、电子阅读器还是电脑,其存储空间的扩大都可以满足电子书信息容量的变化。并且,图书内容的变化与版本的更新都无须再花巨大的人力、财力、物力和时间,数字传播技术轻松解决了这一问题,不仅可以在线更新图书的内容,还可以通过超链接等形式将新内容发布到互联网上,作为原来版本的补充。

电子图书的出版是以受众为中心的数字传播模式,它实现了出版者、作者与读者的平等地位与对等交流,读者可以相互分享自己的想法、观点与感受,增强互动性,这些也成了出版业制定个性化出版物的依据。为了满足用户需求,互联网技术为其有目的地主动查找、选择信息提供了大量的技术手

段，其中最有代表性的就是搜索引擎。例如，目前很多人买书之前都在搜索引擎上查找关于此书的相关信息，特别是其他读者在网上发表的评论和分享的读书感受，然后再决定买与不买。购书之后，经过阅读，又可以在自己的微博或者读书论坛里面发表读书感受，成为下一个潜在购买者的参考依据，如此循环往复，将使得受众对出版物的影响越来越大，网络口碑传播也就形成了，它对传播效果有着直接的影响。

技术进步与出版发展的互动原因归根结底是社会生产力的发展与社会需求的变化，而二者的互动带来的最直接的微观影响则表现在出版概念的转变、传播方式的更替与出版流程的革新等。就宏观影响来说，我国的图书出版业将社会文化产品和成果进行整理，通过出版物的方式推进我国社会文化的发展进程，而数字传播技术在这个进程当中所充当的角色是不能忽视的，它大大加快了发展速度，潜移默化地影响着受众的行为。因此，我国图书出版业在发展与转型过程中，必须重视新媒体与数字传播技术，这都对传播效果有着巨大的影响。

综上所述，我国的图书出版业所处的生态环境已经发生了巨大的变化：多元化的出版主体促成了出版业的新格局，优质内容成为数字转型的核心指标，现代传播技术成就发行模式的多元化，读者的阅读方式呈现出明显的后现代性，数字传播技术对我国图书出版业的影响越来越大。我国的图书出版业如何更好地向数字化转型，如何更好地生存与发展，必须考虑目前所处的大环境。

第四节　我国图书出版业的数字化转型策略

一、发挥内容资源优势，发展数字出版业务

从传播媒介的发展史来看，人类语言的出现、文字的出现促进手抄文字媒介的出现，书籍报刊等印刷媒介、广播电视及电子媒介、网络、手机相继出现后，他们之间并没有相互替代，而是在历史的发展中共存下来。经过几个世纪的发展，图书并没有被任何一种媒介取代。但是，在媒介融合时代，在各大媒介竞争激烈的现实环境之下，传统图书面临着生存空间被挤压的巨

大挑战。

传统出版业以内容为王,经过长期的积累,掌握了深厚而丰富的内容资源,在整个产业链中占有举足轻重的地位。在传统的图书出版业向数字化转型的过程中,内容依然是传统出版与数字出版的核心竞争力。我国的图书出版业应该重视这些内容资源,把现有的内容转化为数据库产品,形成完整的产业链,顺应时代的发展要求。如果出版社失去了对内容的控制权,其获取经济利益的支配力必将大大下降。尽管纸质图书越来越不能满足多数读者阅读习惯的需要,但是图书的功能依然是提供内容与知识,数字出版在本质上改变的只是出版的形态,并未改变其基本功能。因此,在发展数字出版业务时,传统的图书出版如何应对转型,关键在于掌握更多的内容资源以及找到新的内容增值点。

(一)数字内容产品的特性

在媒介融合时代,人们接触比较多的是数字内容产品。对于什么是数字内容产品,笔者认为它是将图像、文字、影音等内容通过数字技术进行整合应用的产品或服务的总体。在现代社会,它也担负着传承文明、传播知识的功能。与传统的内容产品不同,数字内容产品有以下几个特征。

1. 产品的体验性与互动性强

在传统内容产品的生产过程中,消费者是被动的,参与不到产品的制作过程中。例如纸质图书,从作者写作到书的包装、出版等环节,消费者是不参与的,最终消费者看见的是在图书市场上销售的成品图书。而数字内容产品则不同,消费者可以更多地参与和体验,并且可以和生产者进行互动。以在线网络小说网站为例,前文提到,在网络写手创作时,读者能和写手们进行沟通,表示自己喜欢的情节走向。在阅读之后,读者之间也可以进行沟通交流,甚至可以和作者分享读后感。这种互动性与参与性大大体现了数字内容产品的价值。在线书商可以在网络上提供书评、小段原文或者是书的目录,这些都可以让消费者提前体验与感受。消费者在体验之后对产品进行评价或者口碑相传,也正是一种产品的营销模式。

2. 时效性强

在网络急速发展的时代,数字内容产品的时效性远远大于传统的内容产品。一本图书的出版，必须经过选题策划、组稿、三审三校等复杂环节，早已经失去了时效性。随着网络阅读、电子书与手机阅读的出现，时效性大大增强。读者可以第一时间在网络上搜到自己想要的阅读资料，并可以进行在线阅读。而数字内容产品的提供速度也是无可比拟的，内容更新频繁，省去了烦琐的环节，发布快速，也适应了现代社会的读者需求。

3. 消费者忠诚度的不确定性①

数字内容产品，如网络游戏、电子书、手机阅读等，消费者一般是以比较低的成本甚至是免费进入，如果对其内容产品不满意，就可以马上终止服务，消费者的忠诚度比较低。因此，内容产品能否吸引消费者的眼球，是内容提供商必须考虑的问题之一，也是其成败的关键。

数字内容产品的出现，使得传统图书的生存空间被严重挤压，但是，内容优势依然存在。在媒介融合时代，图书出版商要把内容优势作为自己的制胜法宝，定位于内容提供商或者信息提供商，与其他媒介进行合作，对内容进行开发以及二次开发，生产数字内容产品，以满足受众日益增长的需求。

（二）通过媒介融合挖掘新的内容资源

随着互联网、计算机通讯技术的飞速发展，出版领域形成了新的发展模式，手机小说、电子书等都是快速发展的产物，而读者们也似乎越来越青睐这样的阅读方式。我国的图书出版业也逐渐意识到加强自身数字技术的必要性与媒介融合的大势所趋，开始同步出版传统图书与电子书，向数字化转型。②

《2018—2019 中国数字出版产业年度报告》显示，2018 年我国数字出版产业整体收入规模为 8330. 78 亿元，比上年增长 17. 8%，其中互联网广告、手机出版依然占据收入榜前两位。同时，数字出版的多项标准制订取得重大进展。技术的进步、读者的需求与图书出版商追求的新的利润增长点都

---

① 王萌，王晨，李向民. 数字内容产品特征及其商业模式研究[J]. 科技进步与对策，2009(2)：45-48.

② 中国数字出版产业年度报告课题组. 迈向纵深融合发展的中国数字出版：2018—2019 中国数字出版产业报告[J]. 出版发行研究，2019(8)：16-21.

促进着图书出版与其他媒介的融合，在挖掘本来内容资源的同时，应拓展新媒体的内容资源，积极通过媒介融合这一趋势，来满足市场需求。

1. 寻找内容热点，满足读者需求

选题决定着图书内容，好的选题关系着能否吸引读者的注意力。根据“使用与满足”理论，读者是有着需求的个人，他们也是基于某种需求动机参与阅读活动，从而使这些需求得到满足。在现代强大的媒体社会的推波助澜之下，眼球经济比以往任何一个时候都活跃，因此，图书市场上的热点内容是获取读者注意力与眼球经济的关键所在。但是不可否认的是，读者需求的差异化与个性化的加深使得我们进入了碎片化阅读的时代，读者喜好难以捉摸，如何把握其中的共同点，寻求内容资源的热点，就成为成功选题的关键所在。

不难看出，在我国，电子书、手机小说与互联网的用户有着明显的相同点：年轻化、消费水平较高、知识水平较高，同时这个阶层也是图书消费的主力，他们对信息的敏感性较强，容易接受新鲜事物。因此，这部分人的手机阅读与网络阅读情况就可以成为选题策划的重要参考依据。博客在我国方兴未艾时，多个名人的博客受到了一大批受众的追捧。例如徐静蕾的博客，点击量已经上亿次，《老徐的博客》这本书的出版就说明了出版商在图书选题的时候考察了市场的热点，网民热情追捧并且点击量高的博文便成为大多出版商的首选。相同的例子还出现在日本，2000 年日本推出首部手机小说《深爱》，一年之内读者突破了千万人次，三年后作者推出了这个小说的印刷版，发行量突破了百万册。显然，这些热点内容在成为图书之前已经拥有了大量的受众群，奠定了良好的读者基础，因此销售起来也不会困难。所以，读者的注意力在哪里，热点内容就在哪里，要善于发现读者需求的共同点，策划好的图书选题。

2. 有效开发与利用多样的作者资源

作者是优质内容资源的保证，也是出版社需要积极开发与利用的资源。在传统的图书出版业中，学者、作家、名人等强大的作者队伍是出版社实力的保证与象征，如学者于丹、作家余秋雨、名人白岩松等，都是图书市场追捧的名家作者。例如，于丹的著作一经推出就持续高踞各大书店畅销书排行榜榜首,其中《于丹〈论语〉心得》出版以来,简体中文版销量高达500余万册,繁体中文版销量达5万余册,并且其国际出版合同已涉及28个语种,外文版总计已销售近40万册。这样的数字使得出版商不得不更加重视名人效应,注重利用在读者心中地位较高的作者资源。

在新媒体快速发展、媒介走向融合的时代,出版社不仅要保护利用好已有的作者资源,而且要有效地开发与利用以新媒体为平台的更广大的作者资源。新平台孕育了一大批优秀的年轻作者群,他们也被大规模的读者群所追捧,同时也孕育着未来的读者群甚至是将来的作者群。这需要深度挖掘互联网、手机等优势,开发新的作者资源。1998年,国内风头最劲的网络文学作者安妮宝贝开始在网络上写作与发表作品,以《告别薇安》这部网络短篇小说而成名,中国社会科学出版社最早出版了此书,成为各大书店的畅销书之一。之后出现的我吃西红柿及有"网络文学经典制造机"之称的九把刀等网络写手成为出版社炙手可热的"摇钱树",创造了多个高销售记录。所以,出版社需要积极开发与利用新的作者资源,为内容资源做源源不断的补充。

为了网罗更多优秀的写作人才,各大网站以及出版社纷纷举办各种竞赛活动,吸引与挖掘作者资源。例如,知名杂志《萌芽》每年推出的全国新概念作文大赛,发现了韩寒、郭敬明、张悦然等一大批年轻的作家。再如,起点中文网的"三国杀"微小说比赛与盛大文学的全球写作大赛等各种各样的网络文学活动,都为内容资源输入了新鲜血液。这都值得传统的图书出版业进行学习与借鉴,利用多种渠道,来发现更多更强的作者资源。

(三)提高内容附加值,加强版权保护

现代科学技术的发展,使得数字出版成为趋势,纸质图书的生存空间不可避免地受到挤压,但是这也是图书出版业的机遇所在,他们可以充分利用纸质内容的优势,对其进行再次开发,转为数字内容产品,为读者提供全方位、个性化的信息与服务,提高内容的附加值,开创新的盈利模式。德国第三大出版公司施普林格是第一家将期刊与图书内容集成(互联)在一个数字出版平台上的STM出版商。其数字出版平台主要包括在线期刊、在线丛书、在线参考书与在线电子书。它致力于将纸质图书内容进行资源数字化,充

分使用内容资源的价值空间,目前很多的电子书资源都来自纸质图书的数字化。随着我国知识经济的快速发展,强大的编辑力量和相对低廉的劳动力成本吸引了部分国外的出版商在我国建立编辑室,进行全球组稿、线上编辑,使得内容整合力大大加强,这也是我国图书出版业发展的新契机。

在向数字化转型的过程中,由于数字信息易于复制、分发,因此盗版、侵权现象较为严重,不仅给我国的数字传播环境带来了不良影响,而且侵犯了广大出版社与作者的利益。一本电子书刚刚在线上销售不久,就有很多网站推出免费的TXT版本供读者下载,读者也会选择免费的资源,而不会去花钱购买,这不利于整个行业的良性发展,市场规范很难。近几年,我国的数字版权纠纷频发,如龙源期刊侵权案、盛大诉百度案、中华书局诉汉王侵权案等,如何解决版权保护成为社会各界关注的焦点。

数字版权保护技术的发展是解决版权保护问题的一大法宝,可以从源头上制止盗版行为的泛滥。目前,数字版权保护技术主要有加解密技术(DRM)、数字水印技术等,由单一的保护技术逐步过渡到多种技术相结合的阶段,为出版市场的正常运作提供良好的保障。但是数字出版保护技术不能解决一切问题,必须有相应的法律来保证,加强数字版权的立法保护力度,保障权利相关人的合法利益,打击盗版,净化数字传播环境,同时培养社会接受与购买正版数字内容的意识。

二、积极探索以培育消费市场为主的数字化营销方式

数字出版的未来发展,核心在培育消费市场,引导数字内容产品的消费者。充分利用数字出版技术,掌握读者的阅读习惯与喜好,以满足消费者的个性化需求①。而这需要传统的图书出版业突破原有的传统营销策略,在媒介融合的大环境下找到新的机遇,积极探索成熟的、全面的、有效的新营销模式。

---

① 黄孝章,张志林,陈丹.数字出版产业发展研究[M].北京:知识产权出版社,2011:71.

(一)新媒体营销策略

1.新媒体营销策略

进入Web2.0时代,人们的营销思维发生了巨大的变化。新媒体营销策略就是借助媒体表达与舆论传播使消费者认同某种概念、观点和分析思路,从而达到企业品牌宣传、产品销售的目的,使得消费者真正地参与进来。新媒体营销的渠道包括多种平台,如微博、BBS、搜索引擎、微信、博客、手机应用等,这些与传统的营销策略相比较,有以下几个优点。

首先,可以在消费者中赢得更多的关注。我国网民与手机用户逐年递增,每个人都可以成为一个传播的主体,人们可以利用网络平台接收信息和发布信息,进行交流,大众传播的领域在不断扩大。消费者上网的目的极大地影响着他们对于互联网广告的关注度以及反应,而对于目前令人眼花缭乱的广告,消费者也无所适从,不知道如何去选择自己所需要的。此时,网络上其他消费者分享的信息与评价等内容,其可信性与广告相比更强,互动性也更强,将会使另外一批消费者的注意力转移到这上面,进而有可能成为购买产品的依据,同时,也可以吸引潜在消费者的注意力。

其次,较强的针对性有利于企业打造良好形象。新媒体营销策略可以将消费者引导到针对某一个产品、话题或者服务等进行的传播行为上来,形成相同或者相似的观点与看法,信息会以几何级数的速度传播,这样不但有利于消费者快速找到自己需求的产品,同时还可以帮助企业迅速扩大其知名度与美誉度,让受众在了解产品的同时了解企业,并为企业树立良好形象,进而为产品的销售奠定基础。特别是在购买图书的时候,消费者在购买之前都要搜索一下网上的信息,如读者评价和商家打的广告,这些信息很有针对性,便于消费者快速获取。在消费者群具有规模的时候,出版社的知名度相应也会提高。

再者,相比传统的营销策略,性价比较高。传统的营销策略需要使用大量的人力与物力,决定着传统营销的高成本特点,同时营销效果的风险性也会相应增大。新媒体营销省去了大量的人力资源与物质资源,将注意力放在与消费者形成情感关联的活动上,加强了反馈这一环节,以较小的成本获得快速的传播速度、广阔的覆盖范围以及前所未有的互动效果。

2. 以培育消费者为主的新媒体营销

(1)微博营销

自微博进入中国以来，以雨后春笋般的速度在互联网市场崛起，它以方便、快速广泛以及及时更新的特点赢得了广大受众的心，使用微博的注册用户达数亿之多，其商业价值可见一斑。在微博世界，每个人都有粉丝群，通过自己分享的信息表达观点、提出见解，可以相应地影响粉丝群。自己也可以关注他人，成为他人的粉丝。各大媒体也纷纷开通了自己的微博，利用其开展推广宣传，如《南方周末》《三联生活周刊》《中国日报》等。通过发布新闻链接，为读者提供更加详细的新闻内容，为自己的数字内容宣传，同时微博的反馈环节，使得媒体从读者粉丝的评论中了解读者需求与改进意见，有利于媒体机构更好地发展。

图书出版机构也渐渐意识到进入微博营销潮这一大趋势。他们以微博为销售阵地，以“织围脖”发布各家的图书信息，甚至不惜花重金拍摄视频广告放在微博上，打开图书市场，其成功的案例也值得借鉴与学习。上海译文出版社、人民文学出版社等老牌出版社也搭上了微博这一快车，有专人负责其微博营销，每天发布更新新书信息，做足了服务与沟通的工作。上海读客图书有限公司曾成功营销了《藏地密码》等畅销书，各个网站的论坛、连载都成了这本书的宣传阵地。赠书营销并不是什么新鲜事，但是微博使得赠书活动更加易于操作。微博赠书营销的成功案例也不在少数，乐嘉的“性格色彩笔记丛书”在新浪微博上关注并转发就能获得，甚至还有签名版。不可否认的是，在微博赠书的同时，图书的知名度也会随之提升。

微博以自身的优势在读者与出版社之间搭建了一个良好的平台，随着新技术平台的兴起，如微信朋友圈，微博营销也将不是唯一的策略，图书营销应着眼于多种营销方式的融合。

(2)书评网站营销

在互联网时代，人人都可以成为信息传播者，受众与传播者的角色可以互换，自媒体这个词已经不再新鲜。关于书评，已经不再是仅被一些专家、学者、评论家所掌控，每个读者都可以成为书评人，发表自己的读后感与观点，这些不但影响着其他的潜在消费者与读者，也影响着图书出版与宣传的未来发展。无论是论坛还是专门的书评网站,都给图书出版业带来了很多有价值的信息,有利于掌握市场反应,及时做出调整。

在国内,影响比较大的书评网站有豆瓣、大众书评网、中华读书网以及天涯与新浪的论坛,下面以豆瓣为例介绍一下书评网站的模式。豆瓣以个性的书评、影评和音乐评论为核心交流内容,形成了一系列的推荐机制。用户通过自己的信息分享,形成了多个不同的小组,进而形成了一个庞大的社区。进入豆瓣读书,可以看到热门电子图书、新书速递、最受关注图书榜等多个版块,热门标签将图书加以分类,便于查看。读者需要查看哪本书的书评,在搜索栏输入该书的名字就可以进行查看。用户在注册之后根据自己的喜好,加入与自己志同道合的讨论组,提问与解答问题。这里所有的内容、分类、筛选、排序都由用户产生和决定。给评论一个“有用”,它的排位会自动上升,为图书贴一个任意的标签,它就会在整个网站的标签分类中出现。豆瓣读书读者的分享与反馈是很有价值的,它可以作为图书市场反馈的一个重要组成部分,使得此类书评网站成为图书出版商的重要战略阵地。

(3)引入新载体设备

新技术设备的不断发展不仅方便了我们的日常生活,也为图书销售带来了更多的机会。现在各大出版商与书店为了更好地服务读者,在自己的门店内部配备了电子设备,功能多样齐全,可以进行图书查询与展示,甚至还可以发声、朗读、多点触控,及时订阅与下载,从多个角度促进与读者互动。例如中原图书大厦,在每层楼设置多个电脑终端,方便读者查询自己想购买的图书,包括作者信息、图书内容简介等。除此之外,数字终端还记录着每本书的库存情况和销售情况,采购人员可以根据数据及时了解读者的喜好与阅读特点,调整采购计划。

以数字载体设备为主的营销不仅可以在实体书店进行,在公共场合也可以引入多媒体终端,在企事业单位、学校、商场以及公共交通出入口等地点设立多台这样的数字终端,不仅可以提升出版社与书店的知名度,还可以扩大消费者覆盖群,增加销售渠道。大连市新华书店于 2011 年启用“数字化新华书店”项目。此项目通过“数字购书终端”,将实体书店的销售空间从店内延展到了全市多个公共场所。一经推出,就受到了读者的喜爱与追捧。

截至2012年年底，大连数字化新华书店共产生上万笔交易，累计销售20余万元。①

(二)图书市场细分策略

市场细分是市场营销学中的一个重要概念，是企业根据消费者需求、购买行为、购买习惯等的差异把整个市场划分为多个不同消费群体的过程。细分过后的市场特点更加明显、具体，企业在制定相应的市场营销计划时也有了较强的目标性与针对性。同样，图书作为一种商品，也需要对市场进行细分，便于出版社选择目标市场，比如注重健康的年长读者青睐养生方面的书籍，而小朋友则喜爱色彩绚丽、内容新奇的书籍，女性朋友对家庭生活、孩子教育方面等感兴趣。无论是按照年龄、性别、职业、教育程度、学科等细分方式，还是其他分类形式，都有利于出版社发现新的市场机遇，整合各项资源投入目标市场，迅速占领市场，进而提高经济效益。

下面以凡客诚品为例，讨论市场细分策略。凡客诚品是以出售年轻人的服装为主的电商网站，目标市场定位于年轻一代。但是在2011年，从来不卖书的凡客诚品却全力销售《史蒂夫·乔布斯传》这本书，免费赠送文化衫给买书的消费者，跨界销售，并且取得了不错的成绩。凡客诚品看重的是自己网站的主要消费群体与以年轻人为主的乔布斯迷有很高的契合度。年轻人以使用iPhone、iPad为时尚潮流，追随乔布斯带来的创新产品。而在凡客诚品的消费群体里面，乔布斯迷不在少数。如果没有对消费市场进行细分，发现其中的巨大商机，相信不会有这次成功的营销事件。

在我国的图书出版业中，一些已经做出自己学科品牌的出版社，值得去研究与借鉴其细分策略。例如，在购买计算机类图书时，清华大学出版社一定是广大读者的首选；商务印书馆则以出版工具类用书见长；儿童读物类图书当属中国少年儿童出版社；人民卫生出版社则专供医药卫生类图书。这些出版社都在其发展过程中根据市场细分标准找到了自己的定位，并且做出了一番成就。

---

① 孙月沐，伍旭升. 中国书业年度报告(2011—2012)[M]. 北京：商务印书馆，2012:95.

图书市场细分策略要求图书出版业在同类图书泛滥的市场里，寻求自己的与众不同之处，出版具有独特卖点与针对性强的图书，实现差异化竞争，不仅可以丰富内容，还能扩展市场与优化销售渠道。

（三）图书“品相”精细化策略

图书内容质量的高低毫无疑问会影响图书的销售，而在追求精美与个性化的年代，图书的“品相”也影响着读者的选择。一本封面好的图书会吸引读者的眼球，一本制作精良的图书会激起读者购买的欲望。

在图书市场竞争激烈的今天，平装本在初次满足内容需求之后，出版社往往会推出限量本、精装本、新装本、典藏本、纪念本等，来提升图书的品位，增大图书的珍藏价值，吸引更多的注意力，一本书有多个版本已屡见不鲜。精装本与限量版可以对已经面市的图书进行二次挖掘，发现更多的市场价值，进一步提升品牌知名度。

好的封面已经成为出版社吸引读者的撒手锏之一。2013 年，深受追捧的电影《小时代》带动了其图书的销售，其实早在电影上映之前，《小时代》因郭敬明的高人气就销售得不错，只不过电影的上映促成了新一轮的销售热潮。这本书也在 2011 年推出了限量版，封面使用裸眼 3D 技术，并收录了五年来两百余张海报，受到了郭敬明铁杆粉丝的追捧。许多被改编成电影的书，都在电影上映之后换了张新面孔，借用电影之势发现新商机。再比如《山楂树之恋》的封面原来是白色底与红色的花纹相交织，在电影上映之后，出版社把书改头换面，推出了电影纪念版，用男女主角的海报设计了书的封面，可谓是应时应景。

除了精心设计封面以外，出版者还把心思花在附赠品与页面设计上。著名作家饶雪漫的《离歌》在初次面市的时候，收到了良好的市场反应。此后，其精装版走向市场，随书赠送青春影像书《马卓》、百帧剧照与番外故事，全彩珍藏。风靡全球的《哈利波特百科全书》是为魔法迷们量身打造的。该书每一页都由魔法界唯一通用的羊皮纸制作而成，在设计上全面遵循并突出了古欧洲魔法世界的特色，突显出古朴与神秘的鲜明风格。最让魔法迷喜爱的是随书赠送的四大魔法学院徽章（格兰芬多、拉文克劳、赫奇帕奇、斯莱特林），书中还配有百余幅海报式油画，其中哈利波特、罗恩、邓布利多、赫敏等书中主人公的画作美轮美奂，是值得广大魔法迷收藏的珍品。精装书的精美弥补了平装书的不足之处，平装书低廉的价格也是吸引消费者的优势之一。

各式各样的图书设计体现了读者日益增长的文化需求与审美标准，在图书市场竞争激烈的今天，一本设计精良、个性十足的好书无疑将成为读者的首选。

三、传统图书出版与数字出版的融合策略

深圳购书中心于2013年12月1日倒闭关门，这对广大实体书店以及图书出版业来说无疑是个噩耗。数字出版与传统出版之间的矛盾愈演愈烈，实体书店与网上书店之间的战争也似乎无法平息。数字出版与网上书店的兴起是大势所趋，不能不说传统出版业的生存空间在一定程度上受到挤压与冲击，因此有些人认为传统图书出版业将会被其代替，而有些人持相反意见。然而，无论传统图书出版业是否会被取代，就目前的形势而言，转型势在必行。

在媒介融合时代，新媒体与传统媒体的融合趋势势不可当。以报纸为核心的媒介整合给人们带来了网络新闻、手机新闻等；以广播电视为核心的媒介整合使得在线广播电视成为可能。这一切都向人们证实，媒介融合是对传统媒体的挑战，同时也是机遇。传统图书出版业可以从传统媒体的媒介整合策略中获得启发，积极促进与数字出版的融合，逐步向数字出版转型。

（一）树立媒介融合的现代化理念

如何为读者服务，为其提供更优质化的内容产品，是出版业所要关注的核心问题。虽然目前大多数出版社日益意识到向数字化转型的迫切性，并且也积极实践，但是我国图书出版业的数字化进程依然缓慢，不及国外，主要原因是对数字化出版是什么仍然缺乏正确的观念，依然将纸质图书出版作为利润的主要来源。最突出的例子就是一些出版社将纸质内容简单投放到互联网上，并没有增加任何新内容，却认为这样就是数字化。没有新内容就不会吸引更多的读者，看过纸质版图书的人不会再去看电子版本的，这样

也阻碍了对纸质版图书内容的开发与挖掘。归根结底，这还是一种传统的单项思维，没有真正利用网络的开放型与互动性，没有真正做到与其相互融合。

传统的纸质图书在出版之前，必须经过认真的选题与策划，作者写作时的仔细推敲以及后期的编辑与润色等工序，虽然整个过程缓慢，但是图书的质量很高。然而，现在的图书无论是纸质版还是电子版本，都在盲目追求所谓的时效性，节奏越来越快，"快餐化"特征明显，容易出现图书内容同质化严重、模仿、粗制滥造等一系列问题。这就误解了图书出版业媒介融合的意义所在，因此，树立正确的媒介融合观念迫在眉睫。数字化并不等同于仅仅将内容原封不动搬到网络上，还需要继续创新，给读者提供不一样的内容服务。纸质内容和数字内容可以互补，服务可以互补，使读者产生不一样的阅读体验。时效性固然可以在一定程度上快速抢占市场，但是前提是保证内容的优质，抵制低水平的图书，否则这些图书就会像烟火一样，将迅速消失在人们的视线中，也不利于整个文化传播的氛围。

再者，要充分借助传播过程中的反馈环节，增强互动。很多出版社将图书放在网络上就不再理会，任其自由发展，其实，这是一个帮助出版社了解市场的好渠道。在纸质图书出版之前，可以将书的简介与部分内容放在互联网上，引发讨论，了解读者的反应与需求，再决定印刷数量及制定销售策略。出版之后，在网上发布免费的电子版本，扩大影响，鼓励潜在消费者。这些都是传统出版业与数字出版良好融合的趋势，相信如果运用得当，二者定会相互促进，形成良性循环。

（二）全媒体出版：媒介融合的出版新趋势

在媒介融合时代，传统的图书出版与数字出版逐渐融合，形成了一种新的态势，即全媒体出版，这也是图书出版业的最佳战略选择。所谓全媒体出版，指的是出版社一方面以传统方式出版纸质图书，另一方面以互联网、手机、电子阅读器为平台出版数字图书，进行跨媒介的融合，实现多元化、个性化与数字化。

全媒体出版不再将传统出版与数字出版对立起来，而是将二者充分融合起来，发挥各方优势。它将单一的出版模式扩大到集图书、网络、手机、电脑等多种媒体的优势于一体,其中参与者不仅包括出版商,还包括技术运营商、内容运营商以及中国移动、电信、联通等,多方参与实现资源的优化配置,拓宽了出版渠道,带来多种资本的进入与融合,打通数字出版产业链条,满足读者的阅读需求与内容需求。

作为国内数字出版的领先企业,中文在线形成了“一种内容、多种媒体、同步出版”的全媒体出版模式,实现“任何人可以在任何时间、任何地点,以任何方式获得任何内容”。2008 年 12 月,中文在线联合长江文艺出版社以传统图书、互联网、手持阅读器、手机及贺岁电影推出《非诚勿扰》的五路传播格局,开创全媒体出版先河。该活动获得了巨大的成功,不仅图书销量猛增,出版社的效益也增加了一倍,成为全媒体出版的标志性事件。在这次成功的全媒体出版实践之后,中文在线又陆续出版了《十月围城》《我的兄弟叫顺溜》《贫民窟的百万富翁》,跨界到电视剧以及国内外电影领域。

全媒体出版是以读者为核心,改变了传统的以图书为核心的出版理念,为读者找到需要的图书,它是一种新实践、新趋势。当然,全媒体出版不仅仅限于出版内容的平移,它也要求出版适宜数字平台特点的内容。但是值得注意的是,虽然全媒体出版顺应了媒介融合时代的要求,但不是所有类型的图书都符合全媒体出版的要求。因此,在做取舍与选择之时,要充分考虑各方面的因素,争取效益最大化。

四、加快培养复合型数字出版人才

(一)媒介融合时代对出版人才提出了更高要求

传统的出版社对人才的要求只限于具有出版专业知识与相应的经营管理知识,但是,在媒介融合时代,出版人才掌握这些知识只是基础要求,现在需要更多的是既要懂得出版流程与特性,也要拥有数字出版技术应用知识的复合型人才。复合型人才是数字出版业发展的关键,拥有了人才才能为出版社增添发展的活力与动力。

目前,大多数出版企业的人才结构是比较单一的,懂得出版的人不懂先进的数字技术,而懂得技术的人不了解出版的流程与业务,这和数字出版发展的进程不能统一,造成复合型人才缺口比较大。因此,当务之急是加快培养一批业务能力强又会运用数字技术的复合型人才。为了顺应新形势,培养出版人才的理念必须革新,以适应媒介融合发展大潮对人才的需求。

在国外,很多高等院校建立了相应的研究所以及实验室,以培养复合型出版人才,我国在这方面的培养起步较晚,就目前来看,数字出版人才的培训机构主要是高等院校。2008 年,北京印刷学院设立了“传播学(数字出版传播)”,这是我国首次以此名称设立专业。此后,北京大学、上海理工大学也先后设立相关专业,但是由于起步较晚,教学的实践性不如理论性,因此要进一步加快培养步伐,加强人才培养的实践性。

(二)复合型数字出版人才的培养策略

首先,积极建设数字出版产学研基地。产学研基地是科研、教育、生产不同社会分工在功能与资源优势上的协同与集成化。建设数字出版产学研基地,一方面可以加强高校对人才的培养,进而发挥其人才与科研的优势,另一方面可以利用出版企业的技术与资源优势,辅助人才的培养,真正做到理论与实践相结合,培养出版企业需要的高素质复合型人才。

其次,要加强教育,不断学习,与时俱进。数字技术日新月异,即便是掌握技术的人员也需要不断学习,更新知识,才可以跟得上时代的要求。因此,加强学习是十分必要的。加强教育的同时要注意有的放矢,针对不同的领域与内容制订不同的培养计划,切不可眉毛胡子一把抓。为了增强实践能力,配备先进的教学技术设备也是不可忽视的。传统的出版教育属于纯文科类,因此有很多高校在进行培养的时候忽视了技术设备的必要性。但是,新时代对于人才要求的增高促使出版教育必须重视实践性,建设图书编辑实验室,配备电子编排系统等设备,这些投入都是必不可少的。在出版教育方面,师资队伍也是关键所在。良好的师资队伍才可以成功培养复合型人才,因此这些教师需要具备扎实的基础知识以及跨学科专业背景,了解未来出版发展走向。此外,还可以邀请一些国内外知名出版人,为出版教育注入新鲜血液。

最后,要树立引进国内外优秀数字出版人才的观念。人才是数字出版业发展的关键,可以说,出版社之间的竞争在很大程度上也取决于优秀人才的竞争。不可否认的是,国际上很多出版集团的数字出版要比我们先进很多，一个重要的原因就是他们拥有大批的优秀人才，并且重视人才的培养。制约我国数字出版的因素之一就是人才的匮乏，在培养人才的速度跟不上数字出版发展速度的时候，积极引进国内外优秀出版人才是解决人才缺口的有效措施。一方面，出版企业可以招聘社会上精通数字出版的精英，补充自己的人才队伍；另一方面，出版企业可以和国内外一些数字技术企业与数字出版企业合作，加强交流与沟通，互派人员学习先进的数字技术与先进的理念，共同进步。吸引人才的前提是改善自身的用人环境，重视以人为本，创新人才工作机制与人才选拔使用机制。

五、"走出去"的出版国际化策略

世界是一个巨大的工厂，各个国家之间的联系随着时间推移也在不断加深，出版业也是如此，我国的出版业已经成为世界出版产业不可分割的一个重要部分。自从我国在 2001 年加入世界贸易组织以后，出版业面临着国外文化产品的冲击，加上各项资源与国外还有很大差距，竞争优势相对薄弱，因此，走向国际化，增强国际竞争力是一条必由之路，对出版业发展的促进作用是不可小觑的。

（一）出版国际化的内涵

什么是出版国际化，关于这个问题没有一个固定的答案，不同的人对其有不同的见解。贺剑锋认为："对出版业的全球化而言，尽管不得不涉及政治、经济、文化、语言等各个方面，但就经济层面而言，出版业的全球化主要包括以下几个方面的内容：市场的全球化，生产的全球化，要素的全球化，制度的全球化。"①冯志杰认为出版国际化是"按照全球一体化的经济运行机制，调整和重组出版业的资源等生产要素，使其在全球范围内实现优化配置"。②

以上学者虽然从不同的角度对于出版国际化的内涵加以阐释，但是总的来说，在全球化的今天，出版国际化可以理解为是全球化的一种表现形

① 贺剑锋. 出版业国际化的内涵与潜力分析[J]. 出版广角，2003(2)：31-33.

② 冯志杰. 中国出版业国际化的思考[J]. 出版发行研究，2001(8)：10-13.

式,它以取得最大化的经济效益与社会效益为目标,使出版生产要素在全球范围内自由流动,实现出版资源的优化配置。

(二)出版国际化的途径

1. 根植于中国文化

出版国际化的竞争点依然在内容上。国外很多图书在我国很畅销,且经久不衰,如泰戈尔、莎士比亚等,依靠的恰恰就是图书本身的内容。恰逢近几年来在全球兴起的一股"中国热",很多外国人对中国传统文化抱有强烈的好奇心,此时也是图书出版业的商机所在,应抓住机会来开辟国外市场。中华书局出版的《于丹〈论语〉心得》这本书讲述的中国故事吸引了很多国外读者,因此在国外的销量就很不错,同样的还有《孔子》和《孙子兵法》等。除此之外,"中国热"还将中国的针灸、烹饪、太极等传统文化带到了国外,这类图书也受到了国外读者的追捧。中国中医药出版社出版的关于中医文化的图书受到了外国出版商的欢迎,发扬了我国的中医文化。这些书得以畅销的前提是由优秀的英文编辑进行翻译或者编写,英语是国际通用语言,易于理解的英语翻译才能够吸引国外读者,不仅可以促进图书的销量,还可以将中国的文化在毫无语言障碍的前提下传播出去。

2. 扩大出版业的对外交流,实现本土化策略

近几年来,我国的图书出版业在不断加强与国外出版商的交流与联系,已经在北京等地多次举办国际出版交流会议并积极参与国际图书博览会等,特别是参与世界上规模最大的法兰克福图书博览会,同时也是全球最大的版权交易市场。我国相继加入了《与贸易有关的知识产权协定》《尼泊尔公约》,共同保护版权与知识产权,使我们更加了解国外图书市场,与世界接轨,进一步为我国图书出版业打入国外市场提供了一个良好的平台,以便实现本土化策略。

国外的政治、经济、文化等与国内的情况完全不同,要打入国外市场,必须在经营过程中实施一系列的本土化策略,考虑当地各项社会因素,以规避风险,避免不必要的文化冲突。从图书的选题、策划、制作、出版、营销等环节全部融入当地市场中,将自己的企业文化也融入当地文化的体系之中,承担相应的社会义务,增强亲和感,贴近当地读者需求,从而赢取读者青睐。

3. 需要政府扶持与鼓励出版国际化

我国的出版国际化是一项复杂的、涉及文化输出的重大工程，图书出版真正"走出去"，需要政府的制度支持与政策鼓励。对此，我国于2009年推出了"经典中国国际出版工程"，鼓励和支持适合国外市场需求的外向型优秀图书选题的出版，得到了社会各界的广泛关注和各地出版单位的热烈响应。除此之外，西方一些国家政府对本国的图书输出制定了相应的扶持政策，为我国提供了一个良好的借鉴。一些西方国家设立了专门的机构负责本国图书业的对外发展，其中，英国、法国实施较早，目前已经形成了成熟的管理机构。除了设立专门的机构，资金的支持也是必不可少的，拨款设立专项基金，出资鼓励对外交流以及在税收与其他优惠政策方面提供方便，如英国政府特设了"女王奖"，颁发对象是出版社或图书贸易机构，这些都可以帮助出版业走向国际市场。

4. 打造国际品牌

品牌，是一种无形资产，是市场营销学中一个重要的概念，品牌做好了就可以带来名牌效益，不但代表高的经济收入，而且还代表着消费者的信赖。在我国图书出版业走向世界的过程中，需注重打造自己的品牌以及形象塑造，增强竞争力与抗风险能力，外国读者也乐于接受品牌良好的图书产品。这需要找准市场定位，为读者提供高质量与高品位的图书，争取形成自己的风格，便于识别。1956年6月1日，中国少年儿童出版社成立，是共青团中央领导的中国唯一的国家级专业少年儿童读物出版社，它以"为了孩子、为了未来、为了祖国、为了世界"为办社宗旨，专注少儿读物出版。建社50多年来，中国少年儿童出版社出版了10000多种少儿读物，它被中宣部、新闻出版署评选为中国首批表彰的优秀出版社，打造了自己的品牌与风格。这个打造品牌的成功案例为我国图书出版走向国际化提供了良好的借鉴。

结 语

媒介融合时代的到来，使传统媒体与新媒体都寻找到了发展的巨大空间与契机，传统媒体依托新媒体探索发展之路，保持自己的地位，而新媒体利用传统媒体的优势才能不断得到发展。这一切都给我国图书出版业的数字化转型带来了影响与借鉴。传统的图书出版业在向数字化转型的过程中,拓展了内容优势,逐渐消除技术壁垒,不断满足读者日新月异的阅读需求变化,是图书出版业可持续发展的必由之路。

我国传统图书出版业发展多年,传统观念根深蒂固,因此在向数字化转型的道路上困难重重。要在充分了解我国图书市场的现状与技术发展情况的基础上,学习国外优秀数字出版企业的先进技术、管理方法与运营经验,结合我国现状进行转型。本书研究的价值在于通过"五 W 模式"分析图书市场各方面的形势,概括国内外数字化转型的成功经验,为我国传统图书出版业提供有价值的、有针对性的数字化转型策略,为数字出版今后的发展提供借鉴。

由于本书涉及的学科领域广泛,数字出版的实践性较强,而且数字技术的更新较快,也缺少相应的图书出版实践经验。希望在今后的学习与工作中,寻找出更为科学的研究方法,总结出更多具有实践意义的转型策略。

参考文献

[1]周蔚华. 数字传播与出版转型[M]. 北京:北京大学出版社,2011:1-2.

[2]韩玉红. 论新媒体时代我国图书出版业的发展策略[D]. 郑州:郑州大学,2011.

[3]齐峰. 纵论出版产业的科学发展[M]. 太原:山西人民出版社,2008:134-135.

[4]丁汉青. 出版社向数字出版转型的动力与阻力[J]. 中国出版,2007(10):13-15.

[5]郝振省,魏玉山. 2010—2011 中国出版业发展报告[M]. 北京:中国书籍出版社,2011:96-97.

[6]夏德元. 数字出版与传播研究[M]. 上海:上海人民出版社,2012:62-64.

[7]王子奇. 试论出版全球化[J]. 编辑学刊,2000(4):16-21.

[8]张天定. 图书出版学[M]. 开封:河南大学出版社,2006:1.

[9]黄先蓉. 出版学研究进展[M]. 武汉:武汉大学出版社,2006:16.

[10]张立. 数字出版的若干问题讨论[J]. 出版发行研究,2005(7):13-18.

[11]徐丽芳.数字出版:概念与形态[J].出版发行研究,2005(7):5-12.
[12]周山丹.媒介融合时代图书出版业的发展策略[J].编辑之友,2010(2):34-41.
[13]王菲.媒介大融合[M].广州:南方日报出版社,2007:21.
[14]许颖.媒介融合的轨迹[M].北京:中国人民大学出版社,2011:6.
[15]罗紫初.出版学理论研究述评[J].出版科学,2002(39):4-12.
[16]王建辉.现代出版的内涵[J].出版科学,2004(4):1-3.
[17]陈丽菲.出版新形态研究[M].上海:上海辞书出版社,2011:262-263.
[18]郭庆光.传播学教程[M].北京:中国人民大学出版社,2009:28.
[19]周蔚华.出版产业散论[M].上海:复旦大学出版社,2009:32-33.
[20]高宣扬.后现代论[M].北京:中国人民大学出版社,2005:64.
[21]王萌,王晨,李向民.数字内容产品特征及其商业模式研究[J].科技进步与对策,2009(2):45-48.
[22]黄孝章,张志林,陈丹.数字出版产业发展研究[M].北京:知识产权出版社,2011:71.
[23]孙月沐,伍旭升.中国书业年度报告(2011—2012)[M].北京:商务印书馆,2012:95.
[24]贺剑锋.出版业国际化的内涵与潜力分析[J].出版广角,2003(1):31-33.
[25]陈美华.全媒体视域下的区域出版产业竞争力评价与提升研究[D].南昌大学,2018.
[26]刘娜.龙门书局数字化转型商业模式研究[D].北京理工大学,2016.
[27]张亚运.华东师范大学出版社全媒体出版现状研究[D].上海师范大学,2017.
[28]石彬筠.我国少儿数字出版现状、问题及对策探析[D].华中科技大学,2017.
[29]刘 红,李云雯.近年来我国出版社数字化转型研究综述[J].昆明理工大学学报(社会科学版),2016,16(2),90-94.
[30]段鹏,张媛媛.传统出版社数字化转型方向与突破点[J].中国出版,2019,(8),33-37.

[31]张蕊.基于数字出版的传统出版企业转型与创新路径分析[J].智库时代,2019,28-29.

第二章

我国教育出版数字化转型策略研究

第一节　绪　论

一、研究的背景与目的

20 世纪 60 年代，随着信息技术、通信技术、互联网技术的飞速发展，新旧媒体之间原本泾渭分明的界限逐渐消解，呈现出新的媒介格局，表现出媒介融合的现象。媒介融合是媒介技术发展的必然方向，它打破了传统的媒体格局，影响着媒体产业和媒体业态的经营理念、运营方式以及发展方向。对于出版产业而言，这是一股巨大的冲击，是对企业生与死的考验，因此传统的出版企业必须顺应时代潮流，积极向数字出版转型以适应媒介融合的时代要求。2016 年 7 月 19 日，在中国新闻出版研究院主办的 2016 中国数字出版年会的主论坛上，发布《2015—2016 中国数字出版产业年度报告》，该份报告显示 2015 年国内数字出版产业整体收入规模为 4403.85 亿元，其中移动出版和网络游戏的收入分别为 1055.9 亿元和 888.8 亿元，在数字出版总收入中所占比例分别为 23.98% 和 20.18%[①]，而互联网广告、网络动漫、电子书、在线音乐等也同样占据了相当的比重，这说明在数字出版产业当中，起主力军作用的仍然是移动出版和网络游戏，一方面再一次印证了数字出版发展势头的劲猛，另一方面也显示出数字出版广阔的空间。毫无疑问，数字出版在诸多领域表现出来的增长型发展态势使各个行业都进入升级换代的阶段。

---

① 魏玉山.2015—2016 中国数字出版产业年度报告[J].印刷杂志,2016(8):8.

教育出版直接关系着我国的教育事业，是有关国计民生的大事业。过去，教育出版可能只是教材教辅的编辑、出版与发行，但在数字化时代，在媒介融合的背景下，教育出版被赋予了新的形式和内容。当前，传统教育出版企业正依托自己的教育资源和出版资源纷纷谋求转型。一方面，这是国家政策的迫切要求，2015 年 4 月，国家新闻出版广电总局与财政部联合发布的《关于推动传统出版和新兴出版融合发展的指导意见》中明确提出：各出版行政主管部门、出版单位要将出版融合发展列入行业和单位“十三五”规划等重大产业发展规划，制定实施方案，明确时间表、路线图、任务书，合理设计和规划实施项目，重大项目要按程序报批备案①；另一方面，这是时代发展的必然趋势，近几年教育出版领域不断涌现新的商业模式和教学模式，例如网络公开课、在线教育产品、电子书包等，它们打破了传统的出版形式，为教育者的教和学习者的学创造了更多的便利。迫于这些内外部环境的驱动，这两年国内很多教育出版单位陆续走上转型道路，实现着自己由传统产业到数字化产业的升级。

可是，机遇与挑战总是并驾齐驱，在我们看到各大教育出版企业数字化转型的同时，也看到了诸多的困境和不理想之处，我国的数字出版起步稍晚，还没有进入成熟的阶段，教育出版要实现数字化转型除了借鉴国外先进的技术理念、创新理念之外，还要结合自身生存的土壤，改变原先的经营方式和思维方式。本章从多方面入手，具体分析了教育出版在实现数字化转型过程中可能遇到的威胁与困境，机遇与挑战，并提出了相应的发展策略，为教育出版的数字化转型梳理了清晰的脉络，具有一定的参考意义。

二、国内外研究综述

笔者对国内外文献的研究主要涉及两类：专著和期刊。

（一）国外文献研究综述

笔者通过对国外专著和 EBSCO 外文学术期刊数据库中相关文献的分

① 关于推动传统出版和新兴出版融合发展的指导意见[J]. 中国出版，2015(4)：3-5.

析,发现国外关于教育出版数字化的研究主要集中在出版模式、产业结构、行业标准、数字版权等方面。

1. 出版模式

国外有许多关于信息时代出版社出版模式的研究。Douglas M. Eisenhart 在《Publishing in the Information Age: A New Management Framework for the Digital Era》一书中以出版 7M 要素和 45 个核心概念为理论基础,对传统出版模式向信息时代出版模式转变进行了深度分析,为企业发展和产业结构调整提供了全新的理论框架①。Dora Santos Silva 在《The Future of Digital Magazine Publishing》一文中认为,在过去十年当中出版行业经历了巨大的结构变化,尤其是数字技术的出现给出版行业带来了意想不到的发展机会,面对这些新技术和新变化,出版社要重构编辑模型和业务模型,怀着积极心态接受新技术,注重培养读者的忠诚度②。Octavio Kulesz 在《Digital Publishing in Developing Countries:The Emergence of New Models?》一文中把研究的重点放在发展中国家,他认为数字出版给发展中国家的传统出版企业带去了巨大的冲击,但同时也是一个加速器,推动传统出版社向更高水平发展,出版社最好的策略不是在传统的出版模式当中固化地植入数字化手段,而是根据出版社的具体情况和自身期望,形成一种新的数字出版模式③。

2. 产业结构

国外教育出版企业对数字出版的产业结构方面也有大量研究。Jilan Sun 在《Popularizing Vocabulary Extraction Service on Digital Publishing Platforms》一文中指出,未来数字出版产业会不断扩大,人们的学习风格和学习结果会随着数字出版平台和电子书阅读而发生很大变化,数字出版平台中的文字服务功能将会对使用电子书学习和纸质书学习提供帮助,使读者

---

① Douglas M. Eisenhart. Publishing in the Information Age: A New Management Framework for the Digital Era[M]. Greenwood Press, 1994:49.

② Dora Santos Silva. The Future of Digital Magazine Publishing[J]. Information Services & Use,2011(11):301-310.

③ Octavio Kulesz. Digital Publishing in Developing Countries: The Emergence of New Models? [J]. Publishing Research Quarterly, 2011(12):311-320.

解决问题的方式更有效、更便捷[①]。Molly Joss 在《Adobe's Digital Publishing Suite：Services and Technology for Multi-Channel Publishing》一文中对 adobe 技术有限公司数字出版方案进行了详细的描述，文章指出 adobe 的方案是一套包括生产、配送、电子商务、渠道发布为一体的完整服务方案，并且指出该公司已经和最大的出版发行公司建立合作伙伴关系，计划一起开发数字电子杂志[②]。

3. 行业标准

国外教育出版关于数字出版的行业标准也比较完善。Dianne Kennedy 在《EPUB 3：the Digital Publishing Standard is Revised and Expanded》一文中对 EPUB3 进行了分析，这同时也是国际数位出版论坛（IDPF）所支持的数字出版标准，Dianne Kennedy 认为 EPUB3 是先进的数字出版技术，这项技术包含了书籍、杂志和报纸的数字化，极有可能被接纳作为一种全球的数字出版格式[③]。Ted Hill 在《The Inevitable Shift to Cloud-Based Book Publishing：The Next Step in the Digital Transformation of Book Publishing May be Closer than You Think》一文中介绍了云出版技术，文章指出云出版是一种开放的系统，这个系统会改变数字出版的基础架构，打破原来封闭的数字技术设施，从而减少资本的投入，降低生产成本，作者还指出出版社目前要做的就是从内容制作到渠道运营的流程尽快向云出版转变[④]。

4. 数字版权

国外教育出版社十分重视对数字出版版权的保护。Bill Cope 在《Digital rights management and content development：Technology drivers across the book

---

① Jilan Sun. Popularizing Vocabulary Extraction Service on Digital Publishing Platforms [J]. Publishing Research Quarterly, 2012(3)：65-72.

② Molly Joss. Adobe's Digital Publishing Suite：Services and Technology for Multi-Channel Publishing[J]. Seybold Report：Analyzing Publishing Technologies, 2010(10)：2-6.

③ Dianne Kennedy. EPUB3：The Digital Publishing Standard is Revised and Expanded [J]. Seybold Report：Analyzing Publishing Technologies, 2011(8)：2-5.

④ Ted Hill. The Inevitable Shift to Cloud-Based Book Publishing：The Next Step in the Digital Transformation of Book Publishing May Be Closer than You Think [J]. Publishing Research Quarterly, 2012(3)：1-7.

production supply chain》一书中介绍了澳大利亚的图书产业正因为技术冲击而发生着深刻的变化，Bill Cope 认为互联网成为一种新的出版媒介，其开放性的特点使得图书产业要建立一个数字版权管理的商业标准来保护数字内容的知识产权①。互联网技术冲击着传统图书出版产业，使其在出版流程、产业链结构、商业模式等方面进行改变和重组，需要建立统一标准的数据保存和完善的知识产权保护法律。在德国，即使是用于教学内容的教材、乐谱都有严格的页数限制，对于音频和视频的使用也有明确的时间限制，对于学习资料的传送也只能通过邮件的方式而不能扫描。

（二）国内文献研究综述

笔者在万方数据知识服务平台上以“教育出版”为关键词进行检索，共检测到四万多篇论文著作。这些研究在2012年到2016年近五年的时间内就有一万多篇，由此可见，我国对于教育出版这一领域的研究始终处于比较有热度的积极阶段。因为在不同的时代背景和国家政策的要求下，学者对教育出版产业的研究也在不断进步和创新，每年涌现出大量的紧跟时代步伐的研究成果。笔者通过对近几年国内文献的研究分析，发现国内关于教育出版的研究主要集中在数字出版概念、教材教辅的数字出版、教育出版数字化转型的困境与对策、教育出版数字化商业模式等方面。

1. 数字出版概念研究

国内关于数字出版的概念一直没有一个权威的定义，但是笔者认为数字出版绝不仅仅是“触网”或者二进制技术这么简单。陕西师范大学出版社副总编张建明在《论数字出版泛化的出版概念对出版产业的影响》一文中指出，相对于传统出版的狭义，数字出版的概念得到了泛化和延伸，对出版业发展的影响总体上是利益大于弊端②。黎娟在《数字出版概念与研究》一文中总结说，数字出版的概念具有广泛性的特点，它包括了电子出版和网络出

---

① Bill Cope. Digital Rights Management and Content Development: Technology Drivers Across The Book Production Supply Chain[M]. Online Information Review, 2004:164-165.

② 张建明. 论数字出版泛化的出版概念对出版产业的影响[J]. 出版发行研究，2009(3):52-54.

版,但又不仅仅是出版电子化和出版网络化[①]。吕欢在《数字出版概念辨析与发展预测》一文中提出,数字出版的概念虽然没有定论,但是未来数字出版要成大气候,将必然有更多整合和融合的情况[②]。罗秉雪在《数字出版:新语境下的概念演变与界定》一文中立足新语境和新背景,对数字出版概念的演化进行了综述,她指出新的产业背景催生了数字出版概念的延展,数字出版可以描述为以数字技术为支撑,以"全媒体出版"为特点的复合出版活动[③]。另外,北大教授谢新洲、出版学专家徐丽芳都认为所谓的数字出版就是在出版的整个过程中,信息以二进制代码的数字化形式存储于光、磁、电介质当中,并辅以计算机或其他类似装备进行的一种出版形式。

2. 教材教辅的数字出版研究

目前,国内有不少学者对教材教辅的数字化出版进行了研究。蔡雪峰、赵湘慧在《数字化教材研究与应用》一文中指出,数字化教材建设最核心的问题是解决课堂教学内容的优化组合,以多媒体的形式向学习者传达课堂内容[④]。北京电子音像出版社总编辑石岱峰在《例谈教育图书出版的数字化转型》一文中以北京出版集团为例,提出传统教育图书出版与数字出版结合的中心点是资源聚合,出版人需要建设不同种类的教育资源内容管理平台,找到合适的数字出版形态[⑤]。于丽丽、周海忠在《教辅出版数字化转型的内容困境与突破》一文中指出,找准教材教辅在数字出版中的定位将是教材教辅保持原有优势地位的关键[⑥]。京版北教控股有限公司副总编董丽燕在《教辅出版数字化升级转型的5个维度》一文中指出,在新的机遇与挑战面前,传统教辅企业需运用"+互联网"的思维为数字出版寻求突围之路[⑦]。科学出

---

① 黎娟.数字出版概念与研究[J].新闻传播,2011(8):116.

② 吕欢.数字出版概念辨析与发展预测[J].中国传媒科技,2012(8):180-181.

③ 罗秉雪.数字出版:新语境下的概念演变与界定[J].出版发行研究,2016(1):27.

④ 蔡雪峰,赵湘慧.数字化教材研究与应用[J].中国大学教学,2009(1):95-96.

⑤ 石岱峰.例谈教育图书出版的数字化转型[J].出版发行研究,2011(4):53.

⑥ 于丽丽,周海忠.教辅出版数字化转型的内容困境与突破[J].出版参考,2011(5):12-13.

⑦ 董丽燕.教辅出版数字化升级转型的5个维度[J].科技与出版,2016(9):76.

版社曲衍立在《教辅图书的数字出版策略》一文中指出，教育出版企业要把内容做出特色，注重差异化或个性化产品的研究与制作，满足不同个体的个性化需求①。

3. 教育出版数字化转型的困境与对策研究

目前，国内关于教育出版数字化转型的困境与其发展对策的研究非常多。陈兰枝、范军在《教育出版数字化转型的困境与对策研究》一文中指出，信息技术之下的教育教学模式的变革给教育出版的数字化转型带来了机遇和挑战，使其难以找到合理的盈利模式②。郭华良、陈健在《教育出版数字化转型中的问题及对策》一文中，从业务形态、实现渠道、过程支持、产业框架几个方面分析了教育出版数字化转型过程中存在的问题③。甄贞在《教育出版数字化转型面临的困境及其解决方法》一文中指出，当前教育出版的数字化转型面临诸多问题，主要表现在出版内容、企业定位、专业人才三个方面④。中国人民大学教授周蔚华在《数字传播与出版转型》一书中，从宏观指导的视角对数字出版做出了系统描述，分析回答了出版流程、出版管理、赢利模式和著作权保护等一系列亟待解决的难题。北京印刷学院教授黄孝章在《数字出版产业发展研究》一书中，对数字出版的相关概念、国内外数字出版的发展历程做出了全面的阐释，分析了环境对于数字出版的影响以及数字技术对于出版流程、人才能力和产业链条等方面的影响。武汉理工大学教授贺子岳、陈文倩在《教育出版数字化攻略》一文中，从出版模式数字化和数字化人才培养两个方面分析了教育出版数字化的攻略措施，指出教育出版要紧跟时代步伐，打造属于自己的高品质数字资源⑤。广东教育出版社社长应中伟在《教育出版应对媒体融合的思考》一文中指出，在争先恐后实现

① 曲衍立. 教辅图书的数字出版策略[J]. 出版参考,2013(10):17.

② 陈兰枝,范军. 教育出版数字化转型的困境与对策研究[J]. 编辑之友,2015(6):10.

③ 郭华良,陈健. 教育出版数字化转型中的问题及对策[J]. 中国市场,2015(1):68-69.

④ 甄贞. 教育出版数字化转型面临的困境及其解决方法[J]. 新闻传播,2016(1):33-35.

⑤ 贺子岳,陈文倩. 教育出版数字化攻略[J]. 中外企业家,2012(4):56-57.

转型的同时,教育出版站在新时代的"风口",必须以互联网思维审视产业环境,更新思想创新理念,对付"门口的野蛮人"[①]。

4. 教育出版数字化商业模式的研究

新的出版模式滋生出新的商业模式,国内关于教育出版数字化转型之后的商业模式一直不是很清晰,这也一直是困扰教育出版数字化转型的一块顽石,所以国内关于教育出版数字化商业模式的探索也层出不穷。张晶在《西方教育出版集团的数字化转型路径》一文中通过对西方教育出版集团数字化转型的分析与思考,在资金推动、用户需求、核心业务等方面给中国传统教育出版的数字化转型提供借鉴[②]。张佶、马书明在《中国传统教育出版企业商业模式数字化转型研究》一文中,运用多种研究方法对人民教育出版社展开研究,最终提出单一产品模式、整合服务模式、平台运营模式三种数字化转型的商业模式[③]。北京交通大学出版社的王晓春编辑在《信息化背景下教育出版面临的挑战与机遇》一文中认为,现代信息技术使信息知识的载体形式发生了巨大的变化,教育出版社可以利用国家大项目契机,适时向数字化转型,做好数字出版路线图,顺应时代要求,实现自身盈利[④]。赵旭辉、王芳、苑丰在《论教育出版经营模式的创新》一文中指出,教育出版要构建新的商业模式,要在如何为客户创造价值上下足功夫,未来的经营理念是一场从"卖书"到"卖服务"的变革[⑤]。

(三)研究述评

综合国内外关于教育出版数字化转型的研究,可以看出国外关于教育出版数字化转型的研究起步较早,研究已经进入微观探索阶段,注重实践研究;国内关于教育出版数字化的研究起步较晚,侧重于理论。

---

① 应中伟.教育出版应对媒体融合的思考[N].中华读书报,2014-11-26(21).

② 张晶.西方教育出版集团的数字化转型路径[J].出版广角,2015(11):78-79.

③ 张佶,马书明.中国传统教育出版企业商业模式数字化转型研究[J].管理观察,2015(6):45-48.

④ 王晓春.信息化背景下教育出版面临的挑战与机遇[J].科技传播,2016(4):116.

⑤ 赵旭辉,王芳,苑丰.论教育出版经营模式的创新[J].出版广角,2013(8):74-75.

中国教育出版的数字化转型可以借鉴国外的研究经验,学习他们精细化的研究视角,但同时也要立足本国出版国情,笔者认为国内的研究存在三个方面的问题:一是国内对于教育出版数字化研究的理论偏多,视野相对狭窄,同质化现象严重;二是对教育出版数字化转型的研究视角比较传统,没有站在新时代媒介融合的背景之下对这一出版形态进行深度研究;三是对教育出版数字化转型研究的案例具有局限性,很多研究都是“就事论事”,不具有普遍性的指导建议。

所以笔者是在媒介融合这一视域之下对教育出版数字化转型进行探析,包括内容融合、技术融合、产业融合、渠道融合、媒体融合等多个方面,既有理论指导,又辅以事实案例,研究了教育出版数字化转型的现状、发展路径、创新模式等。

三、研究的内容与方法

(一)研究的内容

本章以教育出版数字化的转型为研究对象,主要分析了在媒介融合的时代背景下,教育出版实现数字化转型面临的困境和问题,机遇与挑战,并在资本、内容、渠道、平台、经营、管理等多个方面实现传统媒体与新兴媒体的融合,提出一些具有战略眼光的转型策略。

本章主要分为以下五节。

第一节,绪论。本节涉及研究的基本工作,包括选题研究的背景与研究目的,国内外教育出版数字化转型的研究现状,研究的内容与主要的研究方法,研究的意义与文章创新之处,相关概念与理论的界定。

第二节,我国教育出版数字化的现状和问题。对我国教育出版的数字化发展沿革进行了梳理,对国内外教育出版数字化的基本模式分别进行了归纳和总结,阐释了我国教育出版数字化的现状以及存在的问题,选取了三家首批“国家数字出版转型示范单位”——华东师范大学出版社、人民军医出版社、江苏可一出版物发行集团为典型案例,对教育出版数字化转型进行了分析。

第三节,我国教育出版数字化转型的 SWOT 分析。笔者运用了管理学中的SWOT分析方法，对教育出版实现数字化转型过程中内部环境的优势和劣势，外部环境的机遇与挑战进行了态势分析，以期使企业的战略计划更加明朗，把更多的资源和行动集中在强项之处，获得更多发展机会。

第四节，我国教育出版数字化转型发展策略。本节主要是研究教育出版数字化转型的策略，运用传统媒体与新兴媒体的融合背景，对教育出版在新时代的角色定位进行了分析，在资本、内容、渠道、平台、经营、管理等方面深度融合，针对第二节中教育出版数字化转型过程中可能面临的问题提出一系列具有操作性和指导性的策略，挖掘教育出版潜力，发挥其最大价值。

第五节，我国教育出版数字化转型的保障措施。教育出版的数字化转型既需要具体的实施策略，也需要稳固的保障措施为其保驾护航，在上一节相应的策略之后笔者在本节从政策、人才、版权几个方面提出了坚实的保障措施，为教育出版的数字化转型提供支持和帮助。

（二）研究的方法

本章首先对国内外的研究文献进行了大量的收集和整理，在了解国内外现有研究成果的基础上，在媒介融合这一大背景下运用管理学的SWOT分析方法对教育出版的数字化转型进行了分析研究，进而提出对应策略，主要运用的研究方法有文献研究方法、对比分析方法、案例分析方法以及多学科研究方法。

1. 文献研究方法

笔者在前期准备阶段，在知网、万方数据库筛选了50余篇有关媒介融合、教育出版和数字出版的文献资料，并对这些文献资料进行了收集、鉴别和整理，通过对这些文献的归纳总结与系统性的研究，获取了大量的工作信息，对教育出版的数字化转型形成了科学的认识。

2. 对比分析方法

这里的对比主要是指传统出版产业与数字化出版产业的对比，国外教育出版的产业运行模式与国内教育出版的产业运营模式的对比。传统出版产业与数字化出版产业的对比，可以使教育出版清晰地看到数字化转型过程中的优势与劣势，从而让转型更加明朗；国内外产业模式的对比，可以使国内的教育出版看到自身的问题与不足，为形成自身完整的现代化商业运营模式提供宝贵经验借鉴。

3. 案例分析方法

在国内,数字出版的研究历史相对较短,理论体系还不够完善和成熟,所以研究的顺利进行必须借助个案的分析,本章采用了多案例研究方法,从个案切入来把握教育出版的数字化发展及特征,在这些具有特殊性的案例中发现具有普遍性的价值,为教育出版的数字化转型提供参考。

4. 多学科研究方法

为更好地实现研究成果,笔者在研究的过程当中运用了编辑出版学、新闻传播学、管理学、营销学和经济学等研究方法,对论题进行了一系列较为全面系统的阐释。

四、相关概念和理论界定

本章主要运用了以下几个概念与理论。

1. 媒介融合

具体内容见第一章第 9 页。

2. 教育出版

教育出版的概念最早是由百道网 CEO 程三国引进国内的,他在《现代出版业的结构与商业模式》中将教育出版定义为:教育出版是指与学习、教育及培训有关的出版,按其知识深浅可以分为基础教育出版和高等教育出版两大门类,按照出版形态可以分为教材出版和教辅出版两大块。由此可见,教育出版就是一个人从幼儿园到大学整个受教育阶段关于学习的出版。

3. 数字出版

具体内容见第一章第 10 页。

4. "媒介即人的延伸"理论

媒介即人的延伸是麦克卢汉在《理解媒介:论人的延伸》中提出的新论断,在麦克卢汉看来任何媒介都不外乎是人的感觉和感官的扩展或延伸:文字和印刷媒介是人的视觉能力的延伸,广播是人的听觉能力的延伸,电视则是人的视觉、听觉和触觉能力的综合延伸。

5.“使用与满足”理论

具体内容见第一章第 11 页。

6.“差异化战略”理论

这是市场营销学中的一个重要理论,该理论是从战略高度认真分析和研究公司产品和服务的差异化,通过提供与竞争者完全不同的,具有独特性的东西,让不同的受众享受到定制般的独树一帜的产品和服务,从而稳定客户,实现公司的长远发展。

7. SWOT 分析方法

SWOT 是一种战略分析方法,它通过对企业内部资源、外部环境的有机结合更明确被分析对象的资源优势和缺陷,通过对被分析对象的优势与劣势,机会和威胁等方面的综合评估与分析得出结论,使企业在战略与战术层面调整方法,使资源整合向有利于企业发展的方向发展,达到所要实现的目标。它最早是由美国旧金山大学的管理学教授提出来的,其中 S 代表 strength(优势),W 代表 weakness(弱势),O 代表 opportunity(机会),T 代表 threat(威胁),S、W 是内部因素,O、T 是外部因素。

五、研究的意义与创新之处

(一)研究的意义

本研究的主要意义在于以下两点。

1. 研究的理论意义

笔者对收集的文献整理之后发现,学界关于数字出版的研究和商业模式的研究不断增加,但是大多都是出版社的工作人员针对自己单位所做的一些思考和总结,研究的内容多是集中在企业生存和发展方面,不具有广泛性、普遍性。笔者则是在大量梳理查阅文献之后,经过归纳演绎,重新对我国教育出版理论做了系统全面的阐释,有利于后来研究者的理论建构,而且笔者提到利用大数据分析用户,制定差异化战略服务用户,保证学习效果和出版效果,这在以前的研究过程中也不多见。

2. 研究的实践意义

媒介融合时代,教育出版的数字化转型需求迫在眉睫,但是教育出版在转型过程中存在诸多的壁垒需要攻克，自身也有很多的局限，面对内外皆有的障碍和困境，笔者从角色定位、资本运作、内容融合、体制机制、营销渠道、合作平台、运营模式、管理理念等几个方面提出了一系列具体可行的策略，并在政策引导、人才建设、版权保护等方面提出了保障措施，具有一定的实践意义。

（二）研究的创新之处

目前国内大部分的相关研究都是从数字出版这一宏观角度出发，笔者却将教育出版与媒体融合这一时代背景相结合，在内容、渠道、平台、经营、管理等方面使教育出版与新兴媒体进行深度融合，具有一定的创新性。

在文献分析的过程中，笔者发现业界对于教育出版数字化的研究虽然一直热度不减，但是很多相关的研究都是作者以自己就职的出版社为视点，所提出的策略相对偏狭，而本章对于教育出版数字化的研究则是在理论联系实践的基础上，以个案为切入点对整个业态进行分析，所提出的策略更具有实用性和普遍性，对我国教育出版数字化转型发展的理论和实践两个方面都具有一定的补充和创新。

第二节　我国教育出版数字化的现状和问题

2015 年我国数字出版产业整体收入超过 4400 亿元，比 2014 年增长 30%，数字化产业高速增长，但是，其中互联网期刊收入 15.85 亿元，电子书 49 亿元，数字报纸 9.6 亿元，三者加起来总和仅占数字出版总收入的 1.69%①。这说明我国数字化出版行业确实取得了突破，但是传统出版在数字化转型升级、媒介融合发展方面仍然存在着诸多的问题。分析我国教育出版数字化转型的现状需要认识到自身的问题，并面对这些问题。本节主要概述了我国以及国外教育出版数字化的基本模式，两者对比方便国内出版企业扬长补短借鉴学习，继而总结我国教育出版数字化取得的成绩以及

① 张贺.我国数字出版产业持续高增长 规模突破 4400 亿元[EB/OL]. http://media.people.com.cn/n1/2016/0721/c40606-28572324.html,2016-07-21.

当前存在的主要问题,并对这些问题进行宏观的分析。

一、我国数字出版发展历史沿革

中国是世界上发明造纸术和印刷术最早的国家,在文字记载和图书出版方面一直领先于欧洲国家。纵观中国的出版史,出版技术的变革谱就了辉煌壮丽的中国出版史。在商代后期,中国就已经出现了甲骨文,这是世界上最早的文字之一;春秋战国时期,简牍记载的方法开始被广泛使用,简牍由多种竹片制成,每片竹子记字一行,由于竹片称简,木片称牍,竹简又叫作简牍;在公元63年至公元121年,东汉时期的蔡伦改进了造纸技术,这项技术的革新是人类发明史上的一次创举,纸质书的轻盈取代了简牍的笨重,成为记录文字和传播知识的主要载体;唐宋时期,中国出版业得到快速发展,各种出版技术演变出了全新的出版形态,雕版印刷术、活字印刷术、金属活字印刷术的发明大大提高了印刷的效率,尤其是北宋科学家毕昇发明的活字印刷术极大地改进了出版技术,对后世印刷乃至世界文明都有着深远的影响。在我国,这项印刷技术一直被用到清朝末期,国际上,这项技术一直到元朝才经由意大利商人马可·波罗口述的《马可·波罗游记》传入西方国家;1949年新中国成立后,中国出版业进入了一个全新的发展时期,1950年由国家总理周恩来亲自批准的第一家专为中国少数民族读物出版的专业机构——民族出版社在北京成立,1952年少年儿童出版社在上海成立,1955年中国第一家大学出版社——中国人民大学出版社成立,其后中国人民大学出版社一直作为我国高校教材学术著作出版的重要基地,各种职能的出版社如同百花盛开,开始了独立发展的阶段;改革开放以后,我国印刷业也取得了长足发展,在党和国家支持及市场的锻炼中逐渐成长为较成熟的发展型产业。目前,中国已经成为紧随美国、日本之后的世界第三印刷大国。

近几年,随着数字技术、互联网技术和多媒体技术进入出版行业,数字出版开始在我国的出版产业中占据主要地位,笔者通过对相关文献的研究,总结出我国数字出版发展的几个阶段。

第一阶段:Web1.0时代,20世纪90年代IT技术迅速发展,我国出版产业数字化进入萌芽阶段,具体表现为以电子工业出版社、机械工业出版社、人民邮电出版社为代表的一批技术领先的出版社开始开发自主的信息管理系统,同时,以新浪、搜狐、网易为代表的三大门户类网站开始在自己的站点上发布静态的出版内容,部分出版社生产的光盘、唱片和录音带是我国数字出版的早期产物。这一阶段,互联网技术和这种崭新的出版形态延伸了人们的阅读感受,给传统出版界带来了更多的是好奇和机遇。

第二阶段:Web2.0 时代,进入 21 世纪以来,网络技术的不断进步孕育了互联网历史上第一次革命,Web2.0 使媒介对人有了更深的延伸,其最显著的特点就是个性化和互动性,涌现出博客、论坛、微博等个人出版和网络文学、网络游戏、网络动漫等网站出版模式,日益发达的通信技术又让以手机资讯、手机期刊、手机小说、手机游戏为代表的手机出版成为主要的出版形式。这一阶段,数字出版给传统出版带来了不小的冲击和威胁,一些具有眼光和资本的传统出版企业开始向数字化转型。

第三阶段:Web3.0 时代,在新世纪的第一个十年尾端,以 Facebook、云计算为代表的新的传播形态表现出跨区域、跨行业、跨平台的新的时代特点,出版可以聚集在云端之上,任何数字化的出版都可以在其他网站上交互,并在多家网站上整合使用,图书出版可以随读随查、随点随答,为读者提供智能化的答疑解惑,实现深度阅读。传统出版走过了“数字出版是什么?”“数字出版怎么办?”的阶段之后走向了“数字出版如何做?”的新时期。

二、我国教育出版数字化的基本模式

我国教育出版数字化的基本模式主要有:电子图书模式、手机终端模式、门户网站模式、教育 App 模式。

(一)电子图书模式

电子图书以其低廉的价格和便利的终端阅读,其热度一直居高不下,甚至还有分析师预言电子图书有朝一日会取代纸质图书。人教网、中国在线学习网、学习网、电子课本网等网站上都有适合我国不同阶层不同教育阶段的教材教辅的电子版,分类清晰,一目了然。但是细看便会发现,这些电子图书和纸质版的教材毫无差异,只是简单机械地将内容电子化。我国的教育出版主要是为满足受教育者应试和学习的需求服务的,教会学生们做题记笔记,做出深度严密的逻辑思维,它比大众出版和专业出版对于信息的技术化有更高的要求,很显然,单纯的电子书模式不能满足受教育者的需求。

(二)手机终端模式

以前的教育出版产物多在页尾附有光盘,以附赠 CD 的方式使购买者得到更多增值服务,可实际上互联网思维是要人更快更高效地获得信息,这种方式操作并不便利,又依赖于固定的终端。现阶段,我国教育出版更多的已经把这些实物载体变成了二维码扫描技术,用手机链接音频、视频的内容。例如在中公教育出版的图书中,在各个科目的教辅图书中添加了大量的二维码,学生通过扫描二维码就可以获得对试题的详细讲解以及对内容知识的扩展,无须专业教师指导,便可直接享受“第二课堂”的服务,不管身在何地,读者都可以根据自身的需要实现手机终端的播放,这种模式改变了传统出版教材的物理形态,受到读者的青睐。

(三)门户网站模式

经营性门户网站是现在我国各大出版社都会建立的网络出版平台,目的是把自己丰富的内容资源转变为数字化的出版产品,利用商业化的运营模式实现对出版内容的升值。比如中国出版集团数字出版有限公司于 2011 年 5 月正式上线的门户类网站——大佳网,目标是建成中国最大的数字出版平台,清华大学出版社在建社 30 周年之际上线的数字出版门户类网站——文泉书局,中国数字出版集团 2008 年 4 月正式成立的门户类网站——中国数字出版网等。目前国内各大出版集团都建立起了自己的门户类网站,但是资金问题和技术问题一直是困扰出版集团门户类网站发展的绊脚石,出版集团一定要聚集各方资源,寻求多方合作,共享资源,互惠互赢,才能形成一个全面完善的数字出版平台。

(四)教育 App 模式

目前,中国的教育类 App 总数已超过 7 万个,大约占我国 App 市场份额的 10%,一线城市全年用户量的增幅达到 90.7%,二线城市全年用户量的增幅也达到了 68.75%,三线及以下也占据了 39.01%。其中外语类 App 最受用户欢迎,基础教育类和考试类 App 收益最多。这些 App 可以单独使用,有的也会随书籍捆绑成适用于 Android、iOS、Firefox OS 等系统的手机应用,比如百词斩、作业帮等,这一方面减少了读者单一购买的开支并为读者提供增值类的服务，另一方面也对同类教育图书的出版起到宣传作用，是一种双赢的选择。目前按照App的功能应用来区分，市场上的教育类App可分成课堂型、题库型、词典型和工具型四大类型。教育App可以更好地满足学生课下的巩固与学习效果的提升，利用人们碎片化时间获得高频低价的学习方式，未来如果对市场领域细分，形成差异化的战略部署，有望成为一片新蓝海。

三、国外教育出版数字化的基本模式

国外的教育出版数字化的基本模式主要有：MOOC模式、视频公开课程模式、电子书包模式。

（一）MOOC模式

MOOC（massive open online courses）大型开放式网络课程，这个平台最早是美国斯坦福大学教授塞巴斯蒂安·史朗把他研究生水平的课程放到互联网上偶然间发展起来的。这种模式在欧美国家已经十分普及，不再需要学校学籍，人人都能根据自身需要，自由地选择免费或者是有偿使用这些网络公开课程，获得优质资源，并且这种教授模式没有教室班级的人数限制，人人都可以预约进入课堂，非常便捷。Coursera、Udacity、edX课程提供商是当前的MOOC三大巨头，他们与世界顶尖大学包括普林斯顿大学、布朗大学、哥伦比亚大学、哈佛大学和麻省理工学院等展开合作，提供在线网络课程，实现对学生、工人、农民、公司职员、退休人员等基数庞大的人群进行培训学习，是一种非常成功的在线教育模式。

（二）视频公开课程模式

美国哈佛大学的“公平与正义”“好市民自由与正义”，耶鲁大学的“古希腊历史简介”“死亡课”等网络公开课程受到中国学生的热烈欢迎，国外这些网络公开课程借助专业化的公司运作模式在全球范围内收获了巨大的成功。这些视频公开课程都有一个与课程相关的资源型学习网站，里面汇集了课堂笔记、教学大纲、视频录像、示范文稿以及历届学生的优秀作品作业等，针对网络学习者的特点，打造一系列与之相关的资源数据，提高学生学习的兴趣和积极性。

(三)电子书包模式

电子书包最早付诸行动的国家是新加坡,它把学生的所有课本、笔记本以及他们的作业全部储存在一个重量不足一公斤的电子书包当中,学生们不必再背着沉重的书包就可以轻松地上学。美国著名的霍顿·米夫林·哈考特集团与苹果公司合作,专门为苹果 iPad 开发了一套代数课程,电子书包以其便携性和庞大的数据贮存能力走进校园,已成为必然的趋势,但在国内,由于昂贵的市场价格和存在争议的学习效果,电子书包尚处于试验阶段。

四、我国教育出版数字化现状

在新媒体和计算机信息技术的冲击下,传统教育出版产业走上数字化转型道路是别无选择,但是放眼当前,教育出版的数字化转型并不理想,提出的许多问题也并未真正得到解决,这主要还是因为教育出版企业许多人还没有真正认清媒介融合的含义和其内在要求。下面,笔者主要站在媒介融合的角度,从目前教育出版数字化的成效、问题以及原因三个方面进行阐释。

(一)教育出版数字化转型的成效

人类的阅读经历了口语传播时代、印刷传播时代、电子传播时代,麦克卢汉说,“媒介是人的延伸”,出版媒介同样也是人类感官的延伸。媒介融合时代,人类阅读的习惯表现出碎片化、快餐式的特点,不但追求实际应用性,更看重便捷高效性,同时对出版形态有了更多美的要求,媒介呈现出多功能一体化的特点,传统的出版业态格局被打破。

可喜的是,传统出版人也越来越看清局势,他们对出版数字化转型的认识不断深化,从自身出版社的情况出发,立足自身企业优势资源寻求出版转型,开拓新的营销渠道和出版形态,摆脱传统出版流程,在摸索中试图开拓更大的市场。例如,清华大学出版社针对清华大学各院系设立电子书架,与新加坡电子书系统有限公司建立在线教育平台;广东省出版集团重点打造云出版、云教育、云阅读、云媒体、云终端“五朵云”项目,并取得显著成就;浙江大学出版社积极构建网络,和 IT 业、学科、渠道建立了广泛的联系,在多领域的合作过程中通过申请项目寻找发展机会；北京超星图书馆模仿国外的先进理念，以打造网络公开课程的模式进入高等教育市场；湖南出版投资控股集团有限公司完成转企改制上市后，与日本角川、华为、中国移动等科技公司合作，在北京、广州、上海等多地拓展自己的业务范围；长江传媒湖北九通电子音像出版社编审高桂菊，主张通过线上线下的有效融合，达到立体开发效果，实现教材教辅的数字化转型①。传统出版人对于教育出版的数字化转型有了更深刻、更理性的认识，在借鉴国外先进经验的同时，又结合自身的优势资源，寻找在数字时代新的发展机遇。

（二）教育出版数字化转型的问题

数字出版作为一个崭新的领域，教育出版企业在数字化转型过程中总会遇到各种各样的问题，数字化转型缓慢的原因就是这些问题尚未解决。这些问题主要有数字化优质资源短缺、网络载体创新不足和内容资源释放不够充分。

1. 数字化优质资源短缺

教育出版是一个庞大而稳定的市场，每一年教材教辅的发行量都占据着我国整个出版行业的半壁江山，可正是由于教育的固定特性，使得教育出版不能像大众出版那样呈现姹紫嫣红的缤纷态势，很多教材教辅多年来被重复印刷，讲解和练习一成不变，加上编辑们背靠教育市场这棵大树，养成了高枕无忧的怠慢心态，使得同类产品不断建设，出版企业难出精品，教育出版虽然种类庞杂但是一经分类，许多资源都是陈年窠臼，并没有多少创新可言，能够用于数字化升级的优质资源相当短缺，加上国内教育的应试效应，很多教育出版物侧重对知识内容的记忆和重点知识的梳理，内容局限在考试范围内的做题训练，丰富性大打折扣。未来的编辑们要审时度势，运用互联网思维，让这些不同阶段的碎片化的静态出版产品聚合成活跃的数字产品，这是当前教育出版面临的一个问题。

---

① 高桂菊. 试论媒介融合时代下教辅出版的数字化转型[J]. 才智，2014(9)：305，306.

2. 网络载体创新不足

教育出版的出版物主要以教材出版和教辅出版为主,包含了基础教育、高等教育、职业教育的教材出版,以及用于中小学考试、英语过级与出国考试,考研、公务员、银行、会计等职业考试方面的辅导资料的出版,是一种知识传输的针对性比较强的出版业务。知识的学习是一项需要充分脑力,深层判断和推理的活动,教材上的学习内容与解题步骤印刷在纸张之上,显得严肃刻板又受地域限制,而国内出版社对这些教材教辅数字化的处理大多都是以电子书的形式呈现,甚至很多人士认为理工科书籍中的公式图形不适合电子化处理。就电子书来说,虽然它方便了学习者,但是仍然不够活泼,不能激发学习者的学习热情。在媒介融合的时代背景之下,人们的阅读已经从卷帙浩繁的书籍中解脱出来,追求更有趣更生动的知识和阅读体验,如果还只是停留在单纯的电子书或者光盘出版阶段,显然无法满足学习者的需求。比如江苏可一出版物发行集团把教育内容动漫化、结构化、碎片化,多种载体形式使其在数字出版领域迅速打开了市场。

3. 内容资源释放不够充分

出版产业作为一种文化产业,其最核心的资源是内容,做好内容方才是最终成功的关键,但是国内的教育出版企业在数字化转型的过程中并没有认识到这一点,他们只是简单地将教材教辅的知识生硬地搬到电子移动终端当中。去纸化并不是数字化,教育出版的数字化,必须运用互联网思维整合关键资源,数字化的技术只是手段,最终的目的是实现对传统出版产业的升级和业务再造,重构数字教育出版价值链。简单的复制粘贴,没有经过重组和整合就释放的信息是低劣的出版产品,这样不仅有损企业的发展,更让原本引以为傲的优势资源毁灭殆尽。

(三)教育出版数字化转型的问题之成因

教育出版在数字化转型过程中面临的问题是多种多样的,这其中既有国家政策、法律法规等客观因素,也有企业自身的主观因素,这些问题笔者会在下面的章节条分缕析。我国教育出版数字化转型的现状,笔者认为主要是因为教育出版数字化动力不够、对媒介融合认识不足、复合型人才匮乏所致。

1. 数字化动力不够

当前,我国的教育出版仍然是以纸质图书为主,虽然都知道数字出版势在必行,但很长一段时间,教育出版的纸质教材教辅仍然会盘踞着巨大的市场,这让原本就习惯了体制内安逸的出版人一叶障目,表现得盲目乐观。另一方面,认识到数字危机的出版人又因为版权问题,不愿意将自己多年积累的内容资源数字化,担心数字化后的内容资源被轻而易举地“复制粘贴”,损害出版社和作者权利,削弱图书发行数量。诸多顾虑又苦于没有合适的应对策略,在数字出版这头“猛虎”面前就显得东摇西摆、举步维艰,再加上各种盈利、收支平衡、未来前景的问题,重重因素使得传统教育出版企业对数字化转型的动力明显不足。

2. 对媒介融合认识不足

媒介融合不只是媒介技术的融合,还有媒介产业的融合和传播形态的融合。媒介融合可以为教育出版开辟多元化的出版形态,不同存储介质的媒介产品都可以实现功能一体化的特点,在一个移动终端上尽情表达。传统出版人需要做的就是延伸媒介融合的边界,开发更广泛的更丰富的媒介产品,借助媒介融合使产业外溢,不断开创全媒体多功能的融合出版形态,寻求更符合时代特征、更符合现代人阅读习惯的出版产物。

3. 复合型人才匮乏

从事数字出版需要长远的发展眼光,雄厚的资本力量,但最重要的还是人的运作。现在很多互联网公司像百度、阿里巴巴、腾讯等都纷纷涉足教育出版领域,做得比传统出版企业还要风生水起,就是因为他们集聚了大量新媒体的技术人员,这些技术领域的跨界者打破了传统出版的思维定式,异军突起,响应着媒介融合的时代号召。相比之下,传统出版单位存在的大多是传统出版人员,他们对融合技术和互联网技术并不熟悉,这使得很多出版方面优质的内容资源得不到释放,没有做出符合时代要求的出版产品。

五、案例分析

本章第二节详细介绍了国内外教育出版数字化的几种主要模式,分析了当前我国教育出版数字化的成效和问题,下面笔者将以华东师范大学出版社、人民军医出版社、江苏可一出版物发行集团为个案，具体分析研究其数字化转型进程与数字化转型特点。之所以选择它们作为案例进行分析，是因为这三家企业分别是大学出版社、部委出版社、地方出版社数字化转型的典型代表，是我国首批“数字出版转型示范单位”，以它们为切入点，可以深入地探索我国数字出版的发展缩影和转型特点，为其他出版社的数字化发展提供借鉴。

（一）华东师范大学出版社

1. 企业基本情况

华东师范大学出版社创立于 1957 年，是新中国成立后最早建立的两所大学出版社之一，是我国高等教育教材出版的主要基地。作为我国首批改制的 16 家大学出版社之一，华东师范大学出版社已经形成了完备的出版体系，出版物主要包括教材教辅、学术著作、社会读物，出版格局包括了印刷类出版、电子音像出版、数字出版，组织结构涵盖了全国范围内的 10 多家分社以及 6 家子公司，版权贸易往来包括了美国、德国、英国、意大利、新加坡等诸多国家和地区，教育学、心理学、教辅图书的版权是其版权输出主力。近几年，其品牌效应主要向少儿出版和动漫出版领域拓展，出版的教辅图书在教育市场上一直具有颇高的美誉度。

2006 年，当大多数出版社对数字出版还浑然不觉之时，华东师范大学出版社就已经在数字出版领域率先布局，开始了以《一课一练》游学网和电子样书库为试点的数字出版。2008 年，经过探索和总结，华东师范大学出版社又在数字化设计、数字化组织、数字化流程三个方面进行调整，企业明确致力于打造“大教育”新媒体为中心，依托项目带动推出面向市场和用户终端的系列数字化教育产品，制定了打造“一体化的教育信息服务提供商”的战略目标（图 2–1）。

图 2–1　华东师范大学出版社《一课一练》图书

2009 年，华东师范大学出版社设立数字出版部,设置新媒体总监一职,以宏观的视角对全社的数字出版工作进行调度和把控,又在各个分社和部门设置专门的数字出版联系人,优化资源配置,发挥人才作用,规范了出版社内部数字出版的流程以及各个部门之间的责任与权力,并且运用 ERP 系统和 CMS 系统实现了企业管理和内容的数字化和网络化。现在,华东师范大学出版社已经形成了“数字教育”“数字阅读”“数字管理”“数字营销”四大维度的整体格局,拥有了稳健的和可盈利的数字出版结构,其数字出版结构如图 2-2 所示。

如今的华东师范大学出版社以“给您一个智慧的人生”为口号,凭借着自己先进的理念和经验,借助着“十三五”规划目标在数字化的道路上逐渐走向国际化。

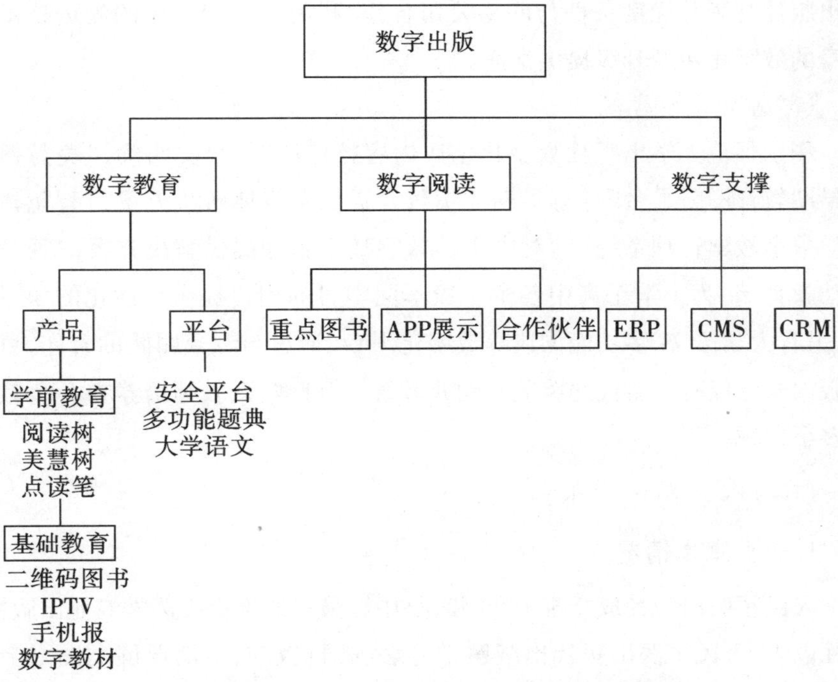

图 2-2 华东师范大学出版社数字出版结构图①

① 华东师范大学出版社,http://www.ecnupress.com.cn/DigitalPublish.aspx? cateid=89。

2. 企业数字化的几个特征

通过对相关文献的整理，笔者总结出华东师范大学出版社数字化产业的几个特征。

（1）以读者需求为导向

华东师范大学出版社利用大数据突破了以往固化的学生群体，通过多种手段深入了解读者所需，与“学霸君”合作，将大数据与名师进行了有机结合，在互联网上通过用户的搜索痕迹了解他们学习的难点和重点，进而有针对性地生产读者所需的数字化内容。

（2）借助资源优势开展多方合作

丰富的教材教辅资源一直是传统教育出版商的重要优势，华东师范大学出版社利用其优良条件与网易公司合作，利用互联网公司的先进技术为自身的数字化转型升级提供支撑。

（3）差异化经营

华东师范大学出版社数字化生产内容特色鲜明、分类明确，“美慧树儿童早期教育网络平台”针对早期儿童教育提供全媒体解决方案，“智慧树中小学数字教学管理系统”针对中小学数字教学管理提供解决方案，“智慧树移动教育端”为小学至高中各个年级不同学科的用户提供个性化的学习方案，另有大学语文、多功能词典等数字化平台，通过与专家团队的合作，目前出版内容已经有针对性地覆盖了幼儿教育、基础教育、教师培养和 K12 教育等多个领域。

（二）人民军医出版社

1. 企业基本情况

人民军医出版社成立于 1993 年，是中国最早的中央级医学专业出版社，建社以来，人民军医出版社出版医学专著、教材教辅、生活保健类图书上千万册，年出版上千种，经营范围包括零售、邮购、本版图书总发行等，其《人民军医》和《解放军医学杂志》在全国医学领域持久不衰。现在其组织结构包括总编办公室、编辑部、数字出版和卫生音像出版等主要部门，作者队伍包括数十位医学院士和数千名医学专家。

2010 年，人民军医出版社对出版社所有的纸质新书全部增加了跨媒体智能功能，这标志着人民军医出版社走上了数字出版的战略高地。短短几年时间，人民军医出版社开创了我国数字出版领域的多项第一，建成我国第一家军医网上书城，推出我国第一部跨媒体知识库——“家庭健康知识库”，开发了我国第一个手机医学网站——“健康卫士”，第一个医学电子阅读器——“掌上医学图书馆”，其内容资源、业务流程、出版产品和信息服务方面的数字化功能使其在社会、经济和品牌等各个方面的效益都得到了明显提升，大胆的努力和尝试让人民军医出版社在数字出版领域呈现领跑之势。

2. 企业数字化决策研究

人民军医出版社能够在数字出版领域遥遥领先，笔者认为与其创新意识密不可分，通过对文献的归纳总结，可以从三个方面来论述其创新理念（见表2-1）。

表2-1 人民军医出版社数字化出版的三个阶段

数字出版形态	产品类型	产品特点
静态出版	电子书、光盘、磁盘	由书变盘；使用过程根据个人需求有选择限制；具有较高的参考价值，可收藏，有保存价值
跨媒体出版	网络书、音频书、视频书、手机书	从传统纸书到手机、网络横向跨越；覆盖面广，资源内部关联性强；体系完整，内容丰富，便于读者选择
深度智能出版	智能化网站、数据库	存储量大；覆盖面广；深度链接，无障碍阅读；智能查询和解答；线上产品系列全面化，便于读者对比分析，检索浏览

（1）确定清晰战略目标

当很多出版社还在思考“数字出版”是什么的时候，人民军医出版社就已经从自身现状出发，果断地调整了出版结构和出版数量，压缩了科普选题，开始对出版资源进行科学调配。人民军医出版社确定了“依托主业、内容为王、加强整合、支撑转型”的思路和为广大用户特别是医务人员提供全面医学科技知识和临床辅助决策的战略目标，建设有电子书、音像出版、数字出版、医学考试网、医学专业数据库、移动出版等内容丰富、目标明确的产品线,实现了由内容提供者向知识综合服务者的转型。

(2)开展融合发展道路

人民军医出版社的出版内容包括教材、教辅、音像、期刊,每一种出版内容都有专门的数字出版机构量身定制,以此确保数字出版产品形式的新颖性与出版形态的多元化。为了满足不同读者需求,做好医学数字出版,人民军医出版社实施重大工程建设,在资源、平台、渠道上做好融合发展,资源上利用自建、购买、联合的策略吸纳和整合出版社内外优质的数字出版资源,平台上利用军队推进数字化医院建设的重大契机,着重推进 B2B 专业平台建设,形成了特色鲜明的医学网站和医学读者资源库,渠道上利用与移动运营商和技术生产商的合作建立庞大的营销网络渠道。

(3)利用大项目推动数字化建设

2011 年,中国共产党第十七届中央委员会第六次全体会议正式确定了"文化大发展、大繁荣"的战略部署,人民军医出版社积极贯彻教育部办公厅和新闻出版广电总局关于"电子书包"的国家战略,于 2012 年 5 月正式立项"国家医学电子书包"项目,同年 12 月被国家财政部正式纳入"文化产业发展专项资金"重点资助项目,人民军医出版社借助"文化"东风和大项目的时代契机使其数字化出版更上一层楼。国家医学电子书包项目实施 24×7×365 全天候运行模式,将教材教辅、习题课件等静态出版与音频视频、3D 多媒体内容有机结合,融为一体,极大地扩展了医学教学的内容价值和功能价值,其中矩阵式设计架构和全媒体、多终端的移动应用终端为广大医学生和医务人员的学习提供了个性化的需求方案,目前国家医学电子书包项目的一期工程和二期工程的医学专业数字化教材建设已经竣工,并在全国多所院校投入使用,为三期工程中剩余医学专业以及医学研究生、高职高专、中职教育等阶段的医学课程的开展奠定了坚实的基础。

(三)江苏可一出版物发行集团

1. 企业基本情况

江苏可一出版物发行集团是一家位于南京的民营企业,集团成立于 1995 年,业务范围包括媒体、出版、影视、文化和艺术领域,企业在 2006 年完成转企改制工作，组建江苏可一出版物发行集团，目前的可一出版物发行集团已经成为一个集传统出版、教育培训、艺术品经营、数字出版为一体的文化实体，获得了报纸、图书、期刊和电子出版物的全国连锁经营权。

2011 年，可一集团与江苏三源教育实业有限公司合作开展电子出版业务，将现代信息技术应用到教育教学领域，先后推出在线学习和阅读云平台业务，在互联网上以网络学习空间等形式开展教育教学活动。2012 年，可一集团推出第一批电子书包产品，通过点读笔、平板电脑和一体机等终端实现对婴幼儿和青少年图书内容的数字出版。2013 年，可一集团创办中国首家线上线下混合式学习平台——赶考网，为高三学生与家长提供全方位立体化高考全程服务。2014 年，江苏可一出版物发行集团利用数字化技术和互联网技术推出“可一数字化教学系统”，该系统将教师备课、资源管理、电子设备和网络教研等功能整合于一个综合型的数字化应用平台，继而可一集团又推出在线教育信息公共服务云平台，该云服务平台涵盖了各级各类的教育专网，能够实现省、市、县、区教育行政机构与学校四级信息的高速互通。此外，目前可一集团通过这种“内容提供+数字出版+在线信息服务”的模式，已经形成了比较完善的教育内容集成解决方案，企业教育体系从内容、管理到服务相辅相成，一应俱全，未来可一集团的目标是与名师名家合理开发优质数字化教育内容，通过数字化的教育服务平台实现资源的公平覆盖。

2. 企业运作方式

江苏可一出版物发行集团旗下的“天下阅读”一年就能够为其创造上千万的盈利，《天下阅读》主编钱晓征在接受采访时曾说：“未来可一要走的是综合经营的模式，以艺术品养书。”①对于民营出版来说，既没有大学出版社深厚的学术背景，也没有部委出版社坚实的后盾支撑，选择什么样的市场化运作来获得盈利是其最重要的需求。通过对相关文献的研究分析，笔者认为可一集团的企业运营模式可以总结为以下三个方面。

---

① 中国新闻出版网.《可一集团“以艺术品养书”创新赢利模式》[EB/OL]. http://www. taiwan. cn,2014-02-07.

(1)找准企业定位

民营出版企业依靠自己搭建的数字出版网站以及基于不同移动终端的数字教育产品,已经实现了不少的盈利,取得这样的成绩最重要的一点就是他们在数字出版的产业链条中找准了自身的定位,做好了内容与服务供应商的工作。在教辅方面,可一出版物发行集团建立分类明确的教学资源数据库和数字化学习平台来满足覆盖幼儿园、小学、初中、高中不同阶段的读者需求,打造“数字化课堂”整体解决方案,其数字化平台包括教育基础数据库、数字化教学教研系统、数字化学习系统、基础教育质量检测系统与质量评价系统、校务教务管理系统,通过多种模块多个子平台为读者提供全面覆盖的综合性一体建设服务(见表2-2)。

表2-2　可一出版物发行集团“数字化课堂”服务体系

数字化学习平台	结构组成	功能介绍
教育基础数据库	组织机构数据库、教职员工数据库、学生数据库	为各级各类应用提供标准化的数据接口和视图,为企业决策提供完备稳定的资源
数字化教学教研系统	资源创作软件、网络教研交流系统、互动授课软件、教学资源与题库管理系统、电子备课系统	整合教师备课授课工具、资源管理、电子备课、网络教研交流
数字化学习系统	自主学习系统、同步测试系统、在线多媒体作业系统	加强互动式学习体验,改革学生学习方法
基础教育质量检测与评价系统	教学评价系统、教研评价系统、学院评价、教研督导系统、研师互动系统	一体化实现练习、考题、电子阅卷、教学评价、教研评价等教育信息化服务功能
校务教务管理系统	学生人事档案管理系统、学生学籍管理系统、作业管理系统、课堂管理系统	对学校一应事务进行数字化管理

(2)开展多方合作

可一出版物发行集团在数字化转型的过程中,一直积极团结多方合作,与各地的小学、出版社和杂志社、科技公司等建立了稳定的战略关系。2011年,可一集团与江苏三源教育实业有限公司强强联合开展投资合作,借由江苏三源教育实业有限公司的现代科技搭建数字化的出版渠道,使传统教育、出版、研发走上了信息化的教育进程;2012年,可一出版物发行集团与江苏电化教育馆签订《江苏省中小学数字化校园建设项目战略合作协议书》,这项协议的签订表明可一集团正式参与到江苏省数字化校园的改造建设工作、中小学数字化校园建设方案规划当中;现在的可一集团在全国已经有20家直营批销连锁店和6000余家代理销售网店,成为一个全面的一体化的文化实体产业。

(3)增值服务创造盈利模式

教辅图书的出版是可一出版物发行集团的一个重要的盈利部分,在企业数字化的转型过程中,可一集团通过多种形式对教材教辅形成全新的数字化出版,通过提供增值服务的形式创造了全新的盈利模式。可一集团通过与技术公司的合作把原有单一的纸质产品变成了一种全媒体的出版模式,通过二维码、移动客户端等新技术为读者提供增值服务,提升了传统纸质图书的可读性和深层价值,获得了更大的收益。

第三节　我国教育出版数字化转型的SWOT分析

在媒介融合的背景下,教育出版向数字化转型有其近水楼台、多年累积的经验,也有朦胧模糊多行业竞争的诸多挑战。笔者运用SWOT战略分析的方法,辨析出版企业数字化转型的过程中所拥有的内外部的优势和劣势,数字出版市场中所要面对的机遇与挑战。本节笔者结合媒介融合的背景,从内部因素优势S(strengths)、劣势W(weaknesses)和外部因素机遇O(opportunities)、挑战T(threats)四个方面进行了分析。

一、教育出版数字化转型的优势

数字出版相较于传统出版而言,在媒介技术、传播形态和出版业态方面都有很大的不同，出版环境和出版业态的转变必然会使传统出版企业的一部分优势丧失，但是其内核的东西却不会改变，笔者认为，传统出版企业最具优势的资源都是围绕“内容”展开的，数字化的转型当然要把这些优势顺延下去。

（一）得天独厚的内容资源

教育出版数字化转型，数字化是手段和工具，出版的是文化和价值，这种文化和价值是要以优质的内容资源为载体才得以传播的，对于传统出版人而言，如何将自己多年囤积的纸质性教育图书的出版经验应用到数字化出版当中，生产出高质量的内容产品是其工作的重点。

传统教育出版企业在内容方面的优势主要有以下两个方面。

1. 内容方面的出版经验

经历了长时间的历史发展，传统出版企业积累了大量教材教辅图书的出版经验，这些教材教辅图书是教育出版企业针对我国教育现状和考试情况出版的图书，是教育出版转型的基础和宝藏，也是IT公司、互联网公司欠缺的资源，传统出版可以运用自身的经验指导制作高品质的数字出版内容。

2. 版权方面的优势地位

教育出版和大众出版、专业出版的版权不同，它一般不属个人作者所有，而是归于投资机构拥有，部分内容是与作者共同所有，出版社投资中拥有了很多优质内容资源的版权，因此，可以继续把握自身优势条件，在内容数量和内容源头上下功夫，在数字出版中继续占据内容优势。

未来的发展，不管数字化的技术有多么精湛，不管技术发展怎样超出人类的想象，高品质的内容产品始终是教育出版的核心资源，传统的教育出版企业必须运用自己在长期实践中积累的丰富经验，在互联网思维的指导之下发挥资源优势，加强服务意识，研发出更高品质的内容产品。

（二）年深日久的品牌影响力

美国市场营销协会（AMA）在《营销术语词典》中把“品牌”定义为：用以识别一个或者一群产品或劳务的名称、术语、象征、记号或设计及其组合，以和其他竞争的产品或劳务相区别[①]。所以品牌是使其拥有者增值的一种无形资产。

教育出版的图书品牌不同于其他企业品牌,作为一种文化符号,其品牌体现出来的是一种精神和文化的价值。教育出版的出版物作为一种商品,与其他产品相同,都有满足他人和社会消费需要的共性,但是出版产品又与普通商品有很大的不同,文化产品无法像其他的工业化产品一样在短时间内取得立竿见影的效果,其产品和品牌的塑造是一个潜移默化的长期工程,编辑在出版和策划过程中出现任何差错,尤其是与内容有关的失误,都势必会对以往和之后的出版物造成不良的影响,打击品牌的形象。

我国的传统出版社不管是从事基础教育教材出版与发行的人民教育出版社还是中国第一家大学出版社——中国人民大学出版社,都已经走过了五十多年的历史岁月。在几十年的发展历程中,这些传统出版企业都形成了各自领域的特色与核心资源,在读者的心目中具有不可撼动的权威形象,它们是精品的代表,传统的教育出版企业正好可以利用自己年深日久树立起来的企业形象和良好口碑打造优秀的数字化产品,稳固原有读者群体,扩大影响力。

(三)经验丰富的选题策划能力

选题策划能力是一种文化生产力,它是一种文化设计、文化创造和文化引导。选题策划和创新是出版企业做强做大的马达,它具有整合出版生产各环节、各方面能力和资源的作用,是出版企业形成核心竞争力的关键,是核心竞争力的“核心”[②]。因此,编辑人员必须按照一定的方针政策,积极开发出版资源,按照市场的需求和受众的特点,设计最佳的工作方案。数字技术的发展,网络文化的盛行,让人们的视野从封闭走到了开放,人们的文化需求更加多元并追求量身定制化,这对编辑的选题策划能力提出了更高的要求。

根据定义,传统出版的选题策划能力包括五个方面:对出版资源的占有

---

① 黎建新.品牌管理[M].北京:机械工业出版社,2011:11.

② 周蔚华.选题创意论[J].中国出版,2006(11):18.

力;对市场的预见性;对全局掌控力;对资源整合力;对选题创新力[①]。这五种选题策划能力对于出版社编辑挖掘内容资源、把握市场、统筹内容创造等方面都具有指导性的作用。数字出版涉及大量的内容资源和作者资源,编辑们专业化的选题策划能力是数字化转型的保证。比如江苏可一出版物发行集团创办的天下阅读网,具有"写天下"原创频道、"出版天下"数字出版频道、"阅天下"经典阅读频道、"读天下"电子期刊频道、"谈天下"社区交流频道五个子栏目,汇聚了百本经典名著和数万篇精品短文,拥有上百万的签约作家,这些原创作家是出版平台上的重要内容源头,天下阅读网专门打造了一支专业化的编辑队伍,为文学爱好者搭建交流互动、创造展示的网络平台,运用自身的选题策划能力帮助作者创作、交流、出版、推广其文学作品,激发创作才能,沉淀经典作品。教育出版完全可以利用自己积累的作者资源和人脉资源,发挥自己在选题策划方面的能力,发挥自身优势,化纸为"数"。

(四)庞大的市场需求

2015 年,我国研究生考试报名人数 160 万,高考人数 942 万,北京市中考报名考生 90 327 人,12 月份大学英语四六级考试人数 900 万,加上各种职业考试、专业考试的人不计其数,这为教育出版制造了庞大的市场需求。长期以来,单以教材教辅为主的教育图书就占据了我国 60% 以上的市场份额,教育出版如果能够将这一市场需求很好地进行数字化的转型升级,毫无疑问是承接了一份巨大的蛋糕。

从出版经营的角度说,在所有的出版中,包括大众出版和专业出版在内,教育出版所占的比例是最大的,甚至有人把中国当前的出版称为"教育出版",其巨大的利润空间让很多网络渠道商也加入进来,他们纷纷利用数字化技术企图在这一领域跑马圈地分一杯羹。但是传统教育出版企业拥有着时间积淀的文化影响,培养起很多忠实的读者群体,他们更认同并信任传统出版的企业文化,传统的教育出版在历史和发展的过程中建立了自己的品牌,这是这些网络技术商暂时不能媲美的,也是他们一直在迎头追赶的。

① 周蔚华.出版企业核心竞争力分析[J].编辑之友,2003(3):26-27.

所以，这种庞大的市场需求又是传统出版企业的一大优势。

二、教育出版数字化转型的劣势

从目前的形式来看，出版社数字化转型的步伐相对缓慢，2015 年传统出版企业在数字出版总收入中所占比例为 1.69%，相较于 2014 年的 2.06% 呈现下降的态势[①]。中国新闻出版研究院院长魏玉山在《2015—2016 中国数字出版产业年度报告》中就明确指出从移动出版和网络游戏在数字化出版方面的表现来看，传统出版单位在数字化转型升级、融合发展方面仍需加大力度。但是传统出版企业要加大自身数字化转型的力度，要顺利实现数字化的转型，除了能够把握自己的优势条件，还必须认识到自己先天的不足，克服这些不足，寻找解决之道。

（一）产品形态单一

我国现行的考试制度和国家教育政策为教材教辅的出版创造了庞大的市场需求，这是传统教育出版企业的优势，同时也是一个弊端。教育出版企业过度依赖教材教辅的出版，就必然制约其他能力的开发。据统计，我国图书市场的整体市场规模在 800 亿左右，其中教材教辅的销售额大约占到了 400 亿，教育出版企业的图书种类和图书收益都过度依赖教材教辅，这不仅会使出版企业产生单一化的出版现象，而且，这种出版产品的数字化转型，必然要依赖“电子书包”工程的开展，但是这项工程的开展是一笔巨大的资金投入，硬件设施要建立遍布全国各学校的光纤、电缆，软件方面要在全国各个学校开展教师培训，最后在大学、中学、小学各个学校的每一个学生手持一个阅读终端，这绝对不是任何教育出版企业凭借一己之力就能完成的项目。

在数字时代，对于人才的教育培养已不只是满足于只会在校学习的人，我国的教育也正从应试教育向素质教育转轨，数字出版技术和互联网技术为学习者提供了更加多元更为丰富的内容产品，学习者处在失中心化的互

---

① 中国出版网.2015—2016 中国数字出版产业年度报告[J].出版视野，2016(4)：16.

联网网络中,丰富的网络经历让他们在各色各样的信息中期盼找到精细化和深度化的出版内容,传统教育出版如果仍是以固定的观念不从教材教辅中解脱出来走向数字化抑或是没有整合资源的数字化,那么势必不能满足市场的需求。

所以,从国家的教育层面和读者的需求变化可以看出,教育出版单纯依靠教材教辅的出版将会很难继续未来的发展,加上教材的回款率低,教辅销售的季节性明显等都制约着出版社的发展,各种因素都在督促着出版社尽快解决教材教辅"一枝独秀"的产品禁锢。

(二)优质内容资源贫瘠

移动学习可以让人们更高效便捷地获得教育信息、教育资源,得到想要的教育服务,数字教育出版要尽可能丰富地为学习者提供不同形式、不同载体、不同来源的信息,这需要出版企业必须具备很高的资源整合能力,体现内容的科学性。但是目前国内的数字教育出版,由于人才的缺乏和数字化转型意识的淡漠,很少见到对内容进行深度加工和集约整合的出版产品。教育出版企业只是对出版内容进行了简单的数字化处理,原来固态的教材教辅从一本本书籍的形式变成了一个个电子终端,这样简单的"复制+粘贴"不仅会损害教育出版企业的品牌形象,而且也毫无竞争力可言。

(三)数字化人才匮乏

21 世纪,人才是第一生产力,尤其是跨学科多层次的复合型人才是各大企业实现竞争的核心力量。传统出版企业要走上数字化的发展道路,专业性的人才结构是其必备的资源。一方面,出版企业的工作人员要具备选题策划、图书学、出版发行学、编辑美学等学院派的专业知识;另一方面,又必须精通网络编辑、数字设计、数字化经营管理等信息技术知识。传统出版企业的人才主要集中在第一个领域,他们大多都接受过专业的编辑出版方面的知识培养与理论建构,但是数字技术却是他们的短板,这使得教育出版的数字化转型出现了人才壁垒。

(四)体制机制缺乏活力

我国的出版媒介一路沿着"党和政府的喉舌——事业单位企业化管理"的路线走了几十年,新时代背景之下,市场将在资源配置中发挥重要的作用，出版产业亦是如此，出版媒介市场在出版产业发展、出版资源配置方面具有决定性的作用。现在，传统出版企业在国家的号召下进入后改制时代，向产业化、集团化的路径发展，数字技术和出版媒介的融合带来的是对出版流程、出版创意、出版形态、出版媒介等颠覆性的变革，这对于传统出版企业来说并不好适应，因为在以前依靠国家财政扶植的制度下，出版企业已经习惯了体制内的工作机制。对市场并不熟悉，他们比不上电商，也比不上那些技术领域的跨界竞争者。目前来看，事业单位的遗留问题不可能一下就彻底扭转，这会在很长一段时间导致传统教育出版市场化竞争力不够，如果传统出版企业不能适应或者建立新的市场机制，活力得不到释放，那必然会被大浪淘沙沦为时代的弃儿。

三、教育出版数字化转型的机遇

数字化出版加剧了出版企业之间的竞争，促使传统出版企业摸索着走上转型之路，但是它也给传统出版带来了生机和活力，简化了出版流程，贯通了出版渠道，活跃了出版生态，丰富了内容样式，媒介融合之下，为传统出版带来了新的发展机遇。

（一）多样化的出版渠道

长期以来，国家的教材教辅都是由新华书店作为唯一发行单位进行对外销售的，出版单位只是内容的生产者，但是内容必须通过发行销售最终才能到达目标受众的手中，因此，渠道发行方面的被动地位让出版企业的核心竞争力受到阻碍。在数字出版之后，传统出版“编印发”的出版流程将不会依赖任何一个渠道霸主，数字出版技术贯通了出版渠道，出版社可以借助数字出版平台直接接触作者和受众，平台充当了原来的发行单位，出版模式更加多样化，传播速度快而面广，克服了传统出版中出版商、经销商、作者、读者之间沟通不畅的问题，这样的产业融合建立起一种新兴的产业运作模式，简化出版流程，打通了出版产业链条，如图 2-3 所示。

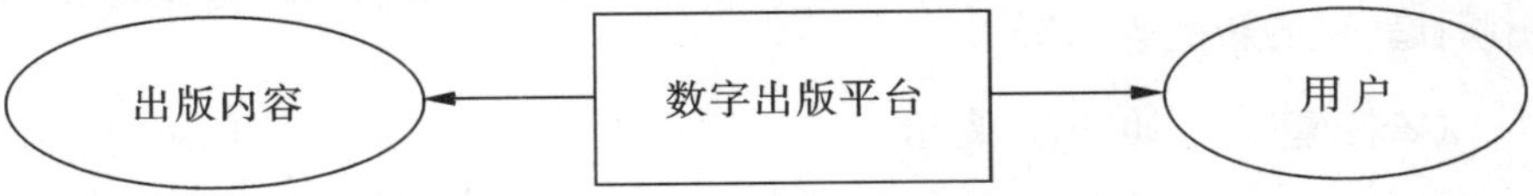

图 2-3 出版产业链条

未来的数字出版发行渠道将更加扁平化、透明化，它的销售将更多地依赖往来销售和直接销售，目标受众会更加清晰，所选择的代理商也不只是局限在图书领域，数字出版商的作用将大大增强，由此数字出版平台为了抢夺优质的内容资源，必然会展开激烈的市场竞争，这就意味着出版单位可以同时接入多家数字出版平台，实现多种出版渠道，与读者的接触更加宽泛，迎来更大的市场空间，可以说，媒体融合拓宽了传播渠道，开启了程序化的高效传播，例如中国集团数字出版公司就借助大佳移动出版平台，直接在平台上开设书店—— 大佳书城，数字化的内容产品借助大佳书店在 IOS 和 Android 终端呈现；江苏春雨教育集团借助自己打造的“云霓”数字出版平台与安徽省、江苏省等诸多出版社合作，在数字出版平台上为这些图书匹配丰富精确的发行服务。

（二）自主运营的商业模式

在没有改制以前，我国的出版社属于事业单位性质，出版内容属于政府任务型，改制之后的出版社走上了企业化的管理道路，这给予出版单位更大更自由的经营模式，数字出版技术让更多的出版社可以借助数字出版平台展现自己的出版内容。比如 2016 年“六一”期间，腾讯集团为出版社和作者个人提供的儿童阅读开放平台，只要签约的出版社或者作者个人都可以将自己的数字内容上传到“袋鼠跳跳”官方网站的平台之上，同时又和腾讯其他平台打通，对应地输往腾讯动漫、腾讯文学、腾讯视频、腾讯儿童等腾讯其他资源频道，出版社或者作者个人在平台上可以直接感受读者对于内容的反馈，继而可以与平台进行协商，通过分析与跟踪对市场有更深入的了解。

这样 C2C 的经营模式活跃了出版形态，出版社作为内容的提供者借助不同的数字出版平台直接与目标受众联系，第一时间了解销售情况，便于对产品的内容质量和市场需求把握主动权，出版社的运营模式更加多样化，出版的针对性更好掌握，内容资源可以得到最大程度的发挥，降低经营的风险。自主化的运营为传统出版带来了广阔的市场商机和新的经营模式，是出版社转型的新机遇。

（三）富媒体的内容展示

根据麦克卢汉“媒介即人的延伸”理论，不同的媒介对于传播内容和传播效果会起到不同的作用,媒介的选择会对人的认知和行为产生不同的影响。第五媒体成为主流必然导致人们思维、阅读行为选择的不同。这主要表现在以下两个方面。

1. 阅读碎片化

高压力和快节奏的生活形态让时间变得宝贵,人们很难抽出整块的时间阅读,各种移动终端和智能互联网设备打破了人们物理空间限制,各式各样的碎片化阅读成为一种普遍现象。

2. 阅读浅层化

十年前,美国新闻工作者托马斯·弗里德曼在其所著的《世界是平的》一书中认为世界各国间的隔阂终将会在全球化和信息化的浪潮下被碾平[①]。现在看来,各种移动技术和智能设备印证了这位美国新闻工作者的猜想——世界是平的。世界是"屏"的,研究表明,手握智能终端的现代人平均每6分钟就要看一次手机,每分钟浏览140.34G的流量,名副其实成了各种小荧屏和大荧幕的"俘虏",可是人的注意力和精力却有限,在浩瀚海量的信息面前人们只能对某一信息或者知识浅层次地迅速了解,却难以深入。

在碎片化、浅层次的阅读习惯之下,文字很难在阅读的过程中占据主导,只能退到边缘的位置起一种辅助性的作用,传统的出版产物已经难以在市场中形成竞争,可是数字化的出版技术打通了音频、视频、图像、文字之间的间隔,可以集中一体富媒体化,传统出版企业可以把握这一机遇生产出富媒体的内容产品来继续满足现代人形象化跳跃式的阅读习惯与思维方式。

四、教育出版数字化转型的挑战

媒介融合时代,数字出版技术绝不仅仅只有机遇,还有挑战。面对技术商、运营商等的市场抢占,出版企业在盈利模式、版权保护、作者资源、出版用户、出版标准等方面都受到了不小的挑战。

(一)盈利模式不够清晰

与培生、圣智、麦格劳·希尔等这些西方大型的教育出版集团不同,我

① 托马斯·弗里德曼.世界是平的[M].长沙:湖南科学技术出版社,2006:11.

国的数字出版产业、IT 公司、互联网企业，这些技术商和运营商占据着主动的地位。由于技术上的短板，传统出版企业的内容资源要依靠这些技术商和运营商才能最终传递给读者，作为内容的生产者，它们只是向数字出版技术商收取相应的版权费用，靠拼出版数目分些小钱艰难度日，没有办法占据出版产业链的主导地位，而互联网渠道商的低价策略破坏了出版企业的内容资源，比如每一年，京东、天猫、苏宁、亚马逊都会推出低价策略，有些书籍甚至出现恶性的价格战，有人卖一元就有人敢卖零元，这样低廉恶劣的价格混乱局面是传统出版行业的一项巨大挑战，直接表现为近几年实体书店的凋敝。2010 年初，北京第三极书局倒闭；2011 年，光合作用书房倒闭，据中华全国工商业联合会书业商会调查报告显示，在过去 10 年间有近五成实体书店倒闭。

之所以会出现这样的现象，主要的原因还是我国教育出版的数字化产业没有形成一个系统的商业化产业链条，技术商、渠道商、内容提供商谁都不愿意做出让步，它们各自为营，难以统筹。一些大型的数字出版集团不愿意与技术商合作，试图建立从内容生产到数字终端开发“通吃”的出版产业链条，但是结果凭借一己之力步履艰难，并没有取得良好成效，而那些中小型的教育出版企业由于资金、人才、技术等方面的天然劣势，转型之路更是难上加难，他们在整个出版的环境下越来越边缘化，趋于保守面临淘汰。教育出版企业如何与这些技术商和渠道商建立良好共赢的合作关系，寻觅自身可靠的盈利模式，是当前的一道难题，一项不小的挑战。

（二）数字化缺少版权保护

网络时代，人人都是出版者，网络上用户上传的内容资源良莠不齐、杂乱丛生，这不但直接导致了优质内容资源难以呈现，也养成了很多网民免费吃午饭的习惯，各种云盘共享、免费下载的方式，造成了出版内容的严重同质化，也严重侵犯了数字出版版权，盗版现象极为猖獗，随意传阅无需付费的现象使侵犯数字版权的行为如同根深蒂固的恶瘤难以清除。

（三）技术商威胁上游资源

在传统的出版产业链中，出版社掌握着出版内容，在“出版社——发行商——读者”中占据着垄断的地位。他们把握着作者资源，有品牌优势和人脉资源，但是在数字出版的背景之下，数字出版平台充当了发行渠道，出版产业呈现出扁平化的出版态势。媒介融合压缩了出版的流程，如同笔者在上文提到的那样，技术商对数字出版掌握的核心技术使技术商在当前的出版形态中占据着主导地位，这些数字技术平台往往是免费开放的，如果他们依靠利益比例或者其他竞争手段向出版产业链的上游渗透，一旦接触到源头的作者资源，形成合作关系，那么将直接威胁教育出版企业最具优势的内容资源，本钱一旦丢失，这对于传统出版来说将是致命的打击。失去了“内容为王”的出版社要如何生存？这是一道惊险的难关。

（四）目标受众遭到分流

传统出版企业的出版产品是以一种文本性的形式流通开来的，这种文本的特性由书籍本身的物理特性决定，它受制于三维的空间，需要借助发行方把出版社与目标受众联系起来，而数字出版技术要素的融合，使传统书籍摆脱了物理空间的限制，信息可以被重新组合，句子的模型可以扩张，阅读可以实现超链接。这样超媒体的出版产品，导致了读者阅读选择的丰富性，阅读终端的多屏化和阅读表现形式的多元化。以前的受众呈现出的是块状化和整体性，但是数字出版的产品，读者可以占据主导的地位，不必依赖新华书店这一渠道发行商，可以自由地选择不同的阅读形态。因此，教育出版需要对自己的出版产品和企业服务重新定位。

在数字阅读时代，原本块状化的网民结构瓦解，呈现出星星一样分散的分布，受众群体的概念逐渐淡化，每一个受众都是一个核心，他们分散于互联网这张大网之上，在碎片化的阅读中游走在各大数字出版平台，出版社原本的目标受众被这些平台隔离，难以建立牢固的黏性关系。所以，如何在互联网的大网中找到目标受众，巩固读者的忠实度使松散的关系变得紧实，怎么能在星星点点庞杂的网络上培养起新的读者是教育出版数字化转型面临的一项艰难挑战。

（五）信息系统难以共享

目前，数字出版产品层出不穷，其产品形态也是千差万别，比如方正Apabi电子书、CNKI学术文献总库、ProQuest数据库平台、PDF、ABI、ARL、PSJ、PQD等移动阅读服务器，国内的数字出版对于出版的信息技术并没有统一的技术标准，这些信息的阅读一般都要下载相应的移动阅读终端，信息系统难以实现共享。

数字出版是一项内容集中化、技术集中化、资源集中化的出版，对于技术提出了更高的要求。这些图片、音频、视频、文字等多媒体的信息如果没有软件硬件的支持，编码解码等软件兼容和格式统一的要求，与硬件设施匹配，那么就会对阅读造成障碍，当前的许多数字出版产品由于考虑到版权等问题，都提供了不同程序和格式的阅读形态，这是优势但也是劣势，因为离开了这些硬件的支持，阅读就是空中楼阁，而且不同的技术平台之间的转化增加了读者的阅读成本，最终妨碍教育出版数字化的阅读感受。所以如何实现信息的共享，跨越技术格式上的障碍，也是传统出版企业面临的一大挑战。

第四节　我国教育出版数字化转型策略

2015 年，国家新闻出版广电总局、财政部联合印发《关于推动传统出版和新兴出版融合发展的指导意见》，意见明确指出传统出版要立足已有资源发展新兴出版业态，切实推动传统出版和新兴出版在内容、渠道、平台、经营、管理等方面深度融合，实现出版内容、技术应用、平台终端、人才队伍的共享融通，形成一体化的组织结构、传播体系和管理机制。

通过第三节，我们可以看出教育出版在数字化转型的浪潮中所拥有的核心资源，自身的优势和劣势，面对的机遇和挑战，教育出版要依据自身的优势和机遇制定能够克服自身问题和规避风险的策略。教育出版要坚持“内容为王”并且重新认识“内容为王”，继续“用户至上”并且重新认识“用户至上”，增加可数字化的内容资源，深挖优质内容，明确企业角色定位，加强资本融合，创新经营方式与管理理念，实现传统出版与新兴媒体的融合，最大限度保证教育出版数字化的平稳过渡，实现企业的可持续发展。

一、转变教育出版角色定位

国家进入“十三五”时期，新兴文化产业的发展得到大力支持，2016 年文化部办公厅将中央财政文化产业发展专项资金管理方式实施为“基金化+重大项目”的模式，以顶层设计引领产业发展格局。未来五年，将会有更多信息化的元素融入教育当中，信息技术将会不断促进各学科教学内容与教学模式的变革。这敦促着教育出版要从原来传统的单纯的生产模式中脱离出来，在数字化的出版浪潮中重新进行角色定位。

（一）教育行业发生根本转变

国际经验表明，当一个国家的整体经济由中低收入水平向中上等收入水平转变的时期，社会对第三产业的需求就会更加强烈。2000 年，我国的人均国内生产总值为 1000 美元；2016 年，我国的人均国内生产总值增至 7800 美元左右；2013 年、2014 年和 2015 年连续三年完成脱贫人口 1000 万人以上①。短短十多年的时间，中国已经赶超日本成为世界第二大经济体，社会从生存型消费进入发展型消费的阶段，文化产业迎来了自己的黄金时期。2015 年全国文化及相关产业增加值 27 235 亿元，文化产业增加值占 GDP 的比重为 3.97%，创下历史新高。2011—2015 年中国文化产业增加值②：2011 年 13 479 亿元、2012 年 18 071 亿元、2013 年 21 351 亿元、2014 年 23 940 亿元、2015 年 27 235 亿元，如图 2-4 所示。

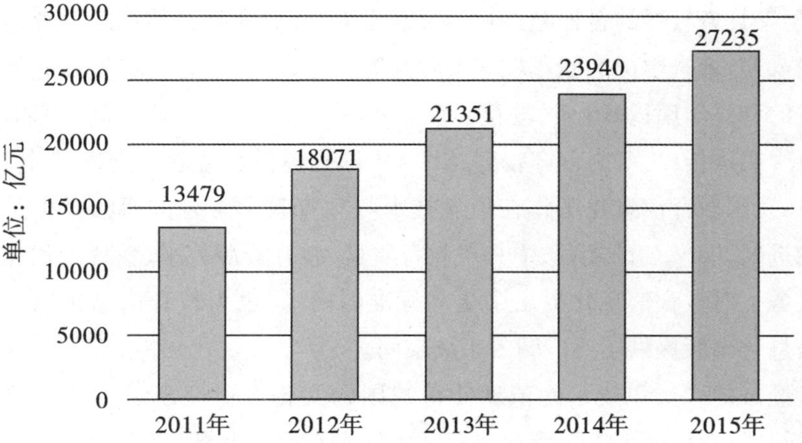

图 2-4　2011—2015 年中国文化产业增加值

① 陈宝生. 从战略全局认识和把握新发展理念[N]. 人民日报,2016-3-11(7).

② 中国报告大厅. 2011—2015 年中国文化产业发展态势与投资远景规划研究报告[EB/OL]. 2017-2-24.

文化产业快速增长的态势为我国教育事业的发展迎来了一个巨大的发展时期，中小学教学全面普及，高等教育进入大众化阶段，职业教育高速发展，教育产业在早期教育、九年义务教育、留学教育、职业教育、信息化教育等不同的领域都有着明显的侧重方向和自己巨大的市场机会。

2015 年 10 月，中共中央第十八届第五次全体会议上通过实施全面二孩政策，该项政策将成为我国早教市场的主要推动力量，人口专家预计，新的政策实施以后，中国每年将会新增 100 万～200 万的新生儿，在独生子女制度下成长起来的一代人成为新的中国家长，他们笃信"孩子不能输在起跑线上"，早教市场的存储量和增长量存在着巨大的需求空间；根据《中国中长期教育改革和发展规划纲要(2010—2020)》中的战略目标，截至 2020 年，全国九年义务教育的在校人数将达到 2.12 亿人，这将会是教育出版和教育培训机构庞大的潜在客户。除传统的线下教育之外，在线教育将会成为九年义务教育领域重点布局的出版领域；与以往注重"学历"不同，现在企业招人用人更青睐于员工的"学力"，社会对于技能类人才的需求催生了职业教育的发展，"中国制造 2025""大众创业，万众创新""一带一路"等一系列重大国家战略都需要具备技术技能的人才创造，由于职业教育人群大多受时间限制，但又具备较强的自控能力和学习能力，因此职业教育的在线教育模式会大受欢迎，未来中国的职业教育将对高等教育结构、人力资本素质起到举足轻重的调整作用；2016 年，教育部教育装备研究与发展中心在其发布的工作要点中明确指出，要为创客教育、STEAM 课程提供教育装备支撑，"十二五"以来，我国教育信息化工作在信息技术与教育教学融合方面已经有了突破性的进展，"十三五"期间，中央对教育质量、教育资源公平、教育现代化进程等任务上对教育信息化提出了更高标准的要求，也为教育信息化以及教育的信息化出版提供了更广阔的市场空间。

经济的增长和技术的革新使得我国的文化产业迎来了自己的黄金时期，教育行业的各个领域都存在着巨大的潜在客户基数，教育的出版模式也在短短的几年时间里借助互联网的东风发生了翻天覆地的变化，急需要对自己在数字化时代里所扮演的角色重新进行思考和定位。

（二）打造知识综合服务提供商

《教育信息化"十三五"规划》明确提出要"积极探索信息技术在'众创

空间'、跨学科学习(STEAM 教育)、创客教育等新的教育模式中的应用"①。这一指示在我国关于教育的五年规划之中尚属首次,教育面临深度改革,我们要将新的技术吸纳到教育当中,使教育与信息技术深度的融合,运用数字化的出版理念改变原有的出版模式、打造新的出版产业链条、构建互联网服务体系,向用户提供丰富的整合的学习资源,打造立体化、交互性和一站式的学习体验,鉴于此,教育出版必须从单纯的生产内容的提供者变成一个知识综合服务提供商。

目前纵观我国的出版业,出版结构小而分散,大型的出版集团极少,教育出版要成为一个知识服务的综合提供商,笔者认为必须依据自身特征借助外力进行融合,具体可以从以下几个方面努力。

1. 建立大数据研究中心

信息时代,人们对于知识的需求更加讲究专业性和集成性,研究表明如果在前十条的信息中,用户没有找到自己真正需要的内容,就会失去耐心转而寻找别的出版内容,教育出版要变成综合的知识服务商就是要帮助用户从浩瀚的信息海洋中获得真正需要的知识内容,因此,教育出版可以建立专业化的大数据中心,利用服务器对采集源的数据量进行专业分析,结合大数据索引中的热门事件和热门词汇开展选题策划,对这些索引数据的深入挖掘与分析毫无疑问能够为出版单位提供翔实的准确的选题决策依据。大数据势必将驱动教育出版走上智慧出版的道路。例如北京北大方正电子有限公司利用构建的大数据中心日采集数据超过5000 万条,能够提供的采集源超过100 万,这样的大数据中心为公司出版提供了大量具有深度意义的报告,利用数据分析生产出了大量作者认可、出版社收益、读者满意的产品。

2. 建立立体化载体模式

技术的变革给出版手段和出版载体带来了新的突破,相比过去耗时耗力的文字编辑,出版的重心需要转移,而出版载体的变化也使得出版产品有了全新的出版形式,使出版的载体更加丰富多样,它可以是一个内容程序,

① 胡畔,蒋家傅,陈子超.我国中小学STEAM 教育发展的现实问题与路径选择[J].现代教育技术,2016(8):22.

比如现在很多教育类的微信公众号里面就植入大量交互性的电子出版物；它可以是一个移动客户端，比如掌阅、iReader 阅读器、Anyview、豆瓣阅读等；它可以是一个硬件终端，比如市场上的一些专属阅读器，如亚马逊 Kindle 阅读器、掌阅 iReader 电子书、电子词典、点读机等。数字化的内容产品使得出版业由内容的制造业变成了一个技术与内容相结合的产业，出版必须根据不同的产品形态和销售终端采取不同的技术加工，使内容能够适配不同的移动载体，也就是说，要利用数字技术把出版内容融合成丰富的出版资源，把出版内容生成不同的格式文档，以此来生成不同功能特点的出版载体，满足更人性化的阅读体验。

3. 建立数字化运营服务平台

在网络之中，知识内容是相互关联的，是一种跨出版的整合内容资源。教育出版可以在网络平台上建立学习与服务一体化的运营体系，提供从学习、考试到能力培养，从教学、研究到师生发展的综合服务解决方案。在这个网络平台上既有丰富的寓教于乐的教学资源，又有后续的技术服务支持，还开设专门的数字内容服务部门，由专业人员对客户的问题进行答疑解惑，有以往内容滚动出现，同时又有新的内容资源及时补充输入，从学习到复习都有一站式的解决方案和追踪服务，甚至还可以在此基础上建立以学校站点、省级站点和中心站点为主体的三级网络平台，例如中国教育出版集团于 2010 年成立运营的在线学习平台“人教学习网”就是具有一站式服务性质的数字化运营服务平台，而成立于 2001 年的沪江网，拥有学习资讯、学习工具、社群学习平台及优质课程平台四大业务体系，开放学习系统接口，与教育产品和内容提供商一道打造互联教育生态，提供真人外教一对一课程，开设沪江小 Q 提供 24 小时解决问题的咨询服务，目前在中国已经拥有 300 万的付费学员。

从国外的教育出版集团如圣智学习集团、励德·爱思唯尔教育集团的转型都能够看出，技术与内容的融合把教育出版从一个单纯的内容提供商转变成一个综合的知识服务提供商，未来教育出版的地位势必是要演变成一个集图书教材、教育资源库、作业系统、测评系统、辅导系统、教学工具、在线学习、后期服务为一体的综合服务商。

二、借助资本力量加速媒介产业融合

十八届三中全会提出市场在资源配置中起决定性的作用，经济因素参与媒介融合，出版媒介市场决定了出版资源的配置，资本的力量将在教育出版的数字化转型中发挥重要作用，而教育出版的数字化转型是一笔巨大的资金投入，仅仅依靠单个企业的力量是无法适应发展需要的。

（一）资本力量改变教育出版行业形态

媒介融合是一种“印刷的、音频的、视频的、互动性数字媒体组织之间的战略的、操作的、文化的合作和联盟”①。从这个定义中我们能够看出，媒介融合除了媒介技术的融合还是一种媒介产业的融合，这种媒介产业融合是指一个传媒集团同时拥有报刊、广播、电视和互联网等多种媒介形式和媒体组织，也可以指传统媒体与新兴媒体融合之后延伸出来的新的服务行业。

2014 年 8 月 18 日，中央全面深化改革领导小组第四次会议审议通过了《关于传统媒体和新兴媒体融合发展的指导意见》，该意见的发布必将对出版传媒的融合发展带来深远的影响，带来众多的新模式和新机遇，基于互联网、电子商务、云计算等信息平台的出版和消费规模呈现快速增长的态势，教育出版的数字化发展虽然具有良好的发展前景，但是短时间内数字出版的投入与赢利却难以实现平衡，数字出版要立足长远，除了要有顶层设计之外更需要有大量的资金投入。例如时代出版传媒有限公司、中国教育出版传媒集团、湖南出版投资控股集团有限公司，都已经借助资本市场的力量实现了数字化的转型。

（二）利用资本力量实现出版媒介产业融合

我们身处的是一个“地球村”的时代，教育和教育出版必须具有国际性的视野，媒体融合会为投资带来前所未有的市场机会，而资本力量将是教育出版实现融合发展的重要基础，笔者认为根据企业情况可以走股改上市和并购重组的道路。

---

① 陈少徐. 裂变与整合：复合型编辑角色与功能探讨[J]. 中国编辑研究，2014(7)：106-111.

1. 股改上市

2012 年国家新闻出版总署发布《关于支持民间资本参与出版经营活动的实施细则》，提出支持民间资本参与出版经营活动，大型教育出版社可以利用自身条件与民间资本开展合作，推进股份改制进而实现上市融资。股改一方面可以使企业对内部结构进行优化配置，规范处置，实现资产聚拢，便于资产经营；另一方面能够结合更多战略合作伙伴吸纳优质资源，增强发展后劲。这样的增资扩股能够为企业上市融资打好基础，而上市融资能够为出版广开融资渠道，吸纳多元化的投资用于数字化转型，提高盈利模式，做好出版产业，形成具有数字化特点的上市出版主体。比如，中文在线创业板于 2015 年 1 月上市，迅速吸引了投资者的关注，企业在此平台上募集资金 5 亿元，其中 3 亿元将用于数字资产管理平台的升级改造，以及电子书包的数字出版和版权管理项目建设；河北出版传媒集团通过对子公司的股权增资和中国大型媒体公司的合作，现已完成上市，成为集“数字化、全媒体”特征为一体，跨媒体、跨行业、跨区域的国内一流现代出版传媒航母。

2. 并购重组

随着中国文化市场的开放，培生集团、圣智学习集团等很多西方大型出版集团都在觊觎中国市场，所以我们必须打破行业壁垒、区域枷锁，实施战略重组，加速建设大型出版媒体企业、大型发行物流集团公司的力度。教育出版可以对产业链上拥有优质资源和技术能力的企业进行并购重组，在国内，并购重组是很多出版企业发展壮大的一条重要路径，大型出版集团可以以此拓宽产业链，传统出版单位可以通过跨界并购形成规范化的现代出版传媒企业。比如广西师范大学出版社集团旗下昊福文化为新三板书业第一股，凭借资本的便利频频收购创意，将广西师大附近的小型书店改造成教育终端，吸引了各路资本的关注和调研，北方联合出版传媒集团旗下的全资子公司万卷出版公司，以合资形式与榕树下合作成立榕树业发展有限责任公司和北京智品书业有限公司。这些传统的出版企业都通过并购和整合取得了显著的增长。

国家在创新融资、税收优惠等方面的制度创新，吸引了更多的资本参与出版经营，单纯依靠国家财政资金的扶持难以为教育出版数字化培养起稳定的资金链和产业链,教育出版要凭借市场的作用,加速出版与资本的融合,借助资本市场实现企业的转型升级。

三、深化出版内容制作融合

正如上文笔者所说,内容是教育出版的优势,是其灵魂。教育出版的发展依赖的就是以自身的内容资源来吸引读者,但是数字化的学习手段让出版社面临读者分流和市场版权混乱的局面,教育出版要想稳定读者群体,必须深度地开发内容资源。

(一)提高内容资源科学性

正如丹尼斯·麦奎尔在《麦奎尔大众传播理论》中所说的:"尽管当代还有许多其他传播技术的存在,不过身为重要的大众媒体,书籍本身的地位并没有显现出动摇的迹象。"[①]在数字出版产业的链条之中,内容资源是根本,没有丰富的内容资源,再强悍的硬件技术软件配套都无法完成数字出版,国内的教育出版虽然数量庞大,但是大多出版的内容都只是单纯地把纸质化的教材内容变成电子书,把原有纸质出版物变成数字形态,同质化现象十分严重,内容的目的性强却没有新颖性。互联网时代新的发展趋势是"内容+科技+个性化"定制服务,这是传统出版与新兴媒体融合的完整呈现[②]。其中最科学的方法就是可以借助技术对出版内容进行结构化处理,所谓结构化处理就是将产品拆分成内容单元,这些分裂的内容单元可以对接组合成不同的内容和产品,为读者提供不同的知识体系和全新的知识服务。在传统出版中,教育出版是以一本书或者一个光盘为标准来制定生产的。出版以整本书为元数据,而不是以这本书的内容为元数据,但是结构化处理之后,数字出版的内容可以是读者关心使用的某一段文字、某一篇内容或者某一张图片,大大激活了整本书的内容资源。另一方面,结构化处理体系可以在出版形态上为读者提供丰富的服务形式,在传统出版中,以图书为例,其内

---

① 丹尼斯·麦奎尔.麦奎尔大众传播理论[M].第4版.北京:清华大学出版社,2006:54.

② 庞沁文.传统媒体与新媒体融合发展九大要务[N].中国新闻出版报,2014-9-22(5).

容和出版版式是捆绑式的，读者对最终的阅读终端没有办法选择，但是数字出版中，教育出版可以利用技术把内容与版式进行分离，一种内容套用不同的出版版式，生成网络出版、手机出版、移动出版等不同的载体形态，服务读者不同的终端选择。

教育出版要意识到"内容出版"永远也不会改变，数字化的转型必须坚守在此基础上以互联网作为引导继续内容生产。很多传统的教育出版社在长期编辑出版的生产过程中都积累了丰富的经验和专业领域的优质资源，这是技术商和网络渠道商的短板，是传统教育出版绝对的优势资源，传统教育出版可以运用互联网思维对这些专业领域的关键资源进行科学的整合，根据互联网和移动网络的特点，改变原有的内容制作方式，对出版的各个流程进行全方位的数字化建设，实现对传统内容资源再造与升级，改变单一的生产机构和盈利模式，推出新型的出版产品。例如华东师范大学出版社着力传统出版与新兴媒体融合的内容生产，积极与中国电信合作，参与"国家标准管理委员会"关于"电子书包""电子课本"的国际标准制定工作中，共同策划远程学习系统，身兼技术与内容，成为我国教育创新的引导者。

(二)运用差异化内容打造个性化学习

数字化技术是出版的载体，技术的运用是为了更好地实现内容的传播，不是越复杂越高端的技术就越有好处，只有能够帮助内容增值的技术才是有价值的技术。麦克卢汉在《理解媒介：论人的延伸》一书中提出媒介与人的关系，认为"媒介是人的延伸"，不同的媒介对不同的感官起作用①，出版同样如此，不同的技术和不同的出版媒介会对人们的学习效果起到不同的作用，例如图片可以与文字相得益彰，营造一种情景思维模式；数字影像的视听功能能够多维度地传递教学信息，更亲近地传授知识，丰富读者阅读感受；在线学习可以形成师生间的互动学习，方便老师与学生，学生与学生之间的讨论与学习，提高学生自主学习的积极性。以往教材结构侧重知识的传授，忽略了学生的主观能动性，数字化时代则凸显了知识传授关系的互动性，数字教材的设计不仅有如何教，而且还侧重于学生怎么学，数字化教材

---

① 马歇尔·麦克卢汉.理解媒介：论人的延伸[M].北京：译林出版社，2001：25-27.

利用媒体符号与教学内容的集中呈现，选择最适宜教学内容最科学的媒体形态，对于学生的学习会起到事半功倍的效果，比如中小学教育领域"一起作业网""中考网""梯子网""中国知网""猿题库公务员"等都是搭乘着媒介融合的快车，运用差异化的内容战略、运营战略在资本市场上掀起了一波又一波的热潮。

随着各种移动媒体终端的增多，调查显示我国有40%的网民不读纸质书，电子书阅读的数量正在增加，但是他们并不排斥纸质书。现阶段，纸质书与电子书呈现出的关系是"协同竞争"的格局，不同学历阶段，纸质书和电子书阅读者占比分布对比，如图2-5所示。

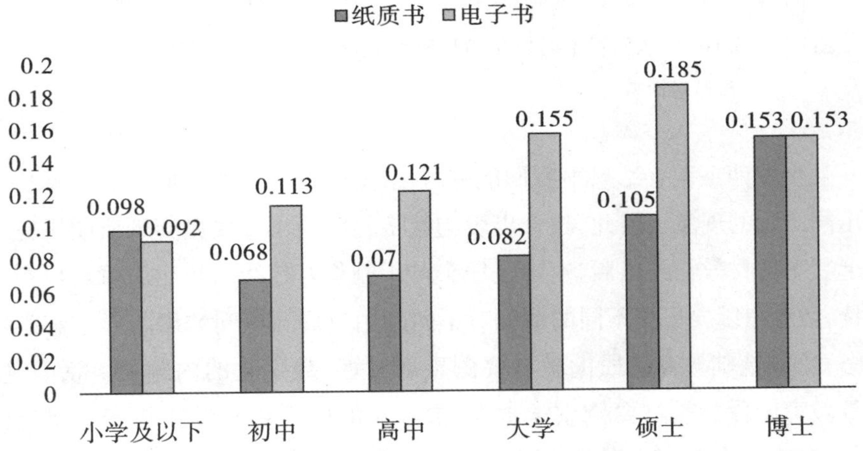

图2-5 2016中国网民不同学历阶段纸质书和电子书阅读者占比分布对比①

不同学历阶段中不读纸质书和不读电子书阅读者占比分布对比，如图2-6所示。

① 深圳国数(中国文传会).《中国网民调查报告》. http://www. wtoutiao. com/p/4f6vjrG. html ,2016-10-11.

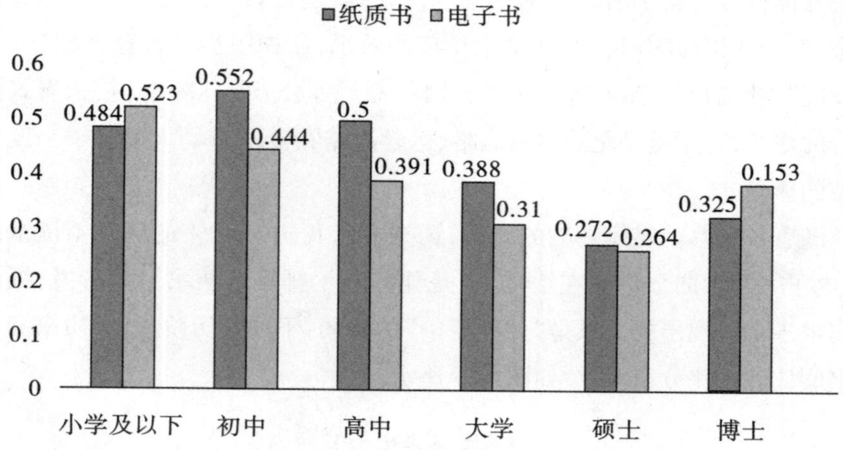

图 2-6　2016 中国网民不同学历阶段不读纸质书和不读电子书阅读者占比分布对比①

从上述两项调查结果中我们能够看出，电子书与纸质书阅读者的学历呈现出同质化的现象。因此，教育出版的数字化转型不是要抛弃纸质图书完全走上数字教材教辅的出版，也不是埋头苦干制作好传统纸质出版就可以高枕无忧，教育出版要根据不同的情况对不同的用户展开不同的出版形态和学习服务，比如基础教育阶段的教材要侧重启发性，数字化的内容要灵活有趣；高等教育阶段的教材要侧重学术性，数字化的内容要有专业化指导研究的特点；对于初中至硕士阶段的用户可以多投入数字出版的比例；对于小学阶段和博士阶段的用户就可以两手都抓，传统出版与数字出版同时投入。

鉴于以上的论述，未来教育出版需要采取的行动是传统出版与数字出版同步进行，运用差异化战略，以用户需求为出发点，针对不同学历不同阶段的读者量身定做适合他们的出版产品，体现个性化和附加值，针对不同人群学习的差异特点，保留教材教辅的出版，并把教材教辅的内容转变成能够聆听、能够观看、能够上网在线学习、能够下载到手机上的多种移动终端，这样纸质版与数字版同时流通，以不同的产品和服务满足不同的读者群体，构

① 深圳国数(中国文传会).《中国网民调查报告》. http://www. wtoutiao. com/p/4f6vjrG. html ,2016-10-11.

建人性化的教育出版。

四、探索教育出版体制机制融合新模式

在前几节中，笔者从企业角色定位、媒介产业融合、内容制作融合等几个方面对教育出版数字化转型提供了对策和建议，但是教育出版产品如何走向市场，打开更大的销售局面？教材教辅的出版都是为人们学习服务的，教育出版又要开拓什么样崭新的运营理念来满足用户的学习需求？这将是本节重点探讨的内容。

（一）利用大数据开创精准营销

著名学者维克托·迈尔-舍恩伯格在其所著的《大数据时代》一书中指出，社交网络、电子商务和移动通信已经把人类社会带入了以 PB（1024TB）为单位的结构和非结构数据信息的新时代。作者在书中说，大数据不能帮助我们治疗流感或者买到低价的机票，但是却可以帮我们预防流感和分析出买到低价票的最佳时机，这样的思维方式同样可以应用到教育出版的数字营销当中。

传播学中的“使用与满足”理论把受众看作是有着特定“需求”的个人，他们的媒介接触活动是有特定需求和动机并得到“满足”的过程。用户的需求在哪里，市场就在哪里，谁能够生产出适合市场满足读者使用的产品，谁就能够把握市场占领主导地位，根据这一理论，教育出版在数字化出版以前更应该利用大数据对教育出版进行有的放矢。

传统出版的产品研发靠的是编辑们的市场经验和市场调研，但是因为不能覆盖最广的地区，调研往往存在偏差，难以对读者的实际需求做出真实判断。大数据时代，教育出版可以借助数据对产品进行研发和营销，以大数据的统计分析结果来满足读者的差异性需求。笔者认为可以从以下几个方面入手。

1. 与专业的数据公司合作

教育出版可以与专门的数据公司合作，通过数据公司的分析数据，编辑策划可以对产品类型、出版进度、上市时间进行准确的把控，使产品在研发环节就与市场需求直接挂钩。例如北京开卷信息技术有限公司就是全球首

家从事中文图书市场零售数据连续跟踪服务的专业机构，目前公司监测范围覆盖了中国342个城市近3000家书店的销售情况，企业还与北京大学新闻与传播学院开展研究合作，与《出版商务周报》《新闻出版报》等媒体单位建立合作关系，对这些数据进行分析，可以准确掌握图书最佳的上市时间，对不同区域的需求获得准确信息。

2. 利用“电商+社群”开展网络营销

“电商+社群”的营销可以使教育出版对市场有更精确的把握，从而在选题策划和营销方案上更有方向性和针对性。教育出版可以在数字学习平台、豆瓣、QQ群、微信群、百度、搜狗等社交媒体、搜索引擎、大数据等互联网平台统计分析受众的学习行为，了解他们对数字出版的产品形态、产品内容、传播方式的需求与喜好，对这些大数据的分析可以帮助教育出版挖掘隐藏的价值，比如哪些用户对高三一模二模的复习教辅需求旺盛，哪些用户青睐音频视频媒体终端，哪些用户对奥赛竞赛感兴趣等。

3. 利用大数据开展精确营销

通过运用大数据的统计和分析，教育出版可以对出版内容的产品类型、销售时间、销售周期、汇款时间等信息做出整体判断，从而对出版内容做出不同的处理，比如哪些产品适合零售，哪些产品适合征订，哪些产品适合竞品分析等，还可以对用户进行深层了解，知道购买者主要集中在哪里，购买者的需求在哪里，掌握了这些信息，教育出版就可以把以前粗放的营销策略转变为精准营销——精确投放广告，精确定位区域，精确用户群体，精确代理商，精确产品类型，精确数字出版形态等，这样不仅可以降低教育出版的成本，还可以让出版更加有效，比如被美国《出版商周刊》连续两年评为发展速度最快的独立出版商；Callisto传媒公司，利用大数据发现市场契机，找到图书的空白点，再根据读者搜索信息的需求联系合适的作者，针对市场需求展开有针对性的写作，依靠市场调研有的放矢，Callisto传媒公司生产的图书销量甚至超越了一些获得热门图书奖的提名图书。

（二）打通营销渠道的融合

媒介融合简化了出版流程，扩张了出版的边界，数字出版的营销模式也发生了很大的变化。过去编辑们通过撰写摘要和评语，在书展或者交流会上宣传销售的行为已经过时，笔者认为数字出版的模式可以从以下几个方面入手。

1. 内容资源“微”处理

数字化的技术为出版的宣传和销售提供了更加丰富的渠道，微博、贴吧、微信、公众号、微商店等，手机出版因为其自由性和交互性，内容的丰富性和便捷性深受读者们的青睐，教育出版企业可以以此为契机，把自己的内容资源做成“微”课，提供教学片段、教学结构、教材分析、教辅解答等供读者点击浏览，以此来吸引读者购买完整版使用。同时，教育企业也可以在各种网络平台上宣传自己的教材教辅，利用手机网络营销和各种“微”端达到营销的目的。

2. 积累自己的信息库

“工欲善其事必先利其器”，牢固和清晰的信息库，尤其是教师信息库和学生信息库是教育出版进行准确营销的基础，教育出版企业可以通过 QQ 群、微信群、论坛、贴吧等社交平台，可以通过发送电子邮件、朋友圈等社交手段进行教材教辅的宣传和销售，在这些网络平台上保持活跃，通过数量庞大的互动式的信息库，可以取得良好的营销效果。

3. 搭建自己的数字出版平台

通过搭建数字出版平台，出版社的出版和销售都将会变得更加自由，出版社在自己的平台上对教材教辅单独销售，也可以部分销售，甚至可以和别的电子图书打包销售，在这个数字平台上可以定期发送宣传内容，选择一些优秀的、与课程匹配的、满足读者实用需求的内容，实行部分免费预览，以方便读者了解教材的整体情况，这种网站经营模式将为教育出版的数字化运营开辟新的疆土，使传统企业走上上下游发展的模式。

4. 分析追踪反馈信息

出版社出版的产品不是销售出去就可以高枕无忧了，出版企业还需要对营销反馈的信息进行整理追踪，分析读者们的行为目的和心理需要，建立起畅通的沟通渠道，收集读者们的建议和意见，聆听他们的心声，提供相关配套服务和出版服务，稳固关系，加强他们的忠实度。

除了上述所说的数字出版和纸质出版之外，教育出版还可以借助第三方平台搭建线上线下融合发展的综合性经营平台，这种融合可以是并购、出让、架构等方式，企业可以以控股参与的方式接入新部门、新项目的运作，比如天文数媒科技有限公司与华为公司合作，推出数字资源传播运营平台、海外阅读平台，现已签约24个国家，浙江大学出版社与杭州蓝狮子文化创意有限公司共同组建杭州飞阅图书有限公司，合力制作图书。这种营销渠道的融合改变了传统单一的销售渠道，流通与传播都具有绝对的优势。

(三)创建出版新理念

教育出版已经完成了转企改制的变革，思想上也亟须扭转出版理念，笔者认为数字出版最重要的就是互联网思维，其最重要的标准就是：要站在“人”的角度，基于人性的洞察设计产品。

数字出版要有互联网思维，周鸿祎把互联网思维的模式划分为三种：第一种是网聚人，把传统的生意转移到互联网的平台上，简单发挥互联网的特点；第二种是广告，通过向用户推荐其他的产品服务，利用原来积累的眼球实现盈利；第三种是增值服务模式，通过向某些用户提供特殊服务来赚取增值服务费。周鸿祎还强调，互联网的精神就是免费，但是要在免费的地方创造新的价值链来收费，注重用户体验，而搜狐公司的CEO王小川也同样认为，“用户量、免费、体验”是互联网的核心思维。周鸿祎和王小川的这种想法给教育出版也带去了巨大的启示，传统的教育出版要想在媒介融合时代生存下来，急需要互联网思维为其点亮明灯，改变传统的经营模式，设计简单且人性化的数字产品。

任何一个简单、人性化的设计其实都必须以复杂的技术和庞大的数据资源作为支撑。当然，这种互联网思维指导下的出版是复杂而且艰难的，毫不客气地说它意味着教育出版在编辑、策划、制作、出版、文档、营销、管理、人力、办公等各个方面的重建，企业不能再依靠原来的生产模式，被动地设计产品，而是要利用新兴媒体和跨媒体出版的融合实现主动出版，破除路径依赖，对整个出版市场、生产销售重新进行定义。周鸿祎还在其《我的互联网方法论》一书中举例说，互联网之所以能够在三年内在通信方面打败运营商，就是基于其免费的互联网思维，用户在微信上只要有流量或者WiFi就可以发图片聊语音，省去了短信费和电话费，但其实免费的才是最贵的，微信通过给用户推广游戏、宣传商品就可以挣到比中国移动一年的短信费还要高的费用。由此，笔者以为教育出版可以在以下三个方面运用互联网思维为读者服务。

1. 提供增值服务

正如上文所说，教育出版数字化转型的定位是由原来的内容提供商转变为知识服务综合提供商，这就要求教育出版要从过去“站在出版的角度看教育”转变成“站在教育的立场看出版”，增值服务可以用于出版内容、出版形式、出版载体的各个方面。在内容方面，教育出版要及时更新，出版的内容要具有针对性，比如世界图书出版公司出版的《张剑考研政治黄皮书》系列、北京航空航天大学出版社出版的《肖秀荣考研政治》系列、西北大学出版社出版的《考研真相》系列等，都是因为突出对大纲变动的范围进行了详细的调研，成为内容增值的典范；在出版形式方面，线上、线下的各类增值服务的结合将会实现服务与出版的良性互动，比如西藏人民出版社北京编辑发行部就通过其开发的天利考试信息网，为广大的中考、高考考生提供资源下载、在线答疑、新书试读、学科辅导等完备的增值服务；在出版载体方面，丰富的增值服务将极大地扩大出版的商业模式，比如沈阳庠序文化有限公司经过原始积累阶段加大了对用户服务的投入，公司针对系列图书提供了网上答疑、免费提供视频教学课件等服务内容，并将出版融入动漫元素的学习游戏，多元化的增值内容为公司的终端推广提供了有效的助力。

2. 构建数据库

加拿大出版咨询专家布赖恩·欧列里认为，以往的出版都受到实体性容器的限制，忽略了可能容器并不适合容器本身，新的出版形式应该打破容器的限制，让内容之“水”随需求流动起来。传统教育出版产业发展年深日久，在某些出版方面已然形成了自己的优势，在很多的教育类选题上都有自己的积累，教育出版可以利用自己已有的优势，打造专业的数据库和内容资源库，比如可以将教材章节和辅导材料等资源归纳和分类，进行整理和储存，通过与技术商的合作把这些内容资源发到网络平台的数据库当中，数据库可以分为课件库、媒体素材图、习题库、教案库等，分出层次、归类准确、标准统一,这样建立起基于本社教育资源的各种数据库很方便用户检索和查阅。数字化的出版是一项庞大的资金投入,对全部的教材教辅都进行数字化处理显然不太现实,但是根据数据库中的检索信息,教育出版社就可以对消费者的数量、消费内容、消费时间有一个宏观的了解,继而就可以对一本教材或者教辅做出多种出版形态的处理,比如说一般需求的教材我们就可以只制作简单电子书,对于那些在数据库里表现活跃的教材教辅我们可以配套试题库、音频视频、电子课件等全媒体一站式的学习资源,再对它们进行多种移动终端的开发,数据库的建设可以对传统的内容资源灌注新的数字元素,让内容之"水"流通开来,从而因为数字技术而获得新生。

3. 以下游渠道推动定制出版

未来的出版形态必然是一个下游渠道推动上游资源的逆势过程,下游渠道包括出版社的渠道和销售终端,上游资源包括教育出版内容和编辑部,出版产品的销售形式会被细分,在传统的阅读之外,还有直销、团购、网上商场等越来越多的新颖的销售渠道,不同种类的教育出版产品根据销售渠道和读者的不同推出定制出版。关于定制出版,我国学者普遍认为是企业推出的个性化的内容定制方案。教育出版通过下游渠道的反馈可以为出版进行精确目标受众的定位,根据用户需求向广大群体进行专业化的整合内容出版,使销售渠道与终端进行融合,一来节约成本,二来利益最大化。例如美国的麦格劳·希尔出版社比较早地就实行定制出版的模式,它对书中的部分章节或者把几本书相互关联的章节进行整合,有效避免了学生既购买教材又购买教辅读物却不能全部利用的弊端,成都汉声文化传播有限公司在自建的微信公众平台上进行内容推送和企业文化宣传,其为泸州老窖打造的微信运营平台——泸州老窖海外 VIP,锁定目标受众为海外经销商、海外华人和战略合作伙伴,以简短幽默、轻松诙谐的方法演绎海内外酒文化而深受读者喜爱,目前该微信公众平台已经成为泸州老窖海外文化传播的主要宣传平台、在线销售与客户服务平台。这种定制出版的模式实际上还是一种整合资源的服务,体现了上文笔者所说的教育出版由内容提供商到内容服务商的角色功能。

五、利用融合平台寻找可靠盈利模式

人们阅读习惯和消费习惯的改变使电商成为书籍消费的主要渠道，实体书店面临艰难的生存局面。据《羊城晚报》报道，在广州，从1994年到现在，有20多间新华书店网点撤销，平均每年至少会有一间新华书店消失[①]。传统出版单位江河日下难以度日，其无法盈利的原因除了人工和房租的巨大成本，还与企业自身的盈利模式有关。笔者认为教育出版要实现盈利需要从两方面入手：第一，深化媒体传播融合；第二，构建统一的数字化合作平台。

（一）深化媒体传播融合

美国鲍尔州立大学教授戴默（Lori Demo）作为媒介融合的研究员，在《融合统一体：媒介新闻编辑部合作模式》一书中提出，“融合统一体”理论将“新闻融合”的模式归纳为“相互推广、克隆复制、合作与竞争、资源共享及多触点全方位的融合”[②]。从这个定义我们可以看出媒介融合对于新闻出版产业的影响，数字化的教育出版就是一个“融合统一体”，出版社可以根据读者不同渠道的市场需求对教育出版产品做出相应的投入以保证出版效益。中国在线教育不同渠道所占比例：在线教育平台占47%，网校占28%，App占10%，其他占15%。

鉴于此，笔者认为在媒体传播融合方面，教育出版可以从以下几个方面入手。

1. 全媒体出版

媒介融合使媒介产业的分化越来越模糊，不同存储介质的媒介产品边界逐渐模糊，多种媒介形态最终可以在一个终端上呈现。大数据技术、网络技术、移动技术、二维码和云计算等新媒体技术简化了出版的流程，缩减出版的销售成本，可以把不同的存储介质多样化，教育出版可以利用媒介技术的融合做全媒体出版，也就是“同一内容不同载体多种发布”，比如通过市场

---

① 51岁新华书店关门停业 实体书店倒闭现象屡见不鲜[N]. 羊城晚报，2013-6-14(6).

② 张耀元. 基于媒介融合视角的数字出版分析[J]. 出版广角，2014(10):37.

调研之后，根据用户需求的不同，把一本教材或者教辅做成纸质图书、音频、视频、动画甚至可以是游戏，使用户可以通过图书、互联网、手机、阅读器等不同的移动终端满足自己的需求。一种内容多种渠道分路销售，这种全媒体出版既可以使出版社获得多种版权，又可以为自己创造最大利益，比如江苏可一出版物发行集团对于其出版的图书推出了基于移动教材的电子书包、基于网站形态的天下阅读网、基于婴幼儿教育的可一幼教多媒体平台等；中文在线在 2012 年 7 月提出全媒体学习"电子书包"的运营理念，现在已经在上海、北京等城市进入试运行阶段，中文在线更是利用媒体融合开创了多个出版渠道，使全媒体出版横跨影视作品合作、实体畅销书出版合作和原创作品 3 个领域，覆盖影视、出版、无线、互联网和数字图书馆等全媒体形式。

2. 跨媒体出版

跨媒体出版是数字出版的新形态，它可以从以报刊图书为代表的第一媒体横向跨越到以移动网络和手机出版为代表的第五媒体，实现从内容到功能的大幅增值。教育出版可以利用跨媒体出版把一本书或者一本电子书做成能够在线阅读，能够下载到手机的纸质书、音频书、网络书、手机书等不同出版形态的产品，利用平面媒体、立体媒体和新媒体等多种媒介载体为读者提供多样化的需求来实现自身盈利目的。比如人民军医出版社出版的复合型跨媒介智能出版物，将书、卡、盘、网、库等媒介深度整合，融读、听、看、带、查为一体的出版产品，购买一个出版产品就像是买了一座医学图书馆，满足了读者需求，实现了企业盈利。

3. 融入第三方价值物

在媒体传播的融合中，教育出版还可以在原有的出版内容里融合第三方价值物，实现一种捆绑服务的销售，比如将产品价值包装升级，转换成读者愿意支付的形式，这种捆绑销售可以降低出版社的生产成本，用户也能够因此节约他们的时间成本和经济成本，还能够让他们获得附加服务。在这个技术融合的过程中，出版社其实就是一种服务业，它把潜在的用户显露出来，为隐形的行业和作者提供增值价值，相比于实体的售卖更能够提高消费用户支付的意愿，要比专门调查和获得受众群体更有利于出版社获得消费剩余，比如爱思唯尔出版社就是"捆绑"销售的典型代表，它把质量较低的期刊和质量较高的期刊放在一起销售，这样对于那些质量较低收稿率较低的期刊来说，价格上就不会降价太多，批量交易保证爱思唯尔出版社获得了极大的收益。

（二）融合出版产业链条

媒介融合的本质是媒介形态的变迁，并由此带来的媒介技术与媒体技术的交融以及传统出版产业与新兴产业的交融，这种交融将对教育出版的数字化转型有着深远的影响。

1. 媒介融合改变了出版产业链条

媒介融合下的教育出版需要重新审视业态出版环境，确定自己在整个出版链条中的地位与作用。笔者认为媒介融合对出版产业链的影响主要表现在以下两个方面。

（1）单一的链条结构被网络化

数字出版中，新旧媒体的聚合拉长了产业链条，这些产业链之间的关系相互交叉影响构成一个网状结构，以前纵向的生产联系变成了纵横交错的网状形态，价值链转变成了价值网，单项的传播模式变成了双向的交流互动。

（2）产业链关系复杂化

主体多元化使得主体间原本一对一的关系变成了多对多的关系，出版产业链原本相互依存的关系变成了协同竞争的关系，网络平台的推动与运营模式的转变使整个出版链条的关系更加复杂。

2. 明确产业链中的角色作用

现在全国的教育规模、在校学生数有2.7亿人，各级各类学校52万所，3000多万人的高等教育规模占据世界第一。可是这么庞大的市场需求，却没有出现像国外的培生、麦格劳希尔这样大型的有影响力的数字教育出版集团，观其原因，是其产业链所致。外国的数字出版，教育出版社占据主导地位；在国内，由于技术上的短板，技术商在整个出版产业链中占据优势地位，电商作为销售渠道，教育出版提供内容，三者各自为营，没有形成统一的有机链条。同时，我国数字出版的主管部门也没有制定统一的数字技术标准，这也使出版资源的统筹和规划有些难办，技术商拼技术，渠道商拼价格，传统出版内容商面临很大的压力，这样各自为营，三方都没有得到最大的利益分配。对于技术商而言，虽然现在有电子书包、在线教育、云服务等，但是没有内容商提供优质的内容资源，没有专业前瞻的教育教学理念，没有优质可靠的精良教学内容，导致了虽然看上去数字化平台众多，各种线上线下形式纷纭，但是很多都是空中楼阁，并没有得到实际的运用；而对于电商，它们的日子也不好过，新兴力量的跨界，那些具有互联网思维、强调个性化服务、注重用户体验的移动垂直电商的崛起，给"传统电商"带去了不小的冲击。所以，要想实现共赢，唯一的出路就是团结合作。

教育出版"内容为王"的定位没有变，但在庞杂的生产关系中，需要其从出版产业链中主体间的契约关系、协作关系入手，充分利用技术平台和第三方销售渠道发挥自身的内容优势。比如 2012 年，培生集团通过投资和 Nook Media 公司合作，占其 5% 的市场股份，让读者可以通过 Nook Media 公司提供的第三方数字销售平台获得培生集团的数字化教育产品。

3. 融合产业链条协同发展

在媒介融合的背景之下，教育出版不能再固守着原来"编辑+印书+发行"的生产链条，传统出版单位要从自我主导的产业链中脱离，转变为集成合作的运营模式。

媒体技术造成传播的融合，这种融合拉长了出版的生产链条，拓宽了产业外延，产生了足够多的社会化分工，在整个的生产过程当中，一环的不足可以由另一环弥补，这个庞杂的数字链条需要出版商、技术商、渠道商精诚合作，才能在扶持中实现三方共同盈利，这要求在出版产业链条中，教育出版单位做好内容，积极发挥自身的内容资源和编辑优势；技术商要通过不断开发新的技术，满足现代读者感官和心灵的审美需求，为内容商提供更好的技术服务，为读者提供更多的免费体验和互动体验，同时技术商还要与相关政府部门和企业合作制定一套标准统一的数字化技术出版规范，方便读者在不同终端的阅读需求，提高内容产品的兼容性，贯通数字出版环节，降低读者阅读成本；电商或者终端的厂商要不断开发新的设备，为读者提供移动化多样化的阅读终端，让读者更方便地在一个终端上就能够享受丰富的内容资源,获得附加价值。

4. 以安徽出版集团为例分析其产业链

安徽出版集团成立于2005年,是国内第一家在组建集团的同时完成转企改制的文化企业。安徽出版集团于2008年认购科大创新定向发行股份成功上市,上市后改名为"时代出版传媒股份有限公司",其后集团数字出版价值链取得了长足发展。2008年安徽出版集团与北大方正签订数字出版技术服务合作协议;2009年公司筹建数字出版中心,与"中文在线"合作开展"全媒体出版",开通时代在线教育,实现纸质、移动、在线互动等不同出版形式,四个月点击突破300万,集团还与中国移动通信集团安徽有限公司合作开展校讯通家教助手彩信业务以及外语类、保健类和生活类彩信业务,开展多媒体业务等;2011年安徽出版集团又进一步与中国移动、中国电信、中国联通三大运营商达成新的合作意向,在新业务、新产品上开发内容。安徽出版集团产业价值链的演变过程就是一种多元化产业价值链的突出表现,集团通过多方合作,与技术公司和发行渠道一起开展协同发展之势,各自明确自己的生态位范围,为出版企业带来了巨大的收益,也为技术公司和渠道商带去了丰厚利润。

第五节　我国教育出版数字化转型的保障措施

一、政策支持是教育出版数字化转型的有力保护

教育出版向数字化转型,既有自身的焦虑,也有国家政策的推动,从经济学的角度来说,技术对产业经济的发展具有一定的推动作用,但是从政治学的角度来说,其体制建构能够走上什么样的发展之路则取决于国家政策和文化的制约。所以,教育出版的数字化转型必须有协同推进的国家政策为其点亮明灯、提供指引。

(一)逐步完善的政策引导

"十二五"期间,与数字出版有关的国家层面的政策就有《国家"十二五"时期文化改革发展规划纲要》《十七届六中全会决定》《关于促进信息消

费 扩大内需的若干意见》《关于推动传统媒体和新兴媒体融合发展的指导意见》一系列相关文件，国家新闻出版广电总局和财政部又先后联合印发了《关于推动新闻出版业数字化转型升级的指导意见》《关于推动传统出版和新兴出版融合发展的指导意见》，新闻出版总署印发《关于加快出版传媒集团改革发展的指导意见》，这些相关的政策为国家的数字出版提供了更加有力的保护，也让我们看到了数字出版的一系列政策引导，其中在《关于加快出版传媒集团改革发展的指导意见》中明确提出大力支持出版传媒集团应用高新技术发展数字出版业务，建立自主科技创新体系，并对出版传媒集团改革发展的思想、原则和目标做出了明确的战略部署。

"十三五"时期，在"一带一路""中国制造 2025"等一系列国家重大战略的进程之中，信息的传播与流动起着至关重要的作用，数字出版的优势异常明显，党和国家提出的建设社会主义文化强国的目标，作为文化产业的组成部分，在国家政策与当下经济发展新常态之下，出版企业必是大有可为，教育数字出版必会借助技术和文化的发展机遇取得重大突破。

（二）政府主导的强大后盾

国家新闻出版总署成立了重大工程领导小组，重大科技项目专家咨询委员会，其中数字复合出版系统和数字版权保护技术研发工程都已竣工完成。2011 年上海市政府签发《关于促进本市数字出版产业发展的若干意见》（以下简称《意见》），《意见》通过 28 个条文，在财政扶持、税收优惠、政府采购、产权保护、资质认定、投融资、资质、人力资源等领域对上海市数字出版产业的发展提出了具体可行的措施，该《意见》是全国第一个为数字出版产业提供全方位支持的省级政府文件；广东省新闻出版局设立了我国第一个数字出版处，确定了打造"数字广东"的战略目标；江苏省每年抽出 3000 多万元用于支持数字化出版项目；重庆市启动数字出版基地建设，目标是建设成西部地区最大、全国最有影响力的数字出版平台；深圳市政府已经明确提出要以巨大的资金投入打造课程库，从 2015 年开始在未来三年时间内在深圳所有公办学校创建创客工作室。

地方政府的决策和支持为数字化出版提供了强大的后盾力量，巨大的资金投入和坚实具体的本土化政策，必会极大地推动教育出版的数字化发展。

二、人才是教育出版数字化转型的不竭动力

21 世纪,人才是最宝贵的资源,也是企业发展的核心竞争力,数字出版需要更多的创新能力,需要更多具有交叉学科广阔思维的复合型人才。

(一)加强数字出版意识

数字化的建设是一项庞大复杂的工程,对于出版社的人才机构提出了更多更高的要求。传统出版单位的工作人员,大多都是编辑出版专业或者文学专业出身,他们有系统化的编辑出版知识,但是对于计算机和数字化技术知之甚少,而且,对于大多文科出身的人来说,动手和技术的应用一直是其短板,单一化的人才结构势必会制约出版社的发展。据调查,数字出版对于技术研发、编辑出版、管理人员都有不同的需求,其比例结构为:技术研发占 43%,编辑出版占 34%,管理人员占 23%(见图 2-7)。

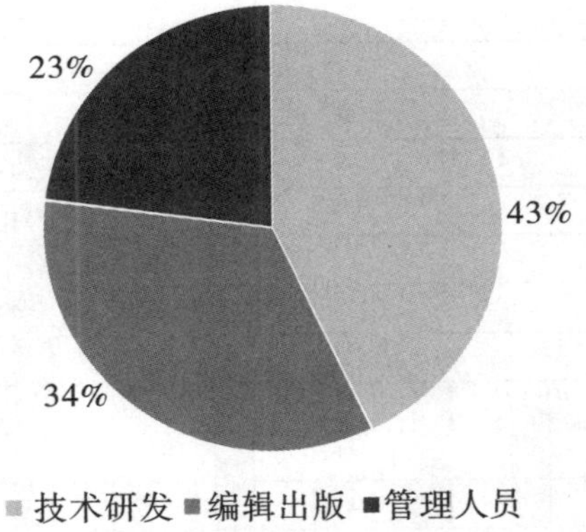

图 2-7　数字出版对不同人员的需求比例结构

教育出版中教材教辅的出版是一块丰腴的蛋糕,但是再大的蛋糕都禁不住多方势力的瓜分,很多新兴出版行业也在加大自己对于教育领域的布局,百度发布在线教育产品“百度教育”,此后又推出了“作业帮”,阿里则推出了“淘宝同学”,以做产品见长的腾讯则推出了专业在线教育平台“腾讯课堂”。国家持续大力推行教育信息化,目前以在线教育为主要形态的数字教育出版持续升温,各种在线教育产品层出不穷。研究显示,2013 年在线教育

用户规模为6720万人,同比增长13.8% ,2015年中国在线教育用户规模达9099.2万人,同比16.7%,预计未来几年,在线教育用户规模将保持15%以上的速度继续增长,潜力巨大①(见图2-8)。

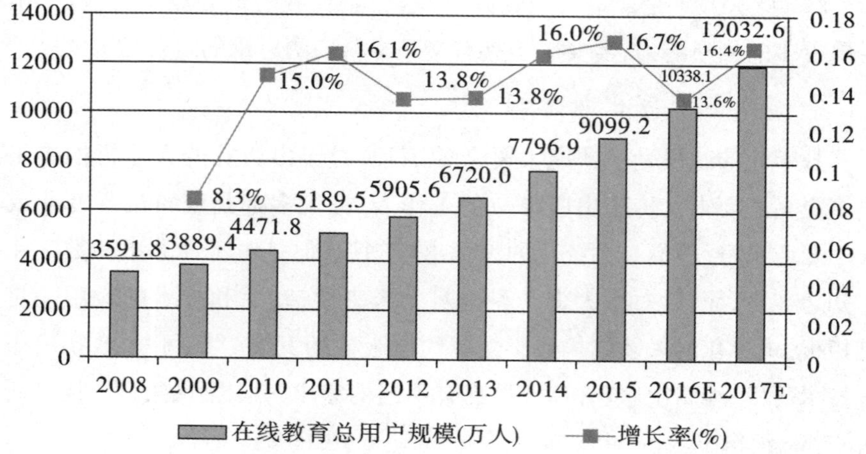

图2-8 2008—2017年我国在线教育用户规模和市场规模

中国目前已经取消了网络教育审批权,意味着网络教育将更加开放,未

① 2016年中国O2O行业发展报告[R].艾瑞咨询系列研究报告,2016:18-23.

来网络教育将迎来更大发展，面对各方势力在教育市场的跑马圈地以及教育市场规模的持续增长，传统出版要改变自己的思维模式，培养创新意识，编辑出版的专业知识要过硬，同时提高自己的数字技术操作能力，让内容生产与数字技术实现完美融合。

（二）建设复合型人才队伍

复合型人才将是我国教育出版数字化转型的主要动力，对于数字人才队伍的构建，笔者认为可以从以下几个方面入手。

1. 在高校建立数字出版专业

高校是培育人才的摇篮，通过学校系统化和专业化的学习，人们带着一定的技艺和理论进入专业领域之内必会大展拳脚，营造欣欣向荣的局面。国外很多高校都有数字出版专业，建立有自己的研究院或者研究所，专门用来培养具有数字出版水平和编辑出版水平的复合型人才，但是在国内，数字出版专业仍然存在很多空白，2014 年公布的《全国高校出版专业建设调查报告》显示，全国有 80 所高校开设编辑出版专业，但只有 5 所高校开设有数字出版专业，这五所院校分别是北京印刷学院、天津科技大学、武汉大学、中南大学、湘潭大学。传统编辑出版专业的核心课程是编辑出版学、编辑实务学、传播学、中外编辑出版史、编辑出版与策划、出版法规等课程，这些课程无法满足数字出版对于人才的需求，因此，教育部应该根据高校的具体情况，增设编辑出版与数字出版相结合的核心课程，并对这些核心课程划定教育大纲和制订培养计划，着眼于理论与实践的结合，建立校内实践创新基地或研究中心，成立专业化的研究所，鼓励产学研相结合，提供学生实践的机会，探索实践教学研用的新机制，向社会输入更多的复合型出版人才。

2. 协同多种人才专长

技术是人性的延展，它增加了人们自由的时间，提高了人们的活动能力，丰富了人们的社会关系和心灵空间，出版的数字化转型实际上是把“人”的生活方式、传播方式以及传播思维进行了数字化，在媒介融合之下以一种富媒体的集中形式呈现在受众面前，伴随着这样的数字技术和阅读习惯，人们会更加注重阅读时的情绪感受，心理上期待在数字化的阅读当中得到审美的体验。数字化出版生产出来的产品最终要进入市场，就要满足读者的实际应用和情绪感受,这些都需要教育出版单位利用不同领域的人才进行协同合作,例如编码设计师对教材教辅进行重新编码,数字整合,多媒体娱乐师要把图片、音频、视频、动画,甚至有时候是游戏应用到数字化教材当中,寓教于乐,让学习者在愉悦之间获得知识,上层管理人员要具备企业管理的能力,对国家教育现状、国家教育政策、国家数字化导向、数字化市场发展、企业内部结构等了然于胸,以做出正确决策,同时还要懂得市场营销、技术保护、客服支持等方面的专业人才,多种人才的协同合作才能使教育出版环环相依,为数字化转型保驾护航。

3. 培养"走出去"和"走进来"的意识

朱熹有曰:"问渠哪得清如许,为有源头活水来。"流通起来的知识和结构才能够一直有蓬勃的生机,教育出版的数字化转型要有"走出去"和"走进来"的决心。所谓"走出去"就是出版社可以定期组织优秀的工作人员参加优秀的数字出版的培训班,或者数字出版年会、展会、论坛、沙龙和讲座等,例如中国新闻出版研究院每年都会开展数字出版培训班,组织出版社、报社、期刊社等网站运营管理人员及编辑,数字产品网络销售业务的运营管理人员与从业者等进行数字出版和互联网信息等方面的专业学习,而在数字化运营方面表现卓越的安徽出版集团,它在 2014 年建立校园和社区数字网络教育系统,建立"时代"网上教育平台,打造社交网站"TIMEFACE 时光留影"①,在这个新媒体业务开展过程中,培养了一大批数字出版的专业化人才。通过这些学习培训,企业可以了解最新的行业动态,开阔视野,学习当前流行的 kindle 电子书、电脑 App、手机出版等业内主要的数字出版技术,还能够学习数字出版运营平台和大型数字出版公司的发展经验,然后把这些人的学习成果在出版社内部交流分享,开办专题研讨,既节省出版社的开支,又能够获得最大效能。所谓"走进来"就是教育出版企业要在扮演好"把关人"角色的基础上,敢于从 IT 业引进数字化的人才,并对在数字出版链条中表现优异的,起到关键作用的人才给予他们股权和期权,所谓有恒产者有

---

① 王琦.探析数字出版人才培养模式:以安徽出版集团为例[J].出版参考,2016(8):51-52.

恒心，有了股权和期权，这些专业化的人员才有长久做下去的动力，才能把数字出版做强做大。

三、版权保护是教育出版数字化转型的根本

版权是一个作品的核心，只有拥有了版权，才掌握支配和说话的权利。国内数字出版的版权却难以得到保障，一方面国内还没有建立完善的关于数字出版的市场秩序，鱼龙混杂良莠不齐的图书市场存在很多不正当的竞争关系，数字出版商不顾成本乱打价格战，有些数字出版互相比较，卖到了一块钱甚至一毛钱的“白菜价”，一些假书、伪书通过低折扣或者高回扣等不正当的竞争手段流入市场，严重侵犯了正规的图书版权；另一方面，我国读者还没有形成无形的精神产品消费的愿望，很多出版内容通过简单的复制就可以零成本地获得资源，这让很多出版单位心灰意冷，不愿意花费过多的财力和精力把出版内容数字化，从而导致了更为严重的恶性循环，消费者难见好的内容，更不愿意花钱购买，出版社和技术商面对低廉的价格也不愿意去提升内容和技术服务的品质。

针对版权保护的问题，笔者认为可以在内容价值、技术研发和法律法规三个方面进行努力。

（一）提高教育出版的内容价值

内容是教育出版的“灵魂”，正如笔者在第四节里所探讨的，教育出版的数字化转型必须对内容进行深度的制作融合，但同时优质独特的数字化内容也是教育出版进行版权保护的重要羽翼。笔者认为教育出版可以从以下两个方面入手。

1. 提高编辑的策划能力

市场上出版内容的同质化现象反映的是出版原创能力的不足。在这种千篇一律的内容背后映射出来的是编辑策划能力的不足以及挖掘优质内容资源能力的欠缺，作为出版的活水源头，编辑人员应该充分调动互联网的思维，利用媒介融合开拓新的领域，使教育出版把握准确的策划选题，创造出优质的数字出版内容。策划选题时优质的内容是同质化的内容永远都要望洋兴叹且无法创造的，同时也是出版社吸引读者的法宝。

2. 创新出版内容的增值价值

调查显示，我国提供盗版数字内容和假冒产品的网站每年吸引530亿的访问量，这说明了我国数字出版有着巨大的消费潜力，不是读者的问题，而是数字出版要考虑通过什么样的出版途径，什么样的出版形态，使消费者愿意购买正版的图书，可能最终的途径仍然要依靠提供更好的增值服务来提升竞争力，比如华东师范大学出版社主打的“一课一练”在线服务网站，以“游学”为主体概念，用在线学习的方式为学生学习设计各类益智和知识回答游戏，用在游戏中的排名激励学生学习的积极性，这种创新性的增值内容让老师和家长“寓教于乐”，让学生“寓学于乐”，为数字化出版提供了更好的创新点。

（二）加强教育出版的技术保护

技术是教育出版数字化转型的“力量”，教育出版借助技术强大的引擎，不但可以生产出内容与形式匹配的数字化产品，还可以为教育出版的版权提供最有利的保护。

1. 技术要与内容相适应

数字教育出版是“技术+内容+渠道”的产业，技术引领着数字出版的发展，为教育信息的传播提供更多的渠道和更丰富的形态，教育出版在进行数字化内容生产以前就需要运用技术对在编资源进行结构化的处理，如果等到使用的时候再结构化，会是一项巨大的工程，但对这些在编资源的结构化处理必须是以适应内容的技术手段加工成最适配的“颗粒度”，比如北京方正电子公司开发的方正经典资源加工系统，就针对有Word、方正书版文件的历史资源的加工技术，利用相应的转换工具把电子文档转换成数字化、碎片化的内容资源，依据相应的排版技术生成适合数字出版和传统出版的内容产品。

2. 技术为版权提供更大保护

2016年12月20日，我国数字版权保护技术研发工程竣工，该工程建成了目前我国唯一一个由政府主导的第三方公共服务平台，可以为新闻出版单位和公众提供从注册、交易到侵权追踪的全流程版权保护技术服务，该工程研发的媒体指纹技术、自适应多媒体数字水印技术和数字内容分段控制技术，可以对出版内容有效跟进，使权利人更放心地对传统出版物进行数字出版，利用新技术完成数字化。可是道高一尺魔高一丈，保护技术虽然提高了，但是各种盗版的破解手段也在提高，数字出版还需要与技术不断融合，与时俱进不断开拓更高端更严密的保护手段。

（三）完善教育出版的法律依据

有法可依，有章可循是保证行业良性发展的重要依据，教育出版的数字化转型必须有统一的规范标准，有相关的法律和制度予以规范和保护。

1. 制定统一的规范标准

2015 年 4 月，全国新闻出版信息标准化技术委员会正式成立，之后相继出台了《手机出版标准体系表》和《动漫出版标准体系》等一批标准规范。这些体系标准的建立必然会对数字出版的版权保护起到有力的促进作用，除此之外，国家也在教育出版的市场秩序方面不断努力，注重往数字出版标准的国际化靠拢，目前正逐步建设数字出版标准与法规体系的预测性和合格评定体系。有了统一的标准和规定，才便于统一的管理，避免市场价格的混乱。

2. 立法保护数字版权不受侵犯

目前，我国已经初步建立基于互联网环境下的著作版权保护制度的专门法律法规，进入“十三五”阶段，中国要在 2020 年建设成为全新的创新性国家。这意味着我国将会进一步加大知识产权的保护力度，就目前而言，我国有关数字版权保护的法律法规只在《著作权法》和《信息网络传播权保护条例》中有所涉及，但是在如今大数据的网络环境下，这些法律法规显然难以满足数字出版版权保护的需求。因此，我们必须在现有的法律法规的基础上，继续出台新的数字出版版权保护的法律法规，明确数字出版的侵权方式，界定数字出版内容的合理使用和侵权责任认定，并建立相应的惩罚机制，同时还要利用大数据技术预测可能出现的由于新技术、新手段造成的新的侵权行为，提高法律法规的前瞻性，利用“有法可依，有法必依，执法必严，违法必究”的完备制度，保护教育出版数字版权不受侵犯。

结 语

根据调查,2016 年全球数字出版市场规模 153 亿美元,占数字媒体市场的 18.2%。这其中,79.7%的市场由美国、中国和欧洲占有①。2014 年 8 月,习近平总书记在中央全面深化改革领导小组第四次会议上,深刻阐释了媒介融合的工作理念、实现路径、目标任务、管理运营和总体要求②。这显示数字出版保持着良好的发展势头,出版行业在媒介融合的理念之下也延伸出新的内涵,开辟了多元化的出版路径,多种因素的注入,环境的变化,使教育出版必须重新认识自己的地位,积极采取措施,走向数字化的转型道路,本书通过研究,得出以下结论。

第一,现阶段,我国教育出版数字化转型取得了一定的进步,但是从转型主体数量、转型方式以及转型进程来说,教育出版仍然存在很多的问题。这些问题是多方面的,既与国家宏观政策和现行教育有关,又与其自身产品形态单一、内容资源狭窄、人才结构简单、体制机制陈旧等多重因素有关,出版流程的老化也衍生出很多时代的问题,这些问题和瓶颈都是教育出版数字化没有华丽转身的拦路虎。

第二,媒介融合的背景下,传统的教育出版企业作为老牌的出版社有其近水楼台的优势,但也有先天不足的劣势。充实的内容资源、良好口碑的企业影响力、经验丰富的选题策划能力、规模庞大的市场需求组合成了教育出版数字化转型的优势,可是稀少的优质内容资源、匮乏的数字化复合型人才、乏弱的体制制度一直是教育出版数字化转型的软肋。

第三,媒介融合给教育出版带来了崭新的发展机遇,同时也带来了不小的挑战。媒介融合背景下的教育出版有了更多元化的出版渠道,自主运营的商业模式给了教育出版“天高任鸟飞”的自由空间,富媒体的出版形态更符合现代人偏爱“热媒介”的阅读习惯,但是,数字出版是一把双刃剑,有机

① 尹琨. 2016 全球数字出版报告:电子书领跑,数字阅读发展向好[EB/OL]. http://mt.sohu.com/20161229/n477276211.shtml ,2016-12-29.

② 刘奇葆. 加快推动传统媒体和新兴媒体的融合发展[J]. 党建,2014(5):9-12.

遇就伴随着挑战,传统教育出版企业在数字化的浪潮中对自身的定位模糊、对企业的盈利模式不清楚、网络环境中盗版伪品侵犯出版版权、技术商作为数字中的主导力量向上游资源渗透、一些数字出版平台会分流原来的读者群体等这些问题,都给教育出版的数字化转型带来较大的挑战。

第四,教育出版数字化的转型策略。教育出版的数字化转型需要借鉴国外教育出版集团的成功经验,又需要结合本土特色,从企业角色定位、产业融合、内容融合、渠道融合、经营理念、平台融合、战略管理等方面提升教育出版数字化转型的科学性。首先,要确定在数字时代的角色定位,将自己从一个内容提供商打造成一个知识综合服务提供商,可以通过资本力量加速媒介产业融合走“大教育、大出版”的道路,利用大数据对教育市场进行调研,根据读者需求提供个性化的服务;其次,要突出“内容为王”的核心地位,提高内容资源的科学性,运用差异化战略打造个性化的内容服务;最后,还要与各方力量锐意合作,打造数字化的出版产业链条,利用互联网思维建立起全新的运营模式和营销体系,做好知识服务,完成角色蜕变。

第五,教育出版数字化转型的保障措施。教育出版的数字化除了行之有效的转型策略以外,还需要有一系列的保障措施来为其打通道路。政策支持可以为教育出版抓好顶层设计,为数字化转型提供强大后盾;复合型人才可以为教育出版带来技术更新和转型驱力;版权保护可以免去教育出版数字化转型中的顾虑,具有创新价值的内容资源、不断提高的技术能力、逐步健全的法律法规都将为出版版权建立坚实可靠的保障体系。

由于条件有限,对教育出版数字化转型的数据收集还不够翔实,对企业转型具体过程的研究有所局限。教育出版的研究范围非常广泛,空间巨大,教育所包含的各个读者群体也十分庞大,如何针对不同的人群,例如农村教育、学前教育、老年教育、职业教育等,建立起专属的认知基模,也都很值得研究。

参考文献

[1] DOUGLAS M. Eisenhart. Publishing in the Information Age: A New Management Framework for the Digital Era[M]. New York:Greenwood Press, 1994:49.

[2] DORA SANTOS SILVA. The Future of Digital Magazine Publishing[J].

Information Services & Use, 2011(11):301-310.
[3]OCTAVIO KULESZ. Digital Publishing in Developing Countries: The Emergence of New Models? [J]. Publishing Research Quarterly,2011(12):311-320.
[4]JILAN SUN. Popularizing Vocabulary Extraction Service on Digital Publishing Platforms[J]. Publishing Research Quarterly, 2012(3):65-72.
[5]DIANNE KENNEDY. EPUB3: The Digital Publishing Standard is Revised and Expanded [J]. Seybold Report: Analyzing Publishing Technologies, 2011(8):2-5.
[6]BILL COPE. Digital Rights Management and Content Development:Technology Drivers Across the Book Production Supply Chain [J]. Online Information Review, 2004:164-165.
[7]张建明.论数字出版泛化的出版概念对出版产业的影响[J].出版发行研究,2009(3):52-54.
[8]黎娟.数字出版概念与研究[J].新闻传播,2011(8):116-118.
[9]吕欢.数字出版概念辨析与发展预测[J].中国传媒科技,2012(16):180-181.
[10]罗秉雪.数字出版:新语境下的概念演变与界定[J].出版发行研究,2016(1):26-29.
[11]蔡雪峰,赵湘慧.数字化教材研究与应用[J].中国大学教学,2009(1):95-96.
[12]石岱峰.例谈教育图书出版的数字化转型[J].出版发行研究,2011(4):53-54.
[13]于丽丽,周海忠.教辅出版数字化转型的内容困境与突破[J].出版参考,2011(15):12-13.
[14]董丽燕.教辅出版数字化升级转型的5个维度[J].科技与出版,2016(9):76-78.
[15]曲衍立.教辅图书的数字出版策略[J].出版参考,2013(30):17.
[16]陈兰枝,范军.教育出版数字化转型的困境与对策研究[J].编辑之友,2015(6):10-13.
[17]郭华良,陈健.教育出版数字化转型中的问题及对策[J].中国市场,

2015(1):68-69.
[18]贺子岳,陈文倩.教育出版数字化攻略[J].中外企业家,2012(7):56-57.
[19]应中伟.教育出版应对媒体融合的思考[N].中华读书报,2014-11-26(21).
[20]张晶.西方教育出版集团的数字化转型路径[J].出版广角,2015(11):78-79.
[21]张佶,马书明.中国传统教育出版企业商业模式数字化转型研究[J].管理观察,2015(18):45-48.
[22]王晓春.信息化背景下教育出版面临的挑战与机遇[J].科技传播,2016(8):116.
[23]赵旭辉,王芳,苑丰.论教育出版经营模式的创新[J].出版广角,2013(8):74-75.
[24]李广宇.2007—2008 中国数字出版产业年度报告[J].出版发行研究,2008(11):21.
[25]聂辰席.融合创新一体发展(深入学习贯彻习近平同志系列重要讲话精神)[N].人民日报,2014-10-9(7).
[26]高桂菊.试论媒介融合时代下教辅出版的数字化转型[J].才智,2014(26):305,307.
[27]黎建新.品牌管理[M].北京:机械工业出版社,2011:11.
[28]周蔚华.选题创意论[J].中国出版,2006(11):18.
[29]周蔚华.出版企业核心竞争力分析[J].编辑之友,2003(1):26-27.
[30]王启浩.沪江网教育培训平台 O2O 模式建构研究[D].湘潭:湘潭大学,2014:27-30.
[31]曹盼.学习分析过程分析与应用的研究——基于在线学习平台的案例分析[D].上海:华东师范大学,2015:23-40.
[32]徐鸿晟.媒介“生态系统”中的竞争和融合[D].兰州:兰州大学,2016:30-35.
[33]托马斯·弗里德曼.世界是平的[M].长沙:湖南科学技术出版社,2006:11.

[34]丹尼斯·麦奎尔. 麦奎尔大众传播理论[M]. 4 版. 北京:清华大学出版社,2006:54.

[35]陈宝生. 从战略全局认识和把握新发展理念[N]. 人民日报,2016-3-11(7).

[36]胡畔,蒋家傅,陈子超. 我国中小学 STEAM 教育发展的现实问题与路径选择[J]. 现代教育技术,2016(8):22-27.

[37]陈少徐. 裂变与整合:复合型编辑角色与功能探讨[J]. 中国编辑研究,2012(7):106-111.

[38]庞沁文. 传统媒体与新媒体融合发展九大要务[N]. 中国新闻出版报,2014-9-22(5).

[39]马歇尔·麦克卢汉. 理解媒介:论人的延伸[M]. 北京:译林出版社,2001:25-27.

[40]王琦. 探析数字出版人才培养模式:以安徽出版集团为例[J]. 出版参考,2016(8):51-52.

[41]张耀元. 基于媒介融合视角的数字出版分析[J]. 出版广角,2014(10):37.

[42]尹琨. 2016 全球数字出版报告:电子书领跑,数字阅读发展向好[EB/OL]. http://mt.sohu.com/20161229/n477276211.shtml,2016-12-29.

[43]刘奇葆. 加快推动传统媒体和新兴媒体的融合发展[J]. 党建, 2014(5):9-12.

第三章

我国专业图书出版数字化转型策略研究

第一节　绪　论

一、研究背景和意义

（一）研究背景

进入21世纪以来，以数字技术、网络技术为代表的信息技术飞速发展，影响着各个行业的发展进程，出版业也不例外。数字出版这种新型出版方式悄然兴起且发展得日新月异，给全球出版业带来了巨大影响。互联网、数字化、大数据等新兴技术的不断革新，促使着信息的传播介质发生变化。受众的阅读方式已然从传统纸介质向新兴媒体转移，传统图书出版遭受着前所未有的冲击。在市场层面，2011年，中国出版业步入了一个新的时代——中国经营性出版社开始全面市场化，“除了少数出版单位仍保留事业性质外，包括地方出版社、大学出版社、中央出版社在内的全国500余所经营性出版社已全部完成转企，成为市场主体”①。在政策层面，2015年，数字出版被列入“十三五”规划，这对于我国传统出版行业而言，是新的要求，也是新的挑战，中国传统出版业整体上的转型升级已经迫在眉睫。

按照国际通行标准来划分，现代出版业一般分为大众出版、教育出版和专业出版。在我国，大众出版的数字化产品似乎更受市场欢迎，那么，对于专业出版的数字化产品服务而言就没有市场需求吗？显而易见答案是否定

---

① 杨秀华. 中小型大学出版社的发展之路[J]. 学理论,2015(16):202-203.

的。不同于大众出版与教育出版，专业出版专门出版法律、金融、科技、医疗等行业领域内的专业用书，为行业从事人员提供帮助，出版物包括行业性专著、学术性专著和专业性工具书等，所以，在专业出版的数字化转型进程中，独特的专业性反而使其在保持系统和深入方面有着先天的优势。在欧美国家，部分出版巨头已在专业图书数字化出版领域取得了成功，例如励德·爱思唯尔、汤姆森——路透、施普林格等世界顶尖专业出版机构都无一例外地完成了数字化转型，开发了多种数字化产品和服务，并从中获得盈利。从国外这些专业出版集团的成功同样可以看出，市场对于数字化专业出版物的需求量是巨大的。

从刚开始的质疑，到持观望态度，再到如今政策与市场的双重推动，传统出版企业几乎都在积极寻求途径以尽快完成自身的数字化转型。然而，目前我国的专业图书数字出版虽小有成效，但是仍处于存在诸多问题的起步阶段。因此，对于我国专业图书出版来讲，如何抓住数字出版带来的机遇，规避风险，促使专业图书出版从传统走向现代，并促进专业图书出版与数字出版的完美融合，实现其可持续发展，变得十分必要与迫切。本研究基于专业图书出版数字化转型，总结专业图书出版在转型过程中暴露出的相关问题，并针对其问题进行探析，为其数字化转型制定策略，并为专业图书出版的数字化转型升级提供帮助。

（二）研究意义

1. 理论意义

目前我国学界对于专业图书数字化出版的研究多立足于某一家出版社，主要从平台路径、盈利模式等单一方面进行研究，而关于系统的、全面的专业图书出版的数字化转型策略研究，则可以说是目前研究的一个比较薄弱的环节。本章运用 SWOT 分析法对我国专业图书出版数字化转型进行系统性分析，对相关理论研究的丰富与创新具有一定的推动作用。

2. 实践意义

数字化转型是传统出版业必经之路，尤其是新闻出版业“十三五”发展规划的出台，专业图书出版面临着政策积极引导和市场需求勃发的双重机遇。我国的专业出版机构早在计划经济时代便已进行了细分，这就使得其在市场经济时代具有了先天的优势,包括内容资源分类专业、编辑队伍健全、专业作者资源丰富等。在数字化浪潮下,专业图书出版在转型的过程中,不可避免会遇到诸多问题,譬如盈利模式不清晰、创新意识迟缓、数字出版技术有待提升、复合型人才匮乏等。因此,结合时代背景,对我国专业图书出版数字化转型从平台建设、盈利模式、技术革新、人才队伍、品牌营销等方面提出建议,并结合中央出版社、地方出版社、大学出版社的专业图书出版数字化转型案例,对其数字化转型进行 SWOT 分析,找出其转型过程中存在的问题,并针对问题,为我国专业图书出版数字化转型提供思路、提供可行性保障措施,进而增强我国出版企业的市场竞争力,对于我国专业图书出版数字化转型具有一定的实践意义。

二、国内外研究综述

笔者查阅了大量文献资料,除了对 CNKI 中国学术期刊全文数据库、维普中文科技期刊数据库和万方数据库的相关论文进行研读,还利用网络搜索了相关文献加以学习,发现对于国内专业图书出版数字化的研究主要集中在数字出版平台建设、盈利模式、发展路径、探索思考等方面。

(一)关于数字出版平台建设的研究

目前,我国不少学者都将目光聚焦在专业出版的数字化转型上,关于专业图书出版的数字平台建设就有不少研究,江波等人在《专业社数字出版平台建设实践与阶段分析》①一文中,结合专业出版社开展数字出版平台建设的具体实践,提出数字出版平台建设的四个阶段,即前期准备阶段、系统构建阶段、系统建设阶段以及动态编撰系统建设阶段。周红在《我国专业类数字内容平台创新模式研究——以中国知网为例》②一文中,提炼出一种新的创新模式——知识服务模式。这种模式以专业出版社与技术服务商为主体,以专业内容提供平台为关键,对专业图书数字出版提供了创新建议。王

① 江波,袁泽轶,项翔.专业社数字出版平台建设实践与阶段分析[J].海南广播电视大学学报,2014(3):154-158.

② 周红.我国专业类数字内容平台创新模式研究:以中国知网为例[D].北京:北京印刷学院,2011.

鄂生等人在《基于社会化阅读的学术社交网络在传统专业出版社数字出版平台建设中的应用研究》①一文中，通过对社会化阅读进行分析，结合专业出版社数字化转型的具体实践，分析了社交网络在专业图书数字出版平台建设中的应用前景。

（二）关于数字出版盈利模式的研究

相较于国外，我国专业图书出版数字化转型的盈利模式一直不清晰，因此，不管是学界还是业界，对数字化转型盈利模式的探索从未停歇。于涉在《专业出版社数字出版盈利模式探讨》②一文中指出，专业出版数字出版的营销模式可以运用互联网的直销模式，以提供优质的数字产品、数字服务为盈利点，丰富了数字出版的盈利模式。李鹏在《基于读者行为分析的数字时代专业出版商业模式研究》③一文中，以读者阅读行为、购买行为、反馈行为的具体变化为切入点进行深入调查，总结了读者行为的变化对创新专业数字出版商业模式的具体影响。徐迪在《专业出版的数字化转型浅析》④一文中提出，应该在目前的现实环境中，针对具体情况，"量体裁衣、对症下药"，在渠道合理化的基础上，建立合理化营销体系和个性化的销售方式。

（三）关于数字出版发展路径的研究

关于专业图书出版的数字化发展路径，同样是学者们关心的课题之一。王丹丹在《数字时代专业图书出版的发展路径研究》⑤一文中，提到我国专业出版企业的数字化发展，需要紧紧围绕国内外市场需求，开拓新的发展思路，开发不同层次的数字化产品。于滨在《国内专业出版社数字出版发展路

---

① 江波，项翔，王鄂生，袁泽轶. 基于社会化阅读的学术社交网络在传统专业出版社数字出版平台建设中的应用研究[J]. 科技与出版，2014(6)：128-131.

② 于涉. 专业出版社数字出版盈利模式探讨[J]. 新闻研究导刊，2015(3)：147-148.

③ 李鹏. 基于读者行为分析的数字时代专业出版商业模式研究[D]. 北京：北京印刷学院，2014.

④ 徐迪. 专业出版的数字化转型浅析[J]. 新闻世界，2009(6)：133-134.

⑤ 王丹丹. 数字时代专业图书出版的发展路径研究[J]. 出版发行研究，2012(3)：44-46.

径研究》[①]一文中认为，专业出版开展数字化转型，需要创新思路，摆脱传统出版观念的禁锢，找准定位，保持自主性，逐步培养并建立起一支能同时服务于传统出版和数字出版的专业人才队伍，这样才能在数字出版浪潮中劈波斩浪，立于不败之地。曹胜利、谭学余在《专业出版社数字出版的赢利模式与路径选择》[②]一文中认为，目前我国绝大部分专业出版社还仅仅停留在通过出让版权给技术提供商而获得一部分利润分成阶段，专业出版社需要利用自身特色找到一条合适的发展路径。

（四）关于数字出版探索思考的研究

目前，关于专业出版数字化转型之路探索思考的研究较多，不过，这类文献基本上都是着点于某家专业出版社的数字化发展，进而展开研究，比较典型的有李铁刚在《专业科技出版社数字出版之路的思考和探索》[③]一文中，提到专业科技出版社应该不惧挑战，结合自身的优势，坚持“内容为核心”的出版理念，在实现传统出版与数字出版的相互促进、实现从内容提供商向服务提供商的转型、实现合理的盈利模式和进行“全媒体出版”的有益尝试等方面，走出适合自身发展的数字出版之路。高标、陆小新、袁夏燕在《专业出版社之数字出版思考》[④]一文中认为，专业出版社应该积极行动起来，将传统出版和数字出版、纸质书籍和电子书紧密结合，使他们相互促进、协调发展，从而能够实现可持续发展。魏枫在《专业出版社数字出版的思考》[⑤]一文中，通过对中国建筑工业出版社图书的市场现状分析，提出了新的数字出版战略目标，即专业出版社应从传统出版商的角色转换为专业信息服务商，并制定了实现此目标的近期方案。

---

① 于滨．国内专业出版社数字出版发展路径研究[D]．北京：北京印刷学院，2011．

② 曹胜利，谭学余．专业出版社数字出版的赢利模式与路径选择[J]．科技与出版，2010(4)：3-7．

③ 李铁刚．专业科技出版社数字出版之路的思考和探索[J]．科技与出版，2013(12)：80-82．

④ 高标，陆小新，袁夏燕．专业出版社之数字出版思考[J]．科技与出版，2012(2)：75-77．

⑤ 魏枫．专业出版社数字出版的思考[J]．科技与出版，2013(6)：16-19．

（五）对现有研究的评述

通过对现有研究的分析，可以发现以下两个特点。

第一，从相关研究来看，专业出版的数字化转型已经引起了业界人士的注意，但相关专业媒体对此主要是基于描述性的报道，缺乏全面深入的研究；同时，学术性研究文献更多集中于提出一些启发性观点和见解，且仅仅侧重某一家专业出版社，不具有适用于专业出版的普遍性及适配性。

第二，目前我国学界很少有针对专业图书出版数字化转型策略做出的系统分析，这还是一个相对空白的领域。因此，对专业图书出版数字化转型进行全面、系统的研究，是非常必要且迫切的。

三、研究内容与方法

（一）主要研究内容

本章以专业图书出版数字化转型为研究对象，主要分析在数字化浪潮的冲击下，专业图书出版数字化转型的现状和存在的问题，并深度剖析其优势和劣势、机遇与挑战，进而从平台建设、技术渠道、盈利模式、品牌营销、人才培养等方面给我国专业图书出版数字化转型提供思路。

本章主要分为以下五节。

第一节是绪论。本节主要涉及选题的研究背景及研究意义、我国专业图书数字出版的研究现状、主要研究方法、本章的创新点以及相关理论和概念的界定。

第二节是我国专业图书出版数字化概述。首先是数字出版发展概述，包括数字出版特征、发展轨迹以及数字出版产业现状；基于此背景，论述了专业图书出版数字化转型的必要性与迫切性，进而阐述了目前我国专业图书数字出版的发展现状、基本模式以及存在的问题，并选取了国家数字出版示范转型单位人民卫生出版社、河南科学技术出版社、天津大学出版社进行实例分析。

第三节是我国专业图书出版数字化转型的 SWOT 分析。通过运用管理学中的 SWOT 分析法，对我国专业图书出版数字化转型的内部优劣势以及外部机遇与挑战进行态势分析，使我国专业图书出版数字化转型能够有的放矢，得到更好的发展。

第四节是我国专业图书出版数字化转型发展策略。通过对专业图书出版数字化转型的态势分析，针对其数字化转型进程中存在的问题，从平台建设、盈利模式、品牌营销、竞争合作等方面对我国专业图书出版数字化转型提供思路以及策略方案，加速其数字化转型进程。

第五节是我国专业图书出版数字化转型保障措施。主要从技术渠道、版权保护、人才建设等角度着手，运用大数据技术，打破受众群体限制；完善相关法律法规，加强数字出版版权保护力度；培养复合型人才，增强核心竞争力，从而更加快速有效地实现专业图书出版数字化转型。

（二）研究方法

本章属于策略性研究，且研究的内容涉及出版学、新闻传播学、管理学、经济学等多学科领域，因此交叉研究的方法一直贯穿全章，在对文献专著选择性吸收消化的同时，结合数字出版的案例实践，进而展开理论与实践结合的探索。主要使用的研究方法有以下几种。

1. 文献研究法

本章广泛搜集国内对于专业图书出版数字化相关的文献，并对这些资料和信息进行系统性分析，充分了解数字出版产业现状和专业图书出版数字化转型的必要性。

2. 案例分析法

通过对中央出版社、地方出版社、大学出版社的专业图书出版数字化转型案例分析，找出我国专业图书出版数字化转型之路中存在的问题。

3. SWOT 分析法

从资源、渠道、政策、市场等多个角度分别分析了专业图书出版数字化转型的优势、劣势、潜在的机会和潜在挑战四个方面，综合评价内外部环境对专业图书出版数字化转型的影响。

四、相关理论和概念的界定

（一）专业图书出版

要界定专业图书出版的概念，首先需要明确出版的概念。所谓出版“是指运用印刷等复制方法，将文字、图画、音视频甚至符号等制成各种形态的出版物，通过某种介质载体进行传递，进而达到传播信息、传达思想和进行交流、发表见解等目的的一种社会活动”①。

“出版”一词的出现与印刷术密切相关。在中国古代，“版”是指用来印刷的刻有文字或图形的木片。“版”字可谓历史悠久，但“出版”一词则是直到中国近代才出现并被广泛运用。有的学者认为“出版”一词最早是由日本传入中国的，因为据资料记载，日本早在 18 世纪 50 年代已出现了“出版”一词。“出版”一词的历史追溯虽尚未落定，但不可否认的是，书籍出版在中国已有相当悠久的历史。从帛书的出现，到纸质书籍的流传，从雕版印刷术的发明，到活字印刷术的引进，历经数千年，直到 19 世纪初，中国的现代出版业才逐步形成。

进而讲到图书，联合国教科文组织对它的定义是：“凡由出版社（出版商）出版的不包括封面和封底在内 49 页以上的印刷品，具有特定的书名和著者名，编有国际标准书号，有定价并取得版权保护的出版物称为图书。”图书最突出的特点是它同时具有文化属性与商品属性。以文化属性来划分，图书可分为大众图书、教育图书和专业图书，前两者以文化的普及为目标，后者则以文化的提高为目标。它的出版物包括行业性专著、学术性专著和专业性工具书等，旨在为法律、科技、医疗、金融等行业领域专业人员提供帮助。由于图书内容基本限定于某一领域内，它的读者对象是相对固定的，且相较于大众图书与教育图书，它的读者范围不是很广。结合对出版与图书概念的了解，可以这样理解专业图书出版的概念，即将专业化的书稿经过编辑加工等一系列出版流程，最终印制成图书的出版活动。

（二）数字出版

自 21 世纪以来，数字技术发展日新月异，并不断渗透到各个领域。出版业自然也不例外，这种建立在计算机技术、通信技术、网络技术、存储技术、显示技术等高新技术基础上，对传统出版内容资源进行整合并超越得以发

① 王天慧. 试论我国互联网时代传统出版产业生产经营方式的转变[D]. 上海：上海大学，2010.

展起来的新型出版方式，积极推动着传统出版业的改革。数字出版的横空出世，将现代出版业推向了一个新纪元。

追溯“数字出版”的概念界定，该词刚出现时，学者们更多是从出版介质的角度对它进行定义的，即把借助磁带、光盘、网络等磁光电介质完成的出版活动定义为数字出版，相对来讲，通过传统纸质介质进行的出版活动则为传统出版。然而，随着数字技术的不断发展，其在出版领域的运用也逐渐深入，人们意识到，纸介质的传统出版活动也可能是数字出版的一部分，即无论它的传递介质是新兴媒体还是纸质介质，只要传递的内容的呈现方式是数字化的，记录方式是数字化的，这种出版活动即可称为数字出版。2007 年出版的《2005—2006 中国数字出版产业年度报告》第一次为数字出版进行了定义：“数字出版是指运用数字化的技术手段从事的出版活动。它包括内容资源的数字化、编辑加工的数字化、印刷复制的数字化、发行销售的数字化、阅读消费的数字化。”①

(三)SWOT 分析方法

具体内容见第二章第 60 页。

五、研究的创新之处

本章同时具有理论研究与实践研究的双重性，其主要创新点在以下两方面都有体现。

(一)理论研究方面

关于系统的专业图书出版的数字化转型策略研究，可以说是目前学界研究的一个相对薄弱的环节，本章通过 SWOT 分析法对我国专业图书出版数字化转型进行全面系统研究，丰富了研究视角。

(二)应用对策层面

本章的创新之处主要体现在对国内出版社专业图书数字出版业务具有代表性的案例分析，并且深入中央出版社、地方出版社、大学出版社三个层

---

① 韩晶. 关于数字出版概念的基本问题[J]. 商业经济，2016(7)：97-98.

面,并对其应用于国内专业图书出版数字化转型研究的可行性进行分析,可以说具有很强的可操作性和应用价值。

第二节 我国专业图书出版数字化概述

经过数年发展,我国数字出版已初见规模,面对数字出版带来的机遇与冲击,专业图书出版数字化转型升级的步伐不断加快,既取得了一定成效,也存在一些问题。

一、我国数字出版发展概述

(一)国内数字出版发展轨迹

近年来,出版业与科技的融合度逐渐加大,数字化转型升级的速度逐渐加快,我国数字出版也取得了突飞猛进的发展。回顾数字出版近 10 年来的发展轨迹,可以发现,我国数字出版大致经历了以数字图书、数字期刊和数字报纸等数字化产品为代表的数字化阶段;以在线原创作品、数据库产品为代表的碎片化阶段;以云计算为技术支柱、以知识体系为逻辑内核、以大数据服务作为表现形式的系统化阶段①。

1. 数字化阶段

2010 年,被称为中国的电子书元年,彼时,无论是以终端阅读为代表的电子书产品,例如汉王科技的汉王阅读器;还是以数字图书馆为代表的网络电子书,例如方正阿帕比的中华数字书苑,均展示了强劲的市场前景。新技术赋予了传统出版物以新生命,使得传统图书报刊能够以崭新的媒介、强大的功能、丰富的内容进行更为广泛的传播。

随着人们阅读需求的不断提高,以电子书为代表的数字化产品已不能满足人们的需要,在这种情况下,诸多出版社不再被动地实现转型,而是主动出击,纷纷试水数据库产品,数字出版步入了碎片化阶段。

---

① 张新新.变革时代的数字出版[M].北京:知识产权出版社,2016.

2. 碎片化阶段

2010 年到 2013 年期间,众多出版企业开始尝试打造专业领域的数据库产品,力图在数据库市场取得一席之地。例如北大法律信息网所提供的北大法宝数据库、正保教育集团打造的建筑工程教育网等。相较于数字化阶段的电子书产品,在碎片化阶段,数据库产品传递的是个性化、定制化的知识碎片,这些知识碎片往往更能够满足受众特定的理论知识要求。

碎片化阶段的数字出版,新闻出版企业能够面向特定的用户提供个性化、定制化、系统化的知识解决方案。这一定程度上孕育了数字出版体系化发展的因素,预示着体系化发展的数字出版时代即将到来。

3. 体系化阶段

数字出版的体系化阶段是将云计算、大数据、语义分析等高新技术作为基础的阶段,它以知识服务为最终产品形态。2014 年,法律出版社研发出国内第一套法律专业知识体系——中国审判知识体系,将民事、刑事和行政三大审判领域的 2987 个知识点进行了系统梳理和总结,并在此基础上研制出了以审判知识体系为核心的中国法官知识库产品。

三个阶段的发展历程一定程度上是由出版业态的创新所推动的,最终潜移默化地推动着用户的阅读习惯,由纸质图书的深阅读到数字化时代的浅阅读转型。与此同时,随着数字出版的普及与传播,数字化时代的深阅读习惯也逐渐形成。

(二)数字出版的特征

1. 内容生产数字化

内容生产数字化,是指采用数字化方式储存内容,也就是利用二进制代码等数字化技术方式把出版的内容保存在相应介质里,使内容个性化成为可能。数字出版产品的用户能够根据数字化生产机制,得到他们想要的数字化出版物,进而对出版产品进行扩充。

2. 产品形态多元化

数字出版的亮点是产品形态的多元化,从而使产品流转、使用更加方便。目前来看,数字出版物主要以“数据库出版物、电子书、数字期刊、网络原创文学、数字音乐、网络游戏、数字报纸、手机出版物等形式展现”①，这些出版形态展示了数字出版物品种的多元性。

3. 传播方式多渠道化

有线电视、手机、计算机等网络形式，及以后或许会展现的其他数字信息传播方式，都将积极推动数字出版行业的发展。较之传统出版，数字出版有一个显著的特色——传播形式数字化。数字化的传播渠道有愈加卓越的内容体验、愈加完美的实现方法、愈加丰富的传播方式、愈加快捷的传播速度，因而肯定会对公众的使用习惯和整个出版业形成强大的冲击。

4. 管理过程升级化

管理过程升级化，主要体现在流程及版权管理方面，这些都需要以先进的数字化技术手段为依托，特别是出版的内容必须得到数字版权管理系统（DRM）的支持，才可以确保数字出版产业的不断发展。同时，法律上对技术举措的防垄断和保护，成了数字化版权保护急需处理的一个难题。

（三）数字出版产业现状

短短几年间，随着移动通信技术和互联网技术的不断提升和广泛应用，我国的数字出版业产值快速增长，实现了跨越式发展，数字出版产值屡创佳绩，“2018 年我国数字出版产业总体收入是 8330.78 亿元，比上年增长 17.8%。”综合来看，我国数字出版产业的发展主要体现在下列几个方面。

1. 手机出版前景广阔

4G 时代，让手机不再只是作为简单的通信工具存在，而是向移动媒体角色转变和发展。不同于其他出版形态，目前移动通信已拥有较为完善的收费形式，使得手机出版的盈利水平大幅度提升，成为范畴较大的数字出版模式之一是必然的发展趋势。

手机阅读如今已是在线阅读的主要形式，据中国互联网络信息中心（CNNIC）公布的第 39 次《中国互联网络发展状况统计报告》显示：“截至 2016 年 12 月，我国网络用户已有 7.31 亿，其中，手机用户有 6.95 亿，占

---

① 黄成军. 当前数字出版的主要形态与趋势综述[J]. 科学咨询，2016(10)：86-87.

比达95.1%,增长率连续3年超过10%。"①而笔记本电脑、台式电脑的使用率都大幅下降,手机在持续占据其他个人上网配置的使用。随着手机持有者以及手机网民的不断增长,手机阅读用户也随之增长,手机出版呈现出巨大的发展潜力。

2. 实现小众个性化服务

BOD即按需出版,是根据英语短语"Book On Demand"翻译而来。通过按需出版可以满足小众个性化的出版服务,按需出版已经在国外进行了大约10年的时间。但在我国,按需出版是一种全新的出版方式,目前还处在新兴阶段。按需出版与传统出版模式的不同之处在于:前者没有印数限制,通过采取先进的技术手段,用新的方式组合出版流程中排版、印刷等各个环节,哪怕是一本书,也照样可以开动印刷机起印,尤其适用于短版图书、具有较强个性化特点图书和断版图书的出版发行。作为数字化出版的新方式,按需印刷需要作品先以数字档案方式储存,可以根据读者的不同需求,需要印刷时再按需要的印量印制出来。尤其是近几年,个性化需求不断增大,图书单本印量不断缩小,按需印刷越来越受到业界的重视,已有不少出版企业成立专门的公司或者部门来开展按需出版业务。

3. 出版形态类型多样

数字出版的出版形态涵盖了电子期刊、电子图书、数字报纸、网络原创文学、数字音乐、手机出版、数据库出版等多种形式,可谓是类型多种多样。以电子图书产品为例,"电子图书产品规模从2013年的100万种增加至2015年的170万种,增长率为70%"②。从国民消费阅读需要分析结果同样可以看出电子书市场的火爆。根据中国新闻出版研究院第十三次国民调查数据显示,"2015年我国成年国民全年人均图书、电子书阅读量较2014年有所上升。2015年,我国成年国民年均阅读图书4.58本,较上一年增加0.02

---

① 沈金萍. 第39次《中国互联网络发展状况统计报告》发布[J]. 传媒,2017(3):30.

② 魏玉山. 2015—2016中国数字出版产业年度报告[J]. 印刷杂志,2016(8):8-12.

本,阅读电子书3.26本,较上一年增加0.04本”[①]。种种数据表明,以电子图书为代表的数字出版产品已成为当下的大势所趋,多类型的出版形态共存使得不同领域、不同传播方式之间的业务相互合作,并且得到深入融合,进而推动数字出版业的快速发展。

4. 利益分配格局复杂

无论以何种形式表现的出版物,在进行销售发行、进入读者消费活动之前,都需要经过信息采集、选题策划、编辑、排版印刷、发行等一系列增值活动。这些增值活动和最终利润一起构成了出版企业的产业价值链。数字出版较为显著的特点之一便是产业价值链形式的多样性。目前,数字出版移动阅读的价值链结构模式是内容提供商——运营平台——阅读设备——读者,价值链是相对较完整的。其中,图书作者、传统出版商、数字出版商均属于内容提供商范畴,内容提供商主要负责的是内容的创作以及一系列增值服务等;运营商则负责提供数字出版内容的交易平台;终端阅读设备则是由设备制造商负责提供。

相较于传统出版的价值链,数字出版价值链条已经大大缩短,但价值链上的利益主体却增加了。在我国,数字出版利益分配模式从20∶80到60∶40不等,差距很大。在数字出版产业链中,横向的价值链大行其道,传统出版业垂直的产业价值链已不复存在。在数字出版的价值链构成中,传统出版商的角色定位不再是出版运营商,而成为内容提供商。以中国移动为代表的运营平台,分享着将近60%的市场价值,作者和内容提供商加起来总共有40%。这种分配体系显然不合理,直接后果就是出版商无法获得应有的利益保障。目前,国内的数字出版很大程度上只是简单地对积累下来的传统出版资源的数字转化,缺乏数字化时代的出版资源整合和创意技巧,创造者的价值一定程度上被忽略了。

---

① 第十三次全国国民阅读调查报告. 中国新闻出版研究院 http://www.bisenet.com/article/201604/158316.htm

二、专业图书出版数字化转型的必要性

(一)应对数字出版的冲击

数字技术在不断革新,信息的传播方式毫无疑问也发生了翻天覆地的变化。“传统纸质图书原有的信息载体、信息存储、信息检索、信息传递、信息整合等功能几乎全部被数字媒体所替代,只剩源于读者本身的阅读习惯和图书艺术化、个性化的外观还暂时无法被替代。”[①]面临如此严峻的挑战,传统图书出版不能再故步自封。在互联网的背景下,传统纸质图书的出版路径需要进行调整。从目前我国出版业的发展情况来看,出版路径已然发生了改变,具体表现在:数字化出版的比重不断加大;知识产权的保护力度不断加强;出版机构的核心竞争力不断提高。从出版业的角度来讲,无论是专业图书出版,还是其他类型图书出版,无一例外都要遵循出版规律,接受数字化带来的挑战。

(二)抓住数字化带来的机遇

对于传统专业图书出版而言,在图书正式上市之前都需要经过多个工序,包括选题、组稿、编著或翻译、编辑审读和加工、校对到印刷、发行等一系列的环节(见图 3-1),环节的复杂性使得专业图书出版的传播速度相对较慢。随着现代科技的发展,出版企业可以充分利用数字化信息技术进行图书的出版,进而大大加快图书的传播速度,实现图书的快速覆盖。例如出版社可以电子图书的形式,对需要出版的图书进行网络出版,从而省去了中间部分的工序,使得图书出版的工序大大简化了。而且由于网络的速度非常快,几乎可以实现同步出版,大大提高了图书传播的速度。

同时,数字技术的革新,为一些小批量、个性化的内容产品和服务的生产创造了有利条件。个性化竞争将一定程度上代替工业时代那种按照通用标准进行大批量生产的大众产品之间的竞争,特殊服务市场的潜在规模将日益扩大,甚至逐步超过大众市场。这对于“精、细、专”的专业图书出版来讲,无疑提供了大量新的市场机会。

---

① 王哲.专业图书数字化出版探究[J].出版广角,2015(13):27-29.

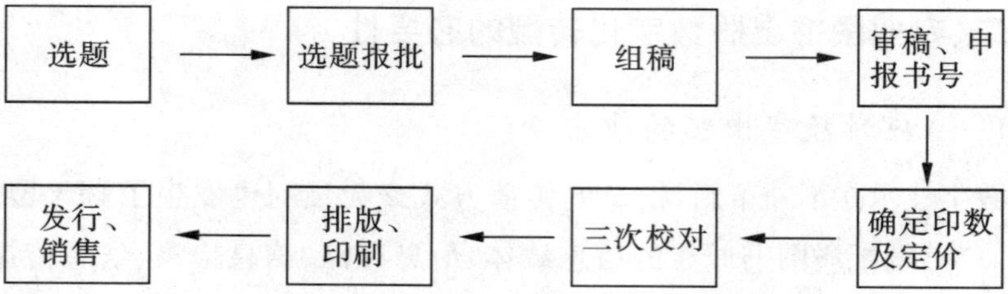

图3-1 传统图书出版流程

三、专业图书出版数字化转型现状

在认清数字化技术给传统专业图书出版带来的冲击与机遇的大背景下,我国不少出版企业开始积极探索专业图书出版的数字化转型,着手发展专业图书数字出版业务。如今,在这些探索取得一些进展和成效的同时,也暴露出来了一些问题和薄弱环节。

(一)专业图书出版数字化转型的成效

1. 推动优质内容资源的数字化

传统出版企业进行专业图书出版数字化转型的第一步,同时是相对简捷有效的一步,便是将出版社所拥有的专业图书内容资源进行格式转换,即简单进行数字化的加工与制作,从而实现再销售。之所以称它是简捷有效的一步,是因为纸质图书进行数字化转换的技术门槛不高,操作步骤简单,对于一般出版企业来讲是可行性较高的措施。

2. 探索构建数字化出版平台

除了简单地将现有内容资源进行数字化加工,部分出版企业开展了更深层次的数字化转型业务,在结合实际的基础上,它们以自建或者同第三方科技机构合作等方式(后者居多),建立起数字化的管理平台。在平台上,不仅实现了直接生产专业类数字资源,更积极探寻网络营销渠道,从而推动数字化业务的良性发展。以建筑类专业图书为例,专业出版社在积累了大量专业资源的基础上,可以根据建筑行业领域用户的使用特点和阅读习惯,以建筑行业各领域为基础,为已出版该专业图书进行科学分类以及合理再组织，使得整个行业的各种类型的资源集结成一个最全、最精、最专的数据包，从而为该行业用户提供服务。

3. 积极发展移动阅读类业务

与电信运营企业的合作同样是不少出版企业实现数字化转型的重要一步，出版企业将专业类电子图书投入在第三方电信运营阅读平台中，进而以参与平台分成的方式实现盈利，已有不少出版企业通过此举取得了较好的销售业绩。根据投入产品种类的不同，合作分成方式也不同，“对于学术专著来讲，一般运用基于版权授权基础上的‘保底+提成’模式；而对于已有的数字化产品，则较多采用‘包销’制等”①。

（二）专业图书出版数字化的基本模式

纵观我国出版企业的专业图书出版数字化转型，目前相对较为成熟的商业模式主要集中在以下几个方面。

1. 电子图书模式

电子书作为数字出版领域最先提出的商业模式，同样是我国大部分出版企业普遍采用的模式。无论对于哪种类型的图书数字出版，它都是优先选择。尤其近几年来，不断创新的各种终端阅读设备，日益增多的多媒体内容表现形式，电子书产业发展不可谓不迅猛。方正阿帕比、中文在线等都进行了探索，不过目前，电子书领域最为成功的商业模式仍是国外亚马逊的Kindle模式。

2. 按需印刷模式

按需出版的特性使得其可以有效整合专业资源，能够满足小批量的专业图书出版要求，尤其适合最新科技成果类和学术类著作的图书；同时，按需出版完全适应小批量再版专业图书和断版专业图书的出版；也能适应出版企业网上图书的再次出版。目前，不管是国外还是国内，各大专业出版商均积极开展按需印刷和按需出版服务。我国知识产权出版社也搭建了国内

① 王丹丹. 数字时代专业图书出版的发展路径研究[J]. 出版发行研究，2012(3)：44-46.

最大的按需出版与数字印刷系统,知识产权出版社推出的"来出书"平台,不管是编审工作、校对工作还是设计工作,都可以在该平台上完成,图书作者可以以最优化、最高效、最透明的方式全程参与,"'来出书'平台上线第一年便盈利超700万元,在线作者人数达2万,已然发展成为全流程数字出版平台"①,如图3-2所示。

图3-2 知识产权出版社推出的"来出书"平台

3. 专业数据库模式

专业数据库模式是当前阶段我国专业图书出版数字业务中最为成熟的一种商业模式。出版社通过汇总传统专业图书内容信息资源,利用网络技术,搭建专业数据库,是专业图书出版数字化转型之路的重要一步。显然我国不少出版企业意识到这一点,尤其是拥有雄厚资金基础和政策支持的中央出版企业更是如此。例如,在古籍类图书出版领域,有中华书局的中华经典古籍库、社会科学文献出版社搭建的皮书数据库,而且这些数据库一般面向高校、图书馆、科研院所等,以供读者查询。目前我国专业数据库搭建前期通常有国家的资金投入,但也有一些出版社自主投入资金进行搭建。

(三)专业图书出版数字化转型存在的问题

1. 盈利模式模糊

我国专业图书出版的数字出版目前仍处于起步阶段,尚未形成成熟完善的盈利模式。虽然国外不少专业出版集团通过技术及商业模式创新,已

① 原业伟. 专业社数字出版:六个模式和三个战略[N]. 出版商务周报,2015-9-16.

实现了数字出版收益超过传统出版收益;国内一些电子期刊数据库也已形成稳定的盈利模式,但专业图书出版却鲜有数字出版稳定盈利的范例,出版社的收益仍主要是依靠传统专业图书出版。分析其原因:首先,从数字化转型的前期规划上来看,一些出版企业并没有探寻最适合的盈利模式,导致前期投入和产出不成比例;其次,部分专业数字平台搭建时所构想的盈利模式存在与实践脱节的情况,所以在平台上线后其收入并不足以支撑平台的整体运营;最后,数字化技术使传统专业图书出版的产业链结构发生了变化,而部分出版社显然未清晰地了解该如何在各个环节实现盈利。

2. 创新意识迟缓

部分出版企业的专业图书编辑人员往往依赖传统出版方式,对数字化转型的必要性和紧迫性缺乏足够的认知。从国内的情况看,最早进入数字出版领域的大多数是一些具有技术发展优势的 IT 公司,国内大部分传统的专业出版社是被动进入这一领域的。有的出版人认为自己做的是专业内容,永远有市场、有读者,只需按部就班地继续按照传统流程策划编辑图书就可以了;有的专业出版人则把数字化转型看得过于简单,以为就是把纸质书转变成电子书而已;在数字化出版过程中,未能明确地对数字产品进行定位,只是一味地沿袭传统出版策略。专业图书出版编辑人员思想认识上的差距,是导致专业出版社数字化转型进展缓慢的原因之一。

3. 专业人才不足

在 21 世纪,人才可以说是一个企业维持生存和发展壮大的关键所在,同样地,在传统专业图书出版的数字化转型过程中,人才队伍绝对是至关重要的一环。数字出版使得整个出版流程发生了变革,这也对出版编辑人员提出了新的要求。目前的专业图书出版编辑,大多数只是对出版内容比较熟悉的人员,他们一般对技术和数字出版缺乏全面的理解,而对计算机技术精通的人才往往对属于文科范畴的出版学知识了解不多,所以能同时满足专业图书数字出版双重需求的人才往往难求,这在一定程度上阻碍着专业图书数字出版的发展。另一方面,部分出版企业的人才管理体制相对陈旧、观念不够创新、对人才的重视度不够,从而导致优秀的人才难以得到重用,进而阻碍专业图书数字出版的发展。

四、案例分析

本节将运用案例分析法对人民卫生出版社、河南科学技术出版社、天津大学出版社专业图书数字出版的发展状况和特点进行分析。选择这三家出版社的原因,主要在于在专业图书数字出版领域,他们分别是中央出版社、地方出版社、大学出版社的翘楚,这三家出版社均是我国第二批数字出版转型示范单位,对专业图书数字出版的发展起到了积极的示范作用,有一定的借鉴意义。

(一)人民卫生出版社:多种模式并行

1. 机构基本情况

人民卫生出版社成立于1953年,是中国规模大、实力强、出版品种多的医学出版机构。该社经过多年的资源积累后,形成了拥有多品种类型、多层次结构、多媒体介质的产品体系,尤其是在医学出版领域,"累计出版图书超过30000多种,总印数7亿册之多,每年产值约6.5亿元"①。

细数人民卫生出版社从启动数字出版到出版社数字化转型升级,大致可以分为三个阶段:电子音像出版阶段、数字出版起步阶段、数字出版转型升级阶段(见表3-1)。

表3-1 人民卫生出版社数字化转型三阶段

数字化出版阶段	出版项目	主要特点
电子音像出版阶段	卫生部医学视听教材、CAI课件	形式较简单,结构不复杂
数字出版起步阶段	中西医数据库、电子书、增值服务等	产品向多元化发展、实现持续营收
数字出版转型升级阶段	人卫开放大学等	多个项目同时开展,国家政策资金支持

① 黄敬滢.人民卫生出版社数字化转型策略分析[D].北京:北京印刷学院,2015.

2. 数字化转型特点

(1)多元化业务模式

在医学专业图书数字出版领域,人民卫生出版社开展的数字出版业务主要集中在数据库、在线服务、电子书这三种形式上。

1)数据库持续更新。2012 年,针对医学研究人员的信息需求专业化、知识化的特点,人民卫生出版社开发了"西医图书数据库",并将其作为数字出版战略产品之一。之后,随着知识服务理念的兴起,人民卫生出版社将其改为"人卫临床知识库",增加了"中医"子库,实现了包括知识查询、积累和交流在内的多种功能,更加强调检索功能以及提供知识服务,而非简单的资源堆积。目前,"人卫临床知识库"共收录了近 5 000 本图书并保持持续更新,已经有一百余家医院和高校医学院试用该数据库系列产品。人民卫生出版社针对医院开发的数据库产品,已有成熟的价格制定标准,能够盈利,实现资金回流,年销售收入超过 200 万元。

2)开发自助电子书架。电子书具有容量大、占地小的特点,在阅读书籍时不用再担心书籍笨重、翻阅不方便的问题。人民卫生出版社的电子书可以分为三大类,即参考书、数字教材、英文版中医版贸书。其中属于医学专业图书的参考书,又分为西医、药学、中医药、管理、标准、其他六大类。人民卫生出版社的电子书全部来源于人民卫生出版社出版的纸质书,很少购买或销售自己的版权,所以不必担心版权问题。"2012 年,针对海外用户,人民卫生出版社开发了自助运营的电子书架,用来销售中医英文版电子图书,产品上架后,海外用户增长迅速,遍布全球 30 多个国家和地区,取得了良好成效。"①

在电子图书格式的技术问题上,人民卫生出版社与外包公司易成轩有限公司共同开发的电子书加工软件(pagefactory 软件),是目前出版社制作加工电子书的主要软件②。经过与外包团队的共同开发升级,该软件已可以顺利完成制作电子图书的工作。人民卫生出版社的电子图书支持多种格式,

① 刘梁,叶丹. 高等教材数字出版现状及问题[J]. 中国出版,2014(15):48-49.

② 石雄. 人民卫生出版社:专业出版的转型样本[J]. 出版人,2014(4):38.

包括 Xml 文件、epub 版、mobi 版、人民卫生版电子书等可供多种阅读器使用。人民卫生出版社同时推出了 Android、iPad、iPhone、Windows 四种客户端供读者下载。

3)在线提供增值服务。2013 年,人民卫生出版社与泽元软件合作,开发了“在线参考书”出版平台,利用多媒体拓展、展示纸质书的内容并实时更新,以解决参考书版本更新中由于篇幅、编写周期、再版等原因导致知识更新不及时的问题。该平台没有容量限制和内容资源格式限制,能够向读者提供多种增值服务,增加资源使用率。这种在线资源服务是有偿的,可以直接带来收益,同时促进传统纸质图书的二次销售。

(2)战略性运营模式

人民卫生出版社采用差异化营销策略,在产品、服务、营销渠道上差异化,提供有特色的内容,改善产品性能,提供培训服务、咨询服务和技术支持。在医学专业图书领域,其数字出版产品人卫智网有比较明确的受众群,有利于精准营销,投放医药卫生类产品广告,进而实现盈利。

(3)持续优化人才队伍

人民卫生出版社目前具备了独立开展数字出版业务的能力,归根到底是因为,在长期的业务实践中,人民卫生出版社已培养了一支优质的人才队伍。在长期的数字化转型进程中,人民卫生出版社一直引进大量人才,并在业务实践过程中不断进行改革完善,对人才队伍进行扩充,促使其快速成长。

(4)革新核心数字技术

领先于其他出版社的一点就是,在短短几年的数字出版实践中,人民卫生出版社已掌握了一些核心数字技术,“包括医药学专业词库、中文检索技术、语义分析技术、知识关联技术、XML 资源加工和复用技术、网站开发技术等”①。这些数字化技术的积累是人民卫生出版社能够成功实现数字化转型的关键所在。

---

① 陈贤义.坚持专业化拓展多元化:人民卫生出版社有限公司数字出版转型的实践探索[J].中国出版,2014(9):47-50.

（二）河南科学技术出版社：产业融合发展

1. 企业基本情况

河南科学技术出版社成立于1980年，是河南省成立最早的一家专业科技出版社。河南科学技术出版社出版各类科技读物，包括国内外科技专著和科技工具书，以及各类技术培训教材等。面对数字化浪潮的冲击，传统科技出版企业的市场困境日趋严重，河南科学技术出版社困中求变，立足出版基础，用近10年的时间，在手工产业数字出版领域占得一席之地。河南科学技术出版社将手工类专业出版作为其核心品牌进行打造，并以此为基础打造了中华手工全媒体数字出版平台。2015年7月，河南科学技术出版社入选第二批数字出版示范转型单位。

2. 数字化转型特点

（1）特色品牌建设

在数字化转型进程中，河南科学技术出版社具有前瞻性地专攻手工领域图书，结合自身原创并与国际版权进行合作。十余年来，出版物累积超过900余种，涉及手工专业领域的各个方面，形成了独具特色的产业品牌。河南科学技术出版社在建立手工专业品牌的基础上建设线上网站，并且经常性举行线下活动，实现了线上线下的深度融合。“其中线上网站有玩美手工网与两只老虎网，这些线上网站不只是聚焦于专业出版，更是向大众化靠拢，设置了社区、资讯、线上培训三大版块，并为受众提供专业的手工艺在线精品课程，从而吸引更多的用户。”①同时，依托玩美手工网，河南科学技术出版社利用现已积累的数百万手工图书读者资源建立起多元化的线上线下渠道链。

（2）专业资源聚合

从“十二五”规划开始，基于手工专业图书，河南科学技术出版社开展了一系列转型项目，旨在聚集优质资源，进而占得市场份额。河南科学技术出版社通过全方位品种开发满足各类受众需求。目前，与专业手工图书相关的玩美手工品种数量上万，且都以国外高端品牌为主。其中儿童手工又包括艺术类儿童手工与科学类儿童手工，河南科学技术出版社通过自主研发及与其他机构合作探索手工专业与教育融合的模式（见图3-3）。

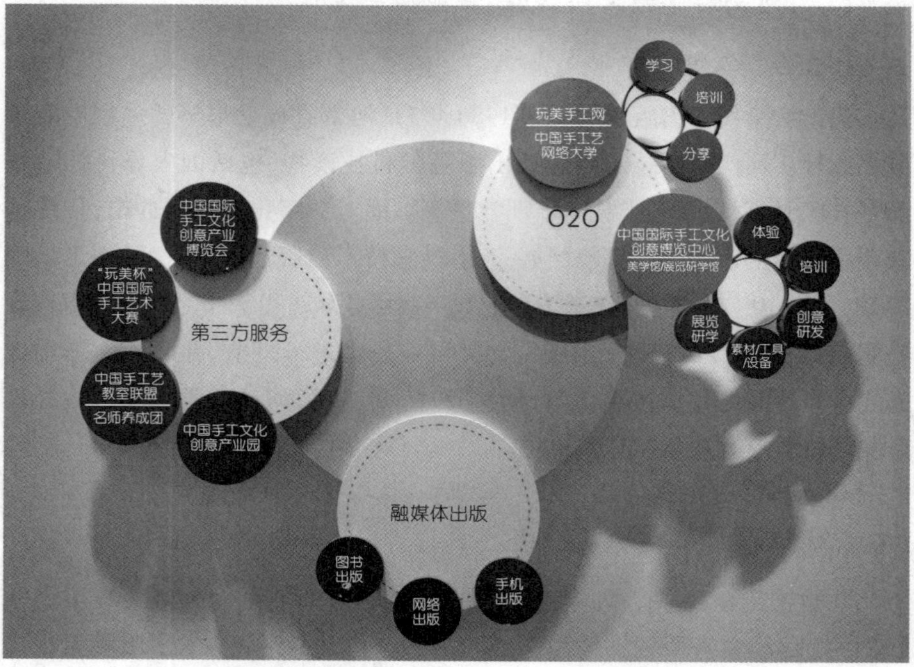

图 3–3　河南科技出版社基于手工图书开展的系列项目

(3)产业链融合发展

1)多维度开展合作。不少高校开设有手工课程，河南科学技术出版社积极与高校开展合作，成功打通了高校这条渠道，并且扩大了用户范围。目前，河南科学技术出版社与 14 家高校成功合作，合作模式主要以共建手工实验室、联合培训和成立专业社团等为主。

2)积极发展产业经济。河南科学技术出版社具有前瞻性的一点便是，它在进行专业图书出版数字化转型时，放眼社会发展全局，不只局限于图书，而是依托于手工业积极发展经济。2014 年，河南科学技术出版社举办了第一届“中国国际手工创意产业博览会”，如今已成为国内最专业的手工展会。

3)建设手工业发展平台。2015 年，河南科学技术出版社建设“中国国际手工文化创意产业平台”，该平台具体在以下三方面开展工作。一是以公益平台发挥手工功能性，提升其社会影响力；二是宣传中华民族手工；三是通过扶持大赛，集聚手工艺人资源。通过一系列措施，不仅成功实现手工专业图书出版数字化转型，更推动了中国手工产业的发展。

(4)积极引进版权

在进行手工图书出版数字化转型进程中，河南科学技术出版社尤其强调图书版权保护的重要性，积极开展图书版权保护工作。2013 年，河南科学技术出版社与日本宝库株式会社合作，独家购买了该公司丰富的编织、拼布、刺绣、折纸等全品种图书版权，为河南科学技术出版社在手工领域的立体化开发奠定了坚实的基础。

(三)天津大学出版社:构建一体化服务平台

1. 机构基本情况

天津大学出版社成立于 1985 年,是一家建社 30 多年的大学出版社,也是教育部直属重点大学出版社之一。天津大学出版社的图书品种包括学术专著、教材教辅、建筑类图书、考试类图书等,尤其是在建筑建工类专业图书出版领域,天津大学出版社一直展现着强劲的实力。

天津大学出版社最早开展了电子书形式的数字出版业务,“从 2002 年开始,天津大学出版社便积极开展版权输出工作,与方正阿帕比、超星、亚马逊、小米等公司合作”①。2014 年,天津大学出版社正式建立数字出版中心,并构建了建筑专业网站——建筑邦(见图 3-4),成立了建筑邦 App、建筑邦微信公众号,形成了多种数字出版手段协同发展的局面。

2. 企业数字出版运营模式

结合天津大学建筑专业在我国建筑领域的强势地位,天津大学出版社开拓了建筑类图书的出版方向。在建筑专业图书数字出版领域,天津大学出版社的“建筑邦”开拓性地对该类图书数字出版运营模式进行了创新。

(1)集中优势资源,建立专业领域知识服务平台

“建筑邦”是基于天津大学出版社建筑设计传统内容资源优势,建设的包含建筑邦社区、建筑邦智库、建筑邦 App、建筑邦微信公众平台、建筑邦微

---

① 黄莹. T 出版社数字出版商业模式构建及对策研究[D]. 天津:天津大学,2015.

博、建筑邦电子书、建筑邦纸质图书出版为一体的服务平台(见表3-2)。

图3-4 天津大学出版社的“建筑邦”专业网站

表3-2 “建筑邦”服务平台详解

产品形态	产品内容	产品职能
建筑邦社区	建筑设计专业化作品	提供展示、阅读、分享、互动服务
建筑邦智库	集成作品的特色资源库	满足知识元、图书等多方位需求
建筑邦微信公众平台	建筑专业信息相关	信息传递、推广
建筑邦 App、电子书	建筑专业电子作品	设计作品收藏
建筑邦纸质图书	建筑专业图书	与数字出版物互为补充
建筑邦微博	建筑专业信息相关	线上互动

在各产品形态中,建筑邦微信公众平台于2013年上线,至今已拥有超过15万的粉丝团体,人均阅读量上万,成为建筑专业受众群必不可少的知识获取平台。且该微信公众平台自定义栏直接链接其微店——邦书店,为传统

纸质图书的销售提供了渠道。

(2)明确受众定位,集中化运作建筑设计领域

尽管天津大学出版社建筑图书出版种类繁多,涉及建筑设计、建筑施工等多个门类,但是在数字化转型进程中,建筑邦远瞻性地做出了割舍,集中瞄准了建筑设计这一单一领域。在风格上展示出建筑设计领域全面、专业的形象,内容选取上以建筑设计案例为主,为建筑设计专业人群提供高效的知识送达和解决方案。建筑邦的读者无疑是小众的,多是建筑设计院校老师和学生、建筑设计师等。受众群体虽小,但是在建筑设计细分市场上,他们的阅读需求反而是很高的。

基于对读者群和需求的分析,通过"互联网+出版"的全媒体方式,建筑邦实现了"一种内容多种媒体"同步出版的新形态。利用传统方式出版纸质图书的同时,通过互联网、手机等终端设备出版数字出版物,实现精准搜索和建筑设计作品的智能精准推送,在建筑设计专业出版领域真正实现任何设计师在任何时间任何地点以任何方式获取任何与建筑设计相关的内容,让设计师及时充分获取准确的建筑设计知识和信息。

第三节　我国专业图书出版数字化转型SWOT分析

在前述部分中,对我国专业图书出版的数字化转型的背景、意义、类型和现状进行了细致的分析,让读者对其有了更深刻的认识。接下来,笔者将利用管理学中的SWOT分析方法对我国专业图书出版数字化转型与发展的总体市场环境及其在整体行业中的竞争态势进行深入的分析,可以更进一步了解我国专业图书出版的数字化转型与发展的态势。

本章将根据我国专业图书出版数字化转型发展中自身所具备的一系列条件进行分析,从而找出专业图书出版数字化转型过程中所具备的内在因素,即其自身的优势(Strength)、劣势(Weakness);以及我国专业图书进行数字化转型所面临的外部因素,也就是一系列的机会(Opportunity)和威胁(Threat)。综合分析这些因素,有助于我国专业图书出版的数字化转型充分利用优势和机会,克服劣势,规避威胁,最终实现良性发展。

一、专业图书出版数字化转型的优势

(一)丰富的内容资源

关于专业图书数字出版的内容资源优势,纵观国际上各种类型的数字出版物情况,便可窥见一二(见表3-3)。

表3-3 各类型出版数字化营收比

出版类型	主要功能	代表企业	数字化业务所占营收比
大众出版	娱乐、文化、消遣等	哈珀柯林斯出版社、兰登书屋等	25%
教育出版	传播知识	培生教育集团等	60%~70%
专业出版	信息、知识	爱思唯尔、汤姆森等	85%~90%

不难看出,专业出版较另外两类而言,能够更加迅速有效地完成由传统图书出版到数字化出版的转型。

专业图书的内容资源优势是如何体现的呢?一直以来,图书出版是出版机构的本职工作,也是优势所在。海量的内容信息资源在长期的出版过程中被积累起来,而这些正是数字出版产品开发的基础性内容资源。对于专业图书出版而言,它通常局限于某一个专业领域,如社科、医学、化工、计算机、美术或其他专业领域;其内容具有实用性、专业性和针对性,出版社的专业资源优势是图书质量的保证,这也是用户为何选择此类图书的最大原因。经过多年的发展,出版企业均拥有某一特定专业领域内相对完备的知识体系和储备,这是相当关键的一点,因为对于消费数字化产品的受众来说,最基本的要求便是海量的内容,他们往往要求有全面、可追溯、不同层面的信息供应,资源库中的信息量越大,用户的采用率就越高,而出版社恰恰能利用专业图书海量的内容资源来支撑其网络数据库,不仅能吸引更多用户,也能获得更多的作者资源。

我国一些出版企业已经开展了此类工作,并且初见成效,比如社科文献出版社。社科文献出版社专门以出版人文社科类的专业图书为主,每年都有大量的新书出版，“2015年，该社图书出版品种数接近2000种，同比增长了27%，新书品种数达1500种”①，这些优秀的图书出版资源使得社科文献出版社在人文社科领域成为佼佼者，也为社科文献出版社尝试数字出版提供了有力保障。

（二）稳定的受众群体

专业出版其图书内容的专门性与针对性，决定了专业图书消费对象的明确性，读者对象很容易锁定。其消费对象除了行业领域内的个人消费者外，机构用户占相当一部分，如图书馆、科研院所等。这些受众具有刚性消费的特点，他们一般有很明确的图书需求和强大的购买力。所以，专业图书出版的市场需求是较为稳定的。

进入数字时代，此类读者群体的优势依旧存在，读者的专业性也代表了他们具有一定的知识水平，而这类读者通常是紧跟时代潮流的。在数字化技术发展的过程中，传统专业图书的受众也在积极接触新技术，所以，他们对新的数字阅读方式的接受程度是较高的，甚至是颇为欢迎的。

（三）优质的编辑队伍

一本优秀的专业图书是作者多年心血的结晶。出版社一般都拥有广泛的相对稳定的作者群，这些作者有丰富的写作经验和学科理论水平，并与出版社建立了良好的合作关系，他们是出版社进行数字出版的重要支持者。

由于专业图书内容资源的权威性和准确性，其对编辑人员的实力有着更高的要求，而编辑的能力和素质决定了内容资源的质量。数字出版作为一种新兴业态，其内容资源最终以数字终端的方式来实现，但是读者获取资源的最终方式并没有改变，仍然是阅读。想在数字出版市场上占据优势，需要拥有一支业务能力强、经验丰富的编辑队伍。

（四）良好的品牌效力

现代产业发展特点表明：产业受到冲击力的大小与其专业化程度成反比，若想在迅速发展变化的市场环境中保有一席之地，就要扬长避短，避开

① 杨兰珊.社会科学文献出版社数字化转型路径探究［D］.北京：北京印刷学院，2016.

短板，充分发挥自身优势，避开竞争对手的优势，实现一种错位式的竞争模式，进而发展出一条具有自身特色的发展路径。专业图书出版通过长期的积累，一方面拥有丰富的内容资源和专家资源，形成了自己的特色资源优势；另一方面其销售渠道、消费对象也很明确，读者对象容易锁定。

专业图书出版凭借其在特定专业领域的出版优势形成了鲜明的专业特色和品牌效益。专业图书的专业性和权威性主要来源于多年的品牌积累，以及专业的编辑出版团队，包括作者以及编辑。如古籍出版社出版的有关古籍领域的图书；人民邮电出版社出版的通信、计算机、电子技术图书等。另外，化工、旅游、美术、航空、气象、经济、金融、电子、人事专业出版社也都是这样。在消费者心中，出版社所出版的相关专业领域的图书已经形成了品牌特色。

二、专业图书出版数字化转型的劣势

（一）复合型人才匮乏

对于传统出版业来说，互联网主导的数字时代所带来的冲击可以说是颠覆性的。这种颠覆不仅体现在出版流程的变化，对于出版人才功能的要求同样有巨大改变。在一切都在“去中心化”的时代，人才中心论的主导地位会受到一定的冲击，就人才本身来说，在面对数字化浪潮时，他们也显得心有余而力不足。因为他们大多数只是熟悉出版，包括出版内容和出版流程，但他们往往对数字技术或计算机技术懂得很少。从这里也可以看出，在专业图书出版数字化的过程中，存在这样一个矛盾，即在出版方面比较熟悉的人员不具备数字化的专业知识，而掌握计算机技术的人员又缺乏图书出版专业知识。然而目前两者都满足的人数量并不多，直接导致了人员招聘比较困难。

（二）数字出版市场狭窄

由于长期依靠政府的政策扶持，依托行业的企事业单位和大中专院校，专业出版社主要出版学术著作和教材等专业图书，专业出版社普遍出版领域狭窄。专业图书的数字出版物有行业特殊性：在数字出版上，专业图书数字出版产品市场狭窄，受众群虽稳定，受众面却不宽。且通常出版社可用于投入新技术的资金和人才比较匮乏。诚然部分大型专业出版社已开始构建数据库,但大多数出版社目前的专业数字出版产品仍旧主要是电子书,且电子书的销售渠道目前集中在技术公司的手中,很难拥有主动性。总而言之,专业图书数字出版产品单一、市场狭窄。

(三)历史资源再利用难度大

出版社有关专业图书的内容资源可划分为历史资源和现有资源,专业出版社开展数字出版的关键一步就是对于历史资源的回溯和现有资源的整理。对现有资源的数字化加工和制作较为简单,容易操作,但是对于历史资源的再利用却面临着不少问题。其一,很多出版社并没有及早意识到保存排版文件,"尤其是2000年之前出版的专业图书,甚至连纸质版本图书都未保存,专业图书的特性导致这些出版资源很难获取电子版本"①。其二,即便是已经收集保存的文件,也并没有执行统一的格式。其三,对历史资源的收集整理需要大量的技术人员花较长的时间处理,既耗时,又需要大量资金。

(四)传统出版观念根深蒂固

虽然专业出版在数字出版领域起步早于国内其他类型出版,但是传统的出版理念根深蒂固,依旧影响着专业图书出版编辑的编辑思路。具体表现在传统专业图书编辑对电子书销售持怀疑和观望态度,担心电子书销售会影响纸质图书的收入,使得部分重点图书实现不了纸电同步,不利于满足消费者第一时间想要阅读该电子书的需求。这些都反映了专业图书出版进行数字化转型的整体参与度不足,阻碍了专业图书数字化转型的步伐。

三、专业图书出版数字化转型的外部机遇

(一)政策积极引导

新闻出版总署2010年1号文件《关于进一步推动新闻出版产业发展的指导意见》明确提出:"加快发展数字出版等非纸介质战略性新兴出版产业,运用信息技术、数字技术等高新技术促进产业升级,推进新闻出版产业发展

① 李鹏.基于读者行为分析的数字时代专业出版商业模式研究[D].北京:北京印刷学院,2014.

方式转变和结构调整。"[①]政府主管部门高度重视数字出版，通过出台政策这个杠杆不断加大对数字出版的扶持力度，为数字出版创造良好的发展环境。

继"1号文件"后，新闻出版总署于2010年8月下发《关于加快我国数字出版产业发展的若干意见》（简称《意见》），就推动数字出版产业发展提出了新的要求和目标。《意见》强调指出加快数字出版产业发展的战略目标：以数字化带动新闻出版业现代化；形成一批数字出版龙头企业；打造具有国际影响力的数字出版产品和品牌；构建数字出版产业发展新格局，把数字出版产业打造成新闻出版支柱产业。

到如今，随着"十三五"规划明确提出加快发展数字出版，数字出版被首次列入"十三五"规划当中。这意味着数字出版已成为整个出版业新的时代要求，以数字化技术为支撑的新型出版业态正逐渐发展起来，中国出版整体上的转型升级已经迫在眉睫，作为出版转型重要环节的专业图书出版自然也不例外。

（二）市场需求勃发

数字出版产业规模逐年递增，近几年我国数字出版产值每年都以30%以上的幅度增长。产业链发展日益成熟流畅，数字出版赢利模式丰富多样，产业规模逐渐扩大。2009—2015年我国数字出版产业规模如图3-4所示。

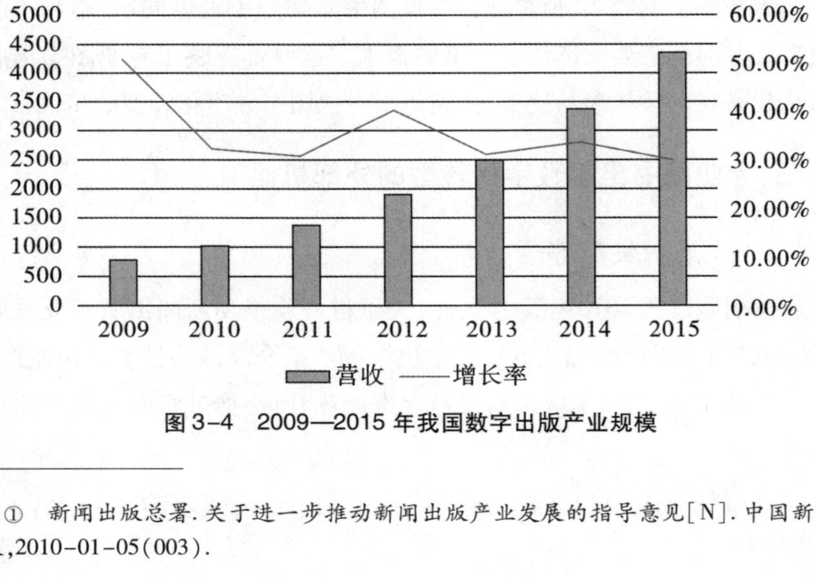

图3-4 2009—2015年我国数字出版产业规模

① 新闻出版总署．关于进一步推动新闻出版产业发展的指导意见[N]．中国新闻出版报，2010-01-05(003)．

市场以受众为指标，在受众层面上，接受并使用数字化方式阅读的消费者越来越多。最新数据显示，“截至2016年6月，我国网民规模达7.10亿，其中手机网民规模达6.56亿，占比达92.5%。同时，2016年上半年，我国网民人均周上网时长为26.5小时。这意味着，网民每天平均上网接近3.8小时”①。根据中国新闻出版研究院第十三次国民调查数据显示，数字阅读尤其是手机阅读发展迅速，移动阅读、社交阅读成为未来的发展趋势，受众的数字化阅读习惯已逐渐养成。2009—2015年我国网民数字化阅读接触率如图3-5所示。

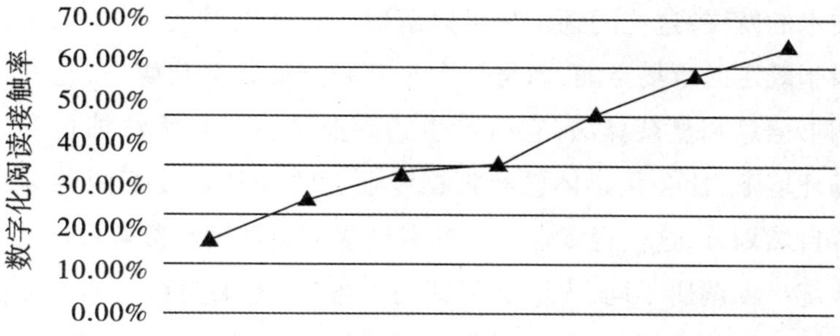

	2009	2010	2011	2012	2013	2014	2015
—▲—接触率	24.60%	32.80%	38.60%	40.30%	50.10%	58.10%	64.00%

图3-5　2009—2015年我国网民数字化阅读接触率

此外，Kindle、iPad、iPhone等阅读终端颇受青年人喜欢。从iPad、iPhone受欢迎的程度上，我们可以大胆推断付费阅读将成会阅读的主流，专业图书出版未来也会在数字出版中分得应有的市场份额。数字化阅读进一步助推了数字出版的发展，可见数字出版物市场发展空间巨大。所以，面对快速发展的数字出版形势，拥有专业特色和优势的专业图书出版要抓住数字出版的市场发展机遇，以更加积极的态度应对，通过在实践中不断创新，不失时机地发展好自己的专业数字出版业务。

① 杜羽，刘彬.第十三次全国国民阅读调查报告公布[N].光明日报，2016-04-19(009).

(三)大数据引流信息

任何产业的发展都离不开市场调研,出版业也不例外。以往出版业的市场调研,数据来源主要是出版企业内部数据统计、线下书店销售数据反馈以及第三方数据服务公司提供。然而,这些数据难免会存在一定程度上的滞后性和非连续性,根据这样的数据调查得出的结果质量往往不高,尤其是其覆盖范围往往仅局限于既定的市场空间。因此,传统的数据分析多局限于通过对单品或一类书的销售走势的分析,获得其生命周期折线,借此推断重印数或新书首印数,而对于待开发的市场则几乎无法触及。但如今,随着大数据技术的发展,这些问题全都可以解决。大数据时代,数据的主要来源不再仅限于既定的市场空间,而是扩大至互联网的社会化媒体,它专注于聚集海量图书信息和复杂算法,它所产生的商业价值将是无法估量的。在如今的市场环境下,社会化媒体已经根据专业背景和特定爱好两种标准对人群进行了自然划分,这使得专业图书的营销能够更精确地覆盖目标受众。

与传统市场调研不同,大数据强调的不再是"因果关系",而是提供了种种"关联性",这种算法计算出的结果更具广泛性与适配性。通俗易懂地讲,通过大数据挖掘相关信息,可以使出版企业用最小的投入拓展最广阔的市场,最大限度地体现营销效果。对于专业图书数字出版而言,挖掘并定位潜在的读者或图书品种,正是其亟须找寻的新的增长空间和新的利润点。

四、专业图书出版数字化转型的外部挑战

(一)数字出版产业链不完善

不可否认,我国的数字出版产业正处于上升阶段。数字出版产值逐年升高,但是依旧存在着很多的漏洞,其中一个重大的制约因素就是我国的数字出版产业链至今仍然不完善。传统出版社是产业链上最重要的参与者之一,作为内容提供商,其手中握有充足的核心资源,具有举足轻重、不可或缺的作用,位于上游;数字运营开发商作为一个技术提供商,处于产业链的中游,具有先进的数字出版技术;终端设备供应商作为设备提供商,处于产业链的下游。随着数字出版的发展壮大,处于产业链上的运营开发商和终端供应商都利用自身技术优势和平台优势,积极发展数字出版业务,获取利

润。更有甚者直接向上游靠拢,抢夺内容资源,使得原本牢牢掌握着大量核心资源的传统出版社面临着失去主导权的风险。再加上传统出版社在技术方面遭遇的瓶颈,必须依赖技术公司和数字平台商进行数字化,对专业图书发展数字出版产生了巨大的威胁。

(二)行业竞争激烈

从目前数字出版的市场运营模式看,在整个数字出版产业链中,出版社作为专业图书内容的提供者并不能充分挖掘数字出版的市场潜力。目前在国际市场上,Google 正在建立"图书搜索计划"以构建互联网在线阅读平台;在国内市场上,书生、超星的数字图书馆网络阅读平台已初具规模。目前传统出版社主要是向数字出版技术商收取版权授权费,就是这仅有的版权授权费还要与作者分享。数字出版产业的现状是渠道商和技术商在挣出版利润和发行利润,而内容的策划、编辑加工都是传统出版社投入的。方正、超星、书生、中文在线等基本是在打包卖数据库,服务对象以高校和公共图书馆等机构用户为主,市场份额极小且价格较低,出版商难以获得正常的市场回报。

在专业图书数字出版行业,技术商和渠道商凭借自身平台优势成为"卖场"的提供者,处于垄断地位。而出版商仅仅是内容的提供者,处于受制于技术商的劣势地位。纵观未来数字出版市场发展趋势,可能会以由技术商或拥有技术基础的商业机构来构建数字出版平台并实施运营为主。一旦第三方运营商利用平台优势,直接对接产业链最上游的作者资源,出版企业将极可能沦为单纯的内容提供者,其最终结果就是直接威胁出版企业的生存。

(三)数字化衍生版权问题

由于介质的特殊性,数字出版产品更容易被复制和扩散。数字出版的出现与运用给传统出版业带来了新的生机与活力,据微软公司预测,到2020年90%的图书品种将同时采用电子和纸张的方式发行,由此可见数字出版物巨大的市场潜力。数字出版以传统出版所不具备的特点和优势,在短时间内吸引了众多读者的注意力。但同时,数字出版物的盗版现象严重。图书数字化以后,使盗版变得很容易,电子书的复制件与原件没有区别,尤其是专业图书,其本身成本相对较昂贵,而复制几乎没有什么成本,这就使得专业图书数字出版的版权控制更加困难。来自易观国际调查集团的调查显示，我国的电子网站中真正拥有版权的只占4.3%，即目前绝大多数网站存在盗版问题。而且由于盗版问题严重，一些作者担心自己会面临数字版权得不到有效保护或者拿不到合理的分成威胁，一些作者则将纸质出版权、数字版权分离经营，分别授权于不同的出版社。种种情况表明，如果版权的法律保护问题解决不好，即使产业本身具有发展潜力，也会极大影响专业图书数字出版的积极性。

（四）数字技术格式标准不统一

目前，“Adobe 公司的 PDF 格式是国际上使用最广泛的数字出版物的格式，其专用阅读工具是 Adobe Acrobat Reader 软件”①。在我国，数字图书格式种类多样，除了常见的 PDF 格式外，还存在着方正阿帕比公司的 CEB 电子图书格式、清华同方公司的 CAJ 电子期刊格式等，这些文本格式是互不兼容的。这主要是由于我国图书业在手机、网络、数据库等新兴出版领域的标准化工作还处于初级阶段，国家标准、行业标准和企业标准之间协调不利。数字出版物文本格式的不统一造成的直接结果，就是读者只有购买不同的阅读器、下载不同的阅读软件，才能阅读不同格式的数字出版物。总之，不同技术提供商提供的不同数字平台之间存在断裂，无法形成有效的对接。这些问题不但增加了阅读成本，而且也给读者造成了不便，带来资源浪费。数字技术的格式标准不统一，也将极大地阻碍我国专业图书数字出版的顺利转型和良好发展。

第四节　我国专业图书出版数字化转型发展策略

作为促进我国国民经济增长的新兴产业，数字出版已经成为当下的时代潮流，也是出版社获得长期发展的必然选择。从上述 SWOT 分析情况来看，专业图书数字化出版还是具有很大优势的，但同时也存在着不少问题。因此，出版社必须发挥专业图书出版的优势，从资源整合、技术革新、盈利模

① 张志林.数字出版标准建设发展研究[D].北京：北京印刷学院，2015.

式、品牌营销、人才建设等方面制定可行的、全方位的数字化出版策略。

一、整合专业资源,加快数据库建设

(一)实现内容资源增值

不管是传统出版,还是数字出版,内容资源始终是出版社立于不败之地的关键所在。由于拥有丰富的内容资源,专业图书出版在涉足数字化领域时具有得天独厚的优势,如何有效地实现内容资源的整合,是充分实现内容资源增值的关键,也是保障专业图书数字出版业务顺利开展的重要前提。

在专业图书的资源整合方面,出版社可制定一份详细的数字资源加工方案,完善资源整合流程,加大整合力度,对同专业领域图书资源进行更加深入的数字化加工和运营,并进行自由重组和多次利用,实现内容价值的最大化。另外,提高相关研究机构和学者对专业领域内资源整合工作的认知度,帮助他们了解出版社可以提供的相关服务,增加相关机构和学者与出版社进行专业图书数字资源整合合作的意愿。换言之,对于专业图书数字出版而言,只有不断提高出版社对内容资源的整合能力,为用户提供更专业的个性化服务,才能使专业图书出版在数字出版领域拥有核心竞争力。

同时,出版社可以充分利用现代信息技术提高资源整合能力。充分利用在专家作者权威、书稿来源丰富等方面的资源优势,根据目标细分用户对象的不同需求,采取差异化产品策略;利用数字印刷、在线下载、光盘定制等新型复制技术,直接面对读者开展数字出版;同时利用数字出版的优势将网络出版、手机出版等不同的数字出版形式进行联动,形成跨媒体出版体系,在巩固原有读者市场的同时,开辟新的用户市场,从而获取延伸效益。

(二)加快数据库建设

纵观国内外专业图书数字出版的成功案例,我们可以了解到,专业图书开展数字出版业务离不开完整规范的数据库。资源数据的整理和数据库的建设有利于专业图书出版今后数字出版工作的顺利开展。出版社整合专业图书资源可以主要从以下两个方面着手。一方面整合传统专业图书出版沉淀和积累的丰富的专业源数据;另一方面是以源数据资源为基础建立专业资源数据库。数据库的建立需要以数字方式记录和存储的文字、图像、声音、视频资源为基础。通过对源数据的整理,出版社可以对自身已有资源进行管理和进一步优化,这个整理过程不仅有利于今后对内容资源的查询、阅读和应用,还可以及时发现和改正源数据中出现的错误,从而保证数字出版产品的质量。

(三)实现数据库可持续发展

数据库平台的建设与维护是数字产品得以依附和存在的重要载体,是数字出版工作的关键环节。可以从子库建设、分类体系建设、页面设计、系统功能测试等方面来加强平台的建设和维护,保证数据库正常运行。明确建设该数据库平台的需求,增强与技术公司之间的合作,确保平台正常运营的关键技术。及时对前后台功能进行测试,保障数据库正常建设和使用,并就相关测试情况与技术公司共同协商,解决难题。优化页面设计,及时排查问题,完善平台建设,提高页面浏览速度,为用户提供更好的专业服务体验。

二、构建完善产业链,找准有效盈利模式

(一)完善数字出版产业链

在进行专业图书数字出版的进程中,出版企业虽然拥有处于核心地位的内容资源优势,但若只扮演内容提供商的角色,是万万不够的。首先,没有自主研发的技术作为支撑,出版企业只能与技术提供商合作,显然出版商在这一过程中无法掌握主动权,从中获得的利润也是较少的,与网络运营商合作也同样如此。因此,若想在专业图书出版数字化转型过程中获得盈利,“就必须改变被动的地位,从自我主导产业链模式转变到集成合作的运营模式”[①]。目前来看,国外一些专业出版巨头已形成了较为完善的数字出版产业链(见图3-6)。

① 刘晓欢.我国传统出版向数字出版转型的困境与思路[J].现代交际,2015(2):52-53.

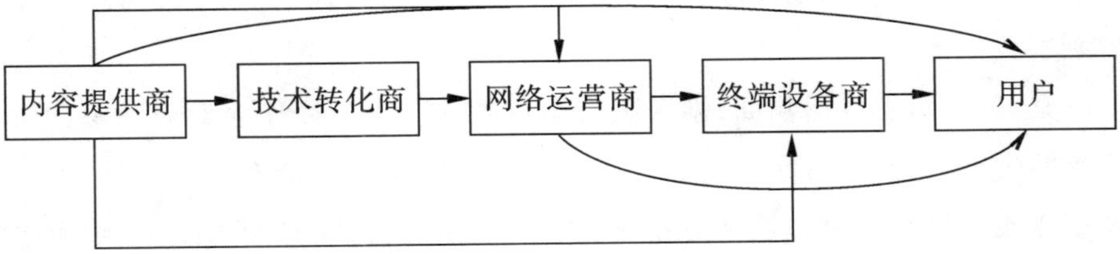

图 3-6 国外数字出版产业链

对于我国的专业图书数字出版而言,必须健全产业链,使产业链上的各个环节充分发挥价值,才能更好地实现盈利,加速其数字化转型进程。具体来讲,传统专业图书出版最大限度发挥自身的资源优势;技术服务提供商通过更好的技术为读者提供更好的服务;终端设备商不断创新、完善显示设备,并且各个环节之间良性交流合作。这样,受众在体验数字出版产品时才可以既享受丰富的内容资源,又享受个性化的服务和附加价值。

(二)探寻有效盈利模式

良好的盈利模式是出版社可持续发展的立足之本。探索新型的数字出版盈利模式并不是否认旧有的存在模式,而是在此基础上不断摸索寻找更适合现阶段数字出版的方式,获取更大的利润。出版企业构建完善的数字出版产业链,盈利模式的创新成为产业链的每一环节实现盈利的关键,笔者认为可以从以下几方面创新其盈利模式。

其一,作为内容提供商,创新以内容销售为主的盈利模式。这种方式是以专业图书数字出版的内容为主,出售强有力的内容资源,据上一节所言,加快数据库建设,将数据库资源出售给高校、研究机构或者技术提供商,这是实现盈利最直接的方式。同时,通过知识间的关联性,将不同知识链接在一起,形成由碎片化信息组成的知识网络平台,通过这种方式可以广泛聚集专业读者,扩大读者需求,从而实现盈利。其盈利收入方式有:单本定价的下载收费、基于平台的包月收费、按章节收费等。

其二,借助技术转化商,基于大数据的精准广告投入盈利模式。通过专业数据库或专业知识网络平台,将该专业领域的读者聚集于一处,形成庞大的客户群体,进而吸引第三方投入广告。同时,应用大数据技术,对读者的消费需求与阅读习惯进行进一步细分和优化,从而找到新的利润点实现盈利。

其三,针对网络运营商,创新版权运营收入。出版社作为专业图书内容资源的生产者,拥有最原始的内容版权。通过对版权的全方位立体运营,这种立体式运营并不单单是将内容做成电子书来运营,而是通过线上、线下等多种途径进行运营,以尽可能获得规模效益。

其四,与终端设备商合作,创新增值服务收入。随着手机阅读的市场规模不断扩大,作为内容提供商的出版社可以依靠终端设备的普及为用户提供付费或免费的专业图书数字资源,通过分成的方式获得盈利。终端设备的便利性使专业数字出版提供多样的增值服务成为可能,出版社可以通过创新增值服务和数字出版阅读体验等手段提高收入。

三、注重品牌特色,提升品牌营销能力

数字出版的“自由化”,必将导致出版的品种数量剧增,读者们可以轻而易举获得海量的数字化作品,但如何从中挑选出自己真正需要的信息也将是读者必须面对的新问题。此时,良好的品牌效应将起到关键作用。出版企业需充分利用好“品牌”这张牌,同时也要积极维护好“品牌”这张牌,在专业图书读者群中牢固树立品牌形象。专业图书的读者对与其行业相关的传统出版社的认同会延续到数字出版时代,品牌的重要性可见一斑。

(一)树立品牌意识

专业图书出版的数字化转型不仅体现在方式上,更体现在意识上。若想打好“品牌”这张牌,就必须了解品牌,正确树立品牌意识。在出版业,可以在三个方面树立品牌意识:首先是出版企业品牌,企业的形象一向至关重要,影响力也与此息息相关。然后是图书或系列书品牌,这个是在市场上比较常见的,也是最能直接体现品牌价值的,系列图书但凡能够形成稳定的特色并保持连续性,便很容易打造品牌。接下来即第三类品牌,它是针对某个业务版块或编辑部的品牌。国外有许多成功的例子,这类品牌分别针对不同的市场进行定位,使品牌的内涵得到更明确的表达。不管是通过哪方面来体现,只有在商场和目标受众中形成品牌,利润率的提高才会成为可能。

（二）注重数字化营销

专业图书数字出版产品的营销要讲究策略。因为专业图书数字出版产品属于常销产品，销售周期长，专业图书数字出版产品的营销要有节奏、以点带面，且以出版企业标志性数字出版产品来提升形象；除此之外，对于已投放的广告要及时进行广告效果测试，"通过广告效果测试来了解目标受众对广告的评价、总结分析广告传播的效果，通过广告效果评价为以后的广告策略提供有价值的参考意见"①。

不少出版社都建立有数字营销中心，数字营销中心由专业的营销人员构成，专门开展该社的数字产品营销工作，包括产品调研、多媒体营销、宣传品制作、会议推广等。作为专业图书数字出版的数字营销人员，要深入了解该专业领域数据库市场的需求，针对不同的数据库产品展开全方位的市场调研，在数据库产品的营销策略、销售方式上多做创新，多渠道、全方位地为客户提供最优质、最全面的服务。比如，充分发挥微博、微信、豆瓣网、京东等营销平台的功能，加大与用户之间的互动力度，从而提升品牌形象及宣传推广力度。

（三）创造品牌效应

专业图书出版专门的内容资源和目标消费群体，专业内容具有不可替代的优势，在行业内具有权威地位，市场需求和消费群体稳定。数字出版品牌的塑造需要在系列化的数字出版产品中实现，单一的数字出版产品，没有深入分析用户需求的数字出版产品难以形成品牌。因此，出版社可以依托现有资源优势，深入分析读者的需求，有针对性地研发专业图书系列数字出版产品，对所拥有的特色资源优势进行内容的立体开发和传播，并逐步提高专业图书数字出版的原创能力，进而确立自身的品牌地位，保持市场优势。

如果专业图书出版抛开自己的专业优势，跟随受众面广的大众出版市场，也许会出几本好书，但不可能形成品牌，因为品牌不是出版一两本好书，有一两个数字出版产品就能形成的。构建出版品牌，大多必须经过一个"规划——建立——推广——维护"的过程。出版社要打造专业数字出版品牌，

① 黄杰．大数据时代程序化购买广告模式研究[J]．新闻知识，2015(4)：58-60．

就应该有自己标志性的专业数字出版物，精选规划、建立标志性数字出版物，以标志性数字出版物为基础，精心培育、营造、维护和发展自己的数字出版品牌，依靠品牌不断提高数字出版市场占有率和声誉，进而通过品牌扩张实现规模经营，获得品牌效应。

四、立足专业出版，实施差异化竞争战略

数字化浪潮席卷整个出版业，专业图书出版在发展数字出版业务时，不可避免会受到或大或小的来自同行业的竞争压力，专业图书出版若想在市场中生存和发展，则必须制定适合自身特色的竞争策略。

（一）深挖资源优势，提高竞争门槛

基于专业图书领域内得天独厚的资源优势，专业图书出版在进行数字化转型时，可以在以下几方面深挖潜力，从而提高竞争门槛：首先，在原有资源的基础上，加强积累出版资源，进而构建领域内的专业体系。其次，利用数字化技术，对专业出版系列图书进行自上而下的整合与重构，形成独特的专业出版特色。最后，在树立自身品牌的基础上，拓宽专业出版领域，向相关联行业进行拓展，与相关机构建立多维度的合作机制。一定程度上，这需要出版企业成为市场的开拓者，对专业出版市场进行深入研究，为专业图书数字出版的长远发展打下基础。

（二）全方位实施差异化竞争策略

“任何企业想要在竞争中获胜并取得长期的竞争优势，有三种基本的战略可供选择：成本领先、集中化和差异化。”[①]对于专业图书而言，成本领先策略显然不适用，规模化的出版特点显然更适用于差异化策略。所谓差异化策略，主要体现在产出功能、质量都优先于市场现有产品水平的创新产品，从而挖掘出消费者的潜在需求。

如何具体实施差异化竞争战略，需要从以下几方面着手：第一，产品差异化。通过挖掘细分市场，找准产品的受众定位，使专业图书的数字出版产品在竞争中脱颖而出。这也需要出版企业不断革新技术、观念，妥善处理数

① 刘涛．专业图书出版策略研究[J]．科技与出版，2010(6)：21-23.

字出版产品的存放、分类问题。第二,服务差异化。差异服务化主要是针对受众而言,以良好的受众体验为指标。首先提高专业图书数字出版流程的流畅性,从而提高生产效益,完善数据库的建设,进而提高市场占有率。第三,市场差异化。根据具体的市场条件,在产品的销售价格、销售渠道以及售后服务等方面产生差异。由于专业图书的定价弹性较小,关于市场差异化的竞争策略主要是体现在营销渠道上,在数字出版产品制作前便进行营销活动,延长产品的生命周期,通过短渠道营销模式充分发挥数字出版产品的时效性与更迭性。

第五节　我国专业图书出版数字化转型保障措施

一、利用大数据技术,打破受众群体限制

(一)利用大数据精确锁定受众

专业图书出版的受众一向是精而专的,但同时,相较于其他两种图书出版,它的受众群体范围是偏小的,因此只有尽可能扩大受众群体范围,才能更好地实现盈利。而具体如何找到潜在的目标读者,专业图书出版可以借鉴近几年被广泛运用的大数据技术。众所周知,受众但凡接触网络便不可避免会留下个人信息和浏览足迹,这是互联网的特性使然。在大数据技术出现之前,这些信息被认为是杂乱无章的、无用的,一直未能发挥其效用。但如今随着技术的发展,这些海量的杂乱无章的信息不再是无用信息。通过技术分析,这些信息可以帮助企业分析用户行为,帮助企业找到目标读者,从而实现精准定位,这就是大数据技术。

专业图书数字出版可以充分利用这一技术,从而收集受众信息,如受众的阅读习惯、兴趣爱好、每天浏览的时间和频率等。利用收集到的大数据,进一步分析读者的阅读行为,从而锁定目标读者以及潜在的目标读者,实现精准推送。具体来说,可以按照受众兴趣爱好的不同,分类推送个性化的内容,从而实现真正的订单化生产、个性化服务,并及时收集反馈信息。

具体来说,可在专业图书出版数字产品的功能设计上,设置一些增加互

动和反馈的按钮。当利用大数据技术锁定潜在目标读者之后,可以通过打造优质的内容,进行精准推送,增强用户黏性。推送之后还需要对读者的阅读行为进行大数据分析,并根据分析结果进一步掌握市场反应,从而得到比较可靠的读者反馈,根据读者反馈跟进需求、改进内容策划和营销策略等。此外,对于数字内容的策划,在开始创作之前就可以做大数据分析。利用大数据分析,找到市场需求旺盛但仍没有被满足的空白领域,发现需求,下一步联系合适的作者并根据读者的需求进行创作。大数据分析可以做到精准锁定目标读者,打造新型数字出版模式。

(二)催化受众认知过程

通过大数据精准锁定专业图书数字出版的目标读者后,接下来要考虑的问题便是,如何扩大潜在受众的范围,打破专业受众群体的限制,使专业图书数字出版产品的市场更开阔。在如今全民阅读活动越来越多的情况下,这一点其实是不难实现的。目前我国正在建立全民学习型社会,各个学历层次的人群都在努力汲取知识,丰富自身的知识体系,这对专业图书数字出版而言显然是个很好的机会,这意味着,即使是金融、法律、医学等专业知识较强的图书,人们也都有浓厚的兴趣。诚然,在过去,对于阅读传统形式的专业图书,读者往往会遇到知识背景不足的问题,阅读障碍颇多,但如今,技术的发展使得这一问题得到解决。对于我国专业图书数字出版而言,苹果公司开发的 iBooks Author 或许可以提供一定的思路。iBooks Author 主要运用于 iPad 图书中,使得 iPad 图书的创造互动性大大加强,“在阅读过程中,读者可以通过长按某一词汇跳转至维基百科页面,或者启用内置词典来查阅相关资讯”①。对于专业图书而言,根据专业图书的特性,它提供相关联的专业术语表,遇到不懂的专业术语,只需轻按术语表词汇,即可看到对应的概念及阐述。某种程度上,这也是一种“注释”的方式,利用 iBooks Author,即使对某专业领域不精通,也可以轻松解决阅读障碍,专业图书数字出版产品会被更多读者所接受,它的受众群体限制也将被打破。

---

① 王丹丹.数字时代专业图书出版的发展路径研究[J].出版发行研究,2012(3):44-46.

二、加强数字版权保护力度，完善相关法律法规

（一）与第三方版权保护平台合作

对于传统出版而言，其出版内容更多表现为文字与图片，而数字出版所面对的已经不仅仅局限于文字和图片，同时有许多素材以多媒体形式呈现，这也为版权的维护和使用增加了更大的难度。我国的数字出版版权问题长期存在，国内侵权行为严重，再加上我国国民普遍缺乏版权保护意识以及滞后的法律保护手段等，使得诸如盗版、侵权等著作权问题成为出版业发展的一大障碍。专业图书出版单位在制作数字出版物时，要确保使用的多媒体素材没有版权问题，以免产生不必要的纠纷。而对于出版社已出版的数字出版物，更重要的则是对出版物进行版权维护，“数字出版产品更容易被复制和盗取，所以为了使出版社与用户读者的利益不受侵害，可以对出版物加密，才能确保版权维护万无一失”①。关于这一点，专业图书数字出版可以借鉴国外一些专业出版集团的做法，与第三方版权保护平台合作，与百度、淘宝、腾讯等互联网巨头强强联合，签订协议，研发相关互联网信息自动过滤技术。例如，2015 年 7 月，阿里巴巴集团开发出“图片保护盾技术”，产品采用了新的数字按钮技术，增加了视觉图像的隐形水印，保证了图像的安全性，从素材这一源头上就开始打击盗版行为，有望突破版权保护的技术难题，为图片版权保护带来变革。

（二）完善相关法律制度

除了专业图书出版企业自身，政府和消费者应该积极采取一些措施，和出版社一起共同解决数字版权侵权问题。对于政府来说，应该完善法律制度，出台一些行之有效的数字版权保护政策，明确侵权当事人应承担的法律责任，同时加大对原创作品的保护力度和奖励力度。而广大消费者应该提高版权保护意识，杜绝未经许可便随意转载、剽窃他人劳动成果的行为，树立正确的消费观，拒绝盗版产品。

---

① 巫国义．数字出版市场现状及发展措施[J]．商，2014(49)：161.

三、培养复合型人才，增强核心竞争力

（一）实现专业出版编辑“跨界”升级

数字出版人才是指精通传统出版流程和数字技术的人才，数字出版的人才队伍建设是关系到出版业转型升级的重要因素。近几年出现了数字出版人才流动大的情况，这种流动性虽然是市场竞争的正常现象，但也反映了数字出版人才的稀缺。

在跨学科领域做得出色的人一定是复合型人才，数字出版也不例外。跨学科的学习能力是编辑们必须培养的。传统专业图书出版的编辑们学历大部分较高，对于所从事领域的专业知识较为熟悉，但到了数字化转型升级时，如果墨守成规，不愿“跨界”是不行的。

（二）建立复合型人才队伍

培养复合型人才，关键在三点：第一，专业图书出版编辑需在数字信息技术方面掌握一定的知识并积累一定的实践经验。数字出版项目如专业数据库、专业平台建设等工作一般会由专业的计算机技术人员来完成，但这并不代表专业图书编辑可以放任不管，作为编辑，平台运行、内容更新、日常维护等工作还是要自己完成的，只有掌握更多计算机相关知识，才能更好地完成专业图书数字出版工作。第二，编辑需培养数据分析的能力。编辑如果能自己掌握一些数据统计分析的专业知识，在专业数字出版工作中将更有主观能动性。只有给予大数据分析充分的重视，才会让编辑们对市场进行更进一步的细致划分，更精准了解读者的需求，有助于专业出版在市场上的差异化定位。第三，编辑需要对互联网、移动互联网以及大数据技术有自己的一定的前瞻性的认识。信息技术的发展日新月异，做好数字出版需要平时不断地学习和积累，及时掌握信息科技领域最前沿的技术以及其他单位在数字出版领域的最新动态，并与自己的专业知识背景和对出版市场的把握相结合，在项目策划、营销手段上形成新的思路，抢占先机，以赢得读者和市场。

结 语

数字化浪潮下,出版业都在积极探索转型发展之路。专业图书出版作为图书出版的一个重要组成部分,在向数字化转型的过程中,有着其独特的优势,但同时面临着一系列的问题。本章研究的价值在于通过 SWOT 分析法,对专业图书出版数字化转型的优势、劣势,以及面临的机遇和挑战进行分析,概括国内专业图书出版数字化转型的成功经验,为我国专业图书出版业提供数字化转型升级策略及保障措施,为今后的数字出版发展提供借鉴。

可以预想到,不只是现阶段,在未来很长一段时间,传统纸质出版与数字出版将共同存在。基于此背景,传统专业图书出版必须做好未来的发展规划,尽快实现数字化转型。笔者在对专业图书出版数字化转型态势的认知基础上,从平台建设、盈利模式、品牌营销和竞争战略四个方面探索了专业图书出版的转型升级策略,并在技术革新、版权保护、人才建设方面提供了具有可行性的保障措施。在上述研究的基础上,笔者得出了这样的结论:专业图书出版的数字化转型是迫切的、必要的,传统专业图书出版在未来的发展中应从多个方面进行策略探索,旨在突出自身优势,加速数字化转型。

专业图书出版是一个庞大的系统,它所面临的外界环境也是无限复杂的。本章对专业图书出版数字化转型策略的研究仅从主要的几个方面展开,可能存在些许疏漏,未能做到系统全面,望各位学者批评指正。通过本章研究,笔者希望引起学者对于专业图书未来出版格局的关注和对新转型的探索,为创造图书出版业的美好未来贡献一份力量。

参考文献

[1]郑颖,周斌,张志强. 大型出版企业实现专业出版数字化的思考[J]. 出版发行研究,2013(12):62-64.

[2]敖然. 数字时代专业出版的主体意识及其数字化选择[J]. 出版科学,2011(1):25-27.

[3]徐迪. 专业出版的数字化转型浅析[J]. 新闻世界,2009(6):133-134.

[4]裴红义. 数字化变革中专业出版面临的挑战与机遇[J]. 中国编辑,2010

(6):59-61.

[5]王哲.专业图书数字化出版探究[J].出版广角,2015(13):27-29.

[6]张世兰.专业出版的数字化探索:以社科文献出版社皮书数据库为例[J].出版发行研究,2014(6):62-65.

[7]王健,孙婷.依托专业 不断创新 积极推进传统出版数字化转型:华东师范大学出版社数字化转型之路[J].编辑学刊,2014(6):11-16.

[8]王丹丹.数字时代专业图书出版的发展路径研究[J].出版发行研究,2012(3):44-46.

[9]郑蓉,张磊.试论古籍数字化背景下专业出版社的地位[J].中央民族大学学报(自然科学版),2015(2):46-49.

[10]郑蕉林.专业出版社构造数字化教育资源服务平台之思考[J].科技与出版,2013(5):75-77.

[11]杜贤.中国医学出版数字化转型之路的实践与探索[J].科技与出版,2014(1):26-29.

[12]乔美美.浅析专业学术出版的数字化[J].考试周刊,2013(31):152.

[13]黄敏.科技社强化专业出版两大途径[J].中国出版,2012(8):52-54.

[14]李建廷.专业出版社的数字出版发展策略刍议[J].新媒体研究,2016(5):85-87.

[15]刘梁.浅析专业教材数字出版发展之道[J].出版广角,2014(12):58-59.

[16]彭向阳.专业出版社的内容资源数字化管理:以哲学社会科学专业出版社为例[J].出版参考,2012(27):18-19.

[17]沈元勤.科技出版如何实现数字化转型[J].出版发行研究,2012(9):5-7.

[18]石雄.人民卫生出版社:专业出版的转型样本[J].出版人,2014(4):38.

[19]葛莉.谈中小专业出版社的发展潜能挖掘[J].出版发行研究,2015(5):27-29.

[20]魏玉山.2015—2016中国数字出版产业年度报告[J].印刷杂志,2016(8):8-12.

[21]尚策.大数据时代的数据拥有者:专业出版视角的数据类型与价值分析

[J]. 科技与出版,2016(1):13-16.

[22]陈贤义. 坚持专业化 拓展多元化:人民卫生出版社有限公司数字出版转型的实践探索[J]. 中国出版,2014(9):47-50.

[23]王藏. 北京科学技术出版社网站成功转型的启示[J]. 科技与出版,2011(6):60-62.

[24]宗俊峰. 大学出版社数字出版的探索与实践:以清华大学出版社为例[J]. 现代出版,2011(1):20-24.

[25]刘涛. 专业图书出版策略研究[J]. 科技与出版,2010(6):21-23.

[26]李刚. 专业出版社数字出版发展策略探索[J]. 企业改革与管理,2017(7):187.

[27]白琼. 专业图书出版的社会化媒体新机遇[J]. 科技与出版,2014(6):126-128.

[28]郑艳蓉. 数字出版:专业图书新的市场机会[J]. 广东科技,2012(19):211-212.

[29]江波,袁泽轶,项翔. 专业社数字出版平台建设实践与阶段分析[J]. 海南广播电视大学学报,2014(3):154-158.

[30]江波,项翔,王鄂生,等. 基于社会化阅读的学术社交网络在传统专业出版社数字出版平台建设中的应用研究[J]. 科技与出版,2014(6):128-131.

[31]于涉. 专业出版社数字出版盈利模式探讨[J]. 新闻研究导刊,2015(3):147-148.

[32]曹胜利,谭学余. 专业出版社数字出版的赢利模式与路径选择[J]. 科技与出版,2010(4):3-7.

[33]李铁刚. 专业科技出版社数字出版之路的思考和探索[J]. 科技与出版,2013(12):80-82.

[34]高标,陆小新,袁夏燕. 专业出版社之数字出版思考[J]. 科技与出版,2012(2):75-77.

[35]魏枫. 专业出版社数字出版的思考[J]. 科技与出版,2013(6):16-19.

[36]李鹏. 基于读者行为分析的数字时代专业出版商业模式研究[D]. 北京:北京印刷学院,2014.

[37]黄敬滢. 人民卫生出版社数字化转型策略分析[D]. 北京:北京印刷学院,2015.
[38]辛文婷. 专业出版社数字出版发展策略研究[D]. 西安:西北大学,2011.
[39]孙宇. 医学出版社系统环境分析与定位策略研究[D]. 北京:中国人民解放军军事医学科学院,2008.
[40]聂海涛. 电力行业数字出版商业模式研究[D]. 保定:华北电力大学,2014.
[41]耿爽. 人民卫生出版社数字出版研究[D]. 南京:南京大学,2016.
[42]陈熙. 数字出版冲击下我国传统出版的优化发展研究[D]. 湘潭:湘潭大学,2013.
[43]于滨. 国内专业出版社数字出版发展路径研究[D]. 北京:北京印刷学院,2011.
[44]周红. 我国专业类数字内容平台创新模式研究[D]. 北京:北京印刷学院,2011.
[45]杨秀华. 中小型大学出版社的发展之路[J]. 学理论,2015(16):202-203.
[46]张新新. 变革时代的数字出版[M]. 北京:知识产权出版社,2016.
[47]沈金萍. 第39次《中国互联网络发展状况统计报告》发布[J]. 传媒,2017(3):30.
[48]黄莹. T出版社数字出版商业模式构建及对策研究[D]. 天津:天津大学,2015.
[49]张志林. 数字出版标准建设发展研究[D]. 北京:北京印刷学院,2015.
[50]刘晓欢. 我国传统出版向数字出版转型的困境与思路[J]. 现代交际,2015(2):52-53.
[51]黄杰. 大数据时代程序化购买广告模式研究[J]. 新闻知识,2015(4):58-60.
[52]巫国义. 数字出版市场现状及发展措施[J]. 商,2014(49):161.
[53]王天慧. 试论我国互联网时代传统出版产业生产经营方式的转变[D]. 上海:上海大学,2010.

[54] 张乃文. 我国新闻学图书出版现状研究[D]. 北京：北京体育大学,2014.

[55] 韩晶. 关于数字出版概念的基本问题[J]. 商业经济,2016(7):97–98.

[56] 黄成军. 当前数字出版的主要形态与趋势综述[J]. 科学咨询(科技管理),2016(10):86–87.

[57] 杨阔,张文红. “十二五”时期我国数字出版研究综述[J]. 出版广角,2017(14):26–30.

[58] 汤雪梅. “十二五”期间我国数字出版及相关产业综述[J]. 编辑之友,2017(7):60–63.

[59] 何昱. 我国数字出版的盈利模式研究综述[J]. 视听,2016(6):213–214.

[60] 秦宗财. 2015 年我国数字出版研究综述[J]. 现代出版,2016(3):19–23.

[61] 曹世生. 2015 年我国数字出版研究综述[J]. 西部学刊,2016(4):70–74.

第四章

我国大众图书出版数字化转型策略研究

第一节　绪　论

一、研究背景和意义

（一）研究背景

在人类文明的记载和传承历程中，出版业一直扮演着不可或缺的重要角色。而作为出版业三大板块（专业出版、教育出版、大众出版）之一的大众出版，更是与人民的日常生活、休闲文化息息相关。纵观大众图书出版，我们不难发现，无论是千古流传的名著经典，还是一鸣惊人的网络文学；无论是美容、健身、养生、饮食，还是服装、家居、生活百科，大众出版黏着读者群体最多，涉猎范围领域最广，经济效益也最可观，核心地位未曾动摇。

然而，进入20世纪80年代以来，随着移动终端的普及以及数字技术的应用，大众图书出版传统业态在这场数字化的浪潮中，受到的冲击超乎任何人的想象。读者的阅读方式、出版的营销渠道以及市场的需求数据都不可逆地瞬息万变，挑战前所未有，传统纸质出版的垄断局面被打破，传统出版模式带来的巨额盈利已不复存在。但与之对应的恰恰也是更多难得的机遇，全民阅读、大众阅读时代的到来，增加了大众出版的受众群体；电子阅读、手机阅读方式的转变，开拓了大众出版的销售渠道；网络小说、影视剧本需求的剧增，刺激了大众出版的市场需求。媒介融合时代技术环境的变化越发集中地体现在数字化的发展和普及，为了应对这一巨大冲击，大众图书出版的数字化转型，是重振昨日雄风、重占江湖地位的必然选择。

在媒介融合时代，大众图书出版运用传统出版的内容渠道优势，发挥数字化平台的优势和技术优势,实现数字化完美转型,是大众图书出版的终极目标。2016 年,按照国家新闻出版广电总局党组部署的《国家"十三五"规划数字出版要点》,强化了数字出版作为文化产业重要战略部署的信号。该要点指出"在大众出版领域,加大内容资源 IP 运营开发力度,拓展延伸产业链条,提高内容增值服务能力,实现向综合文化服务商转型"①,更是明确表明我国大众图书出版数字化转型迫在眉睫,刻不容缓。

值得关注的是,就全球而言,早在 20 世纪 70 年代,美国的出版业就开始了数字化转型,大部分出版企业都开展了电子书业务,"美国出版联盟相关调查数据表明,2012 年,美国电子书经营利润占整个出版业利润的比率上升了 22.5%"②,而我国出版业的数字化转型显然落后于很多国家。具体到出版业三大板块,大众出版、教育出版、专业出版,都在数字出版转型方面做过尝试和努力,专业出版和教育出版由于自身的必然需求属性,数字出版转型卓有成效,而大众出版由于自身的弹性需求属性,虽数字化发展态势良好,但数字出版进程明显不如专业出版和教育出版。大众出版产品主题宽泛,读者阅读非功利性,购买方式随机性,这些因素都使得大众图书出版的数字化转型仍然处于初级阶段。因此,我国大众图书出版在新的时代背景下,通过数字化转型实现产业升级,满足读者个性化需求,找到适合自身发展的道路和方向,才是可持续发展的关键之路。

(二)研究意义

从全球数字出版产业的发展来看,大众出版领域的数字化转型还处于初级阶段,关于大众图书出版如何抓住机遇应对挑战的研究体系尚未构建,也没有系统性的结论。所以,本书力图对大众图书出版数字化转型进行系统化的研究,尝试探索出一条行之有效的转型道路,为我国大众图书出版数字化转型指明转型方向。

相比而言,专业出版和教育出版领域基本上已完成了数字化转型模式的探索和转换,而大众出版领域,由于大众图书出版主题广泛,读者群体众

① 出版商务周报. 国家"十三五"数字出版规划要点[EB/OL]. (2016-07-21)[2017-02-21]. http://www.bisenet.com/article/201607/160714.htm.

② 柏景岚. 网络时代下图书营销新模式[J]. 出版广角,2013(12):58-60.

多，阅读门槛较低等，与纸媒有很多相似之处，因此，研究大众图书出版的数字化转型策略对纸媒的转型发展研究也有一定的指导意义。

“对于未来出版业的发展，出版界人士一直认为数字出版是其最好的转型方向。”①但大众图书出版在转型发展过程中，大众阅读的非强制性和非功利性以及不确定因素，导致其不可避免地会遇到诸多问题，譬如数字化转型的认知存在误区、缺乏优质内容资源、版权问题层出不穷、商业运营模式尚在探索、技术载体创新力度不足、数字产品所占份额不高等。尤其是在数字环境下，这些问题严重制约着我国大众图书出版数字化转型的进程，因此结合时代背景，对大众图书出版数字化转型从数字发展、运营合作、注重创新与政策保护等方面提出意见和建议，并结合金盾出版社等在数字化转型过程中的成功案例，分析其在转型实践探索中好的思想、好的做法、好的模式，不仅为其他大众图书出版数字化转型提供理论方向，而且也为其提供了实例分析，从而更好地促进我国大众图书出版数字化的成功转型。

二、国内外研究综述

（一）国外研究现状

国外学者对我国出版业数字化转型发展战略的相关理论研究起步较早，涉及图书出版数字化转型发展战略的理论较有代表性的是罗伯特·班奇的《中国出版产业》。该书认为，出版业数字化转型的问题核心不是技术，而是管理创新。技术只是工具，如何利用好技术应对前所未有的挑战才是重中之重；不论是美国、英国、德国，还是中国，创新型的管理和管理创新型的人才，对于传统既有的出版业来说，是一个大难题。

具体到大众图书出版的研究，国外相关研究具有代表性的是罗伯特·班奇的《拆掉思维的墙——数字化时代如何重新审视》。该文中提出的核心观点是“真正从消费者出发”，并作为未来出版尤其是大众图书出版的一个关键原则，技术、营销手段、管理方式、销售渠道等，都应该从这个原则

① 金雪涛，程静薇.大众出版的产业价值链与数字化转型[J].重庆社会科学，2012(3)：78-83.

出发。注重选题策划,让你的读者能发现你的书、记住你的品牌,让你自己更了解你的读者、更接近你的读者。重视从消费者角度出发,是各个行业未来立于不败之地所必须遵循的原则。

(二)国内研究现状

进入互联网数字化时代,我国出版业受到了前所未有的强烈冲击,但与此同时,也面临着更多的机遇和挑战。出版行业在原有传统业态的基础上积极进行数字化转型。关于出版业数字化转型的研究蜂拥而至。在中国知网(CNKI)上,以“出版”和“数字化”为关键词进行检索,相关记录高达1万多条,而且不难发现,大部分都是对教育出版和专业出版的数字化转型研究,大众出版的数字化转型研究少之又少。其中,比较具有代表性的是《2014—2015中国数字出版业年度报告》。中国新闻出版研究院院长魏玉山在报告中指出:“2015年,我国互联网期刊、电子图书、数字报纸的总收益为74.45亿元,比2014年增加了6.66%。”[①]这说明传统出版单位在数字化转型升级、融合发展方面仍需要加大力度。近年来,在国家政策的鼓励和扶持下,数字出版研究如火如荼。2016年,国家新闻出版广电总局党组部署的国家“十三五”规划数字出版要点,更是强化了数字出版作为文化产业重要战略部署的信号。在中国知网(CNKI)上,以“数字出版”为主题进行检索,能查到2万多条相关记录,期刊、会议、报纸、外文文献等都有相关研究。其中会议研究中最具代表性的是任殿顺先生在2013年中文数字出版与数字图书馆国际研讨会上发表的《我国数字出版产业的真实与幻象》,该文借助官方统计数据,对数字出版概念和范畴进行重新界定,并采用量化分析、田野调查等方法再现数字出版产业的真实情况。

大众出版作为我国出版产业的重要组成部分,相比专业出版、教育出版而言,更具市场和商业属性,但在中国知网(CNKI)上以“大众出版”和“数字化”为关键词,检测到的记录却不到百条。显而易见,我国探索大众图书出版数字化转型的进程较为迟缓,而且,大部分都是研究大众出版领域的电子

① 中国出版网. 2014—2015中国数字出版产业报告[EB/OL]. (2016-07-19)[2017-02-15]. http://www.chuban.cc/rdjj/2016szcb/zlttp/201607/t20160719_174913.html.

图书，尤以对 Kindle 的研究最多。“2007 年，第一代 Kindle 一经问世，发展速度超乎想象，有相关数据显示，Kindle 阅读器的销量起码占到全球阅读器市场的 60% 以上。”①虽然随着数字化技术的不断普及，市场上各种电子图书阅读器层出不穷，但是像亚马逊这样一家在竞争中独占霸主的现象，还是让人惊叹不已，业界自然也会对其进行各种研究，其中最具代表性的是郑立新的《大众出版的数字化商业模式——基于 Kindle 商业模式的分析》。该文通过对 Kindle 成功商业模式的探索，对大众出版数字模式进行了分析，指出大众出版数字化转型的核心在于原创，同时还要采取各种措施，降低成本，从而更好地适应数字化转型的新形势。

综上所述，有关出版业数字化转型研究的成果较为成熟，对于数字出版的研究也日趋丰富，但是，有关“大众出版”的研究较少，而且尚不深入。所以，有必要对我国大众图书出版进行新的数字背景的剖析，分析其面临数字化转型的优势与劣势，机遇与挑战，并从整体上给出数字化转型的建议，为我国大众图书出版的重新崛起提供参考。

三、主要研究方法

笔者采用定性研究法，致力于研究新的数字环境对我国大众图书出版的影响，以及其在数字化转型过程中的应对策略。采用的主要分析方法有：文献分析法、比较分析法和案例分析法。

（一）文献分析法

在提出“我国大众图书出版的数字化转型策略研究”命题并进行初步研究时，涉及了出版学、经济学、新闻传播学等理论，通过阅读相关书籍，搜集、整理和分析学术报告、著作文章，并与 CNKI 检索平台中的相关文章结合，整理、总结相关内容，在前人研究的基础上，选定了自己的具体研究方向，从而提出建设性的意见。

（二）比较分析法

相比发达国家的先进出版经验，我国的出版业虽然数字化转型势头迅

① 每日经济新闻. 亚马逊 Kindle 阅读器销量[EB/OL].（2016-07-19）[2017-02-15]. http://www.chuban.cc/rdjj/2016szcb/zlttp/201607/t20160719_174913.html.

猛,但是整体来说还处于相对落后的阶段,尤其是大众图书出版,更是转型缓慢。结合我国大众图书出版的实际情况,通过对比分析国内外的数字化发展现状和转型思路,对我国大众图书出版数字化转型策略进行思考。

(三)案例分析法

我国大众图书出版数字化转型,虽然问题不断,道路维艰,但转型过程中依然涌现出了一些成功的转型案例,譬如金盾出版社在数字化转型过程中取得了比较喜人的成绩;网络文学、畅销书籍、经典小说在转型的过程中,更是走在了前列,尤其是原创网络文学注册用户数保持着高速增长模式。笔者将选取具有代表性的经典散文集《我们仨》、畅销书籍《微微一笑很倾城》等进行数字化转型分析。

四、研究内容和框架

本章围绕"我国大众图书出版的数字化转型策略研究"这一主题,分析媒介融合背景下我国大众图书出版的时代特征、现状和问题、内部转型优势、外部机遇和挑战,从政策、人才、技术、产权等角度为我国大众图书出版数字化转型提供完善的保障性措施。本章研究内容共分为以下几个部分。

第一部分为绪论,内容包括选题背景、研究意义、国内外研究综述、研究创新之处等,分析大众图书出版数字化转型的必然性,指出大众图书出版数字化转型趋势不可逆转,并分析了国内外学者对大众出版的研究,总结业界学者对大众图书出版数字化转型过程中的主要观点,通过文献分析、比较分析、案例分析等方法,对研究的问题给予一定的阐述,并指出研究的创新之处。

第二部分,分析新的时代背景下我国大众图书出版的时代特征、内部转型优势、外部机遇挑战等,并指出读者的阅读习惯发生变化,市场运营模式的不断变化,都迫使我国大众图书出版不得不进行数字化转型。

第三部分,通过阅读相关书籍,搜索、整理和分析相关的学术报告和著作文章,并与检索平台中的相关文章结合,梳理适应新形势的要求,数字化转型的现状以及在数字化转型过程中遇到的许多问题,譬如内容上的问题、技术上的问题、模式上的问题、平台上的问题、认识上的问题等,使读者明白数字化态势虽然迅猛,但问题还很严峻。

第四部分,针对数字环境下我国大众图书出版数字化出版转型过程中可能遇到的困难与问题进行探究,并结合中信出版社、金盾出版社数字化转型过程中的成功案例,从多方面提出我国大众图书出版数字化转型行之有效的策略。

第五部分,主要从政策、人才、技术、产权保护等角度,为我国大众图书出版数字化转型提供完善的保障性措施,创新复合型人才,转变思维方式,为我国大众图书出版的数字化转型提供充足的内在动力;加强数字意识,完善版权保护,为其更好地数字化转型保驾护航。

第六部分,概括我国大众图书出版数字化转型研究的价值和尚且存在的不足之处,并对以后的大众图书出版的数字化转型进行展望。

五、相关概念和理论的界定

(一)大众图书出版

"现代出版业是由三部分构成的,即大众出版、教育出版和专业出版。"① 其中,大众出版的概念界定是模糊不清的。最为确切的是,大众出版是指与大众的日常生活、消遣阅读以及文化体验相关的出版,是最活跃、最复杂、最动人、最精辟、最多样、最兴盛的出版。大众图书有时也叫一般图书,或消费类图书。事实上,大众定义可能也不够精准,有些书的受众群体并不是很广泛,但是,由于很难找到一个非常准确的名词来界定这类图书,所以,便划归于大众类图书。其实,大众图书出版,更多的是商业上的一个界定,不能单纯地浮于表面对其进行解读。从分类上看,大众图书是以人们的休闲娱乐和兴趣爱好来细分的,常见的类别有小说、传记、少儿、艺术、旅游、保健、文化、科普、理财、自助、励志等。

最为学者推崇的说法是,"大众出版是肇启于大众市场某一主题的专业化创意发掘和基于这一主题内容的数字化整合,它是一种以图书为载体的大众传播方式。大众出版主要包括小说、非小说的各类大众读物,譬如大众

① 程三国.理解现代出版业(上)[N].中国图书商报,2002-10-11(030).

理论读物、大众文史考古收藏读物、大众财经读物、大众心理读物、大众生活健康读物、大众艺术读物、非教材教辅类大众文教读物、大众军事读物、大众科普读物以及少儿出版、居家生活、各种实用手册等”①。《中国出版传媒商报》栏目将“大众出版”定位为“专注于少儿、文学、社科、生活、艺术等细分出版领域”。大众图书出版，从形式上看，是一种出版范畴和出书倾向，但实质上是一种做书的思维方式、一种做书的价值体现。

还有一种说法是，“大众图书，以纸为载体，把人类创造的文化成果，通过各种传播手段传递给大众，是一种持续的、稳定的、趋同的群体性行为，是人们自愿选择的社会价值标准，同时也象征着群体共同的文化”②。传统意义上，大众图书，是被一般民众所接受的图书。大众图书出版，则是指出版社将具有明显娱乐性、消遣性和商业性的图书传播、扩散给大众；而现在，各种利用数字技术通过网络在线、阅读终端、手机阅读等方式进行传播的大众电子书，也都属于该范畴。

（二）数字出版

数字出版源于“Digital Publishing ”一词，国内对数字出版的定义涉及数十种，始终未形成符合我国数字出版产业发展规律的统一定义，笔者这里主要说一下比较受学者推崇的几个定义。

目前国内最早提出数字出版概念的是赖茂生，但他提出的概念更类似于网络出版，主要源于全球电子出版业发展的数字化与网络化趋势，“将图文信息与数字信息库技术的应用相结合，改变出版社的传统业务流程，生产以光盘或网络出版物为代表的产品形态，以此作为数字出版的萌芽业态”③。

国内比较权威的概念是国家新闻出版广电总局在《关于加快我国数字出版产业发展的若干意见》中给出的定义：“数字出版是指利用数字技术进行内容编辑加工，并通过网络传播数字内容产品的一种新型出版方式，其主要特征为内容生产数字化、管理过程数字化、产品形态数字化和传播渠道网

---

① 李旭，宣晓凤. 创意与整合：大众出版的专业化与数字化[J]. 现代出版，2014(1):17-20.

② 丁荣源. 论大众图书[J]. 出版发行研究，1996(2):10-12.

③ 赖茂生. 从电子出版到数字出版[J]. 中国电子出版，2000(2):40-41.

络化。目前数字出版产品形态主要包括电子图书、数字报纸、数字期刊、网络原创文学、网络教育出版物、网络地图、数字音乐、网络动漫、网络游戏、数据库出版物、手机出版物（彩信、彩铃、手机报纸、手机期刊、手机小说、手机游戏）等。数字出版产品的传播途径主要包括有线互联网、无线通讯网和卫星网络等。”①笔者认为该定义是比较全面的，对数字技术、数字内容、数字传播渠道都做了相关的界定。从广义上说，只要是使用二进制技术手段对出版过程中的任何环节进行的操作，都应该被认为是数字出版的一部分。它具体包括以下几个环节：首先是原创作品的数字化，其次是编辑加工的数字化，然后是印刷复制的数字化，最后是发行销售的数字化和阅读消费的数字化。

（三）相关研究方法和理论

本章的研究主要运用了以下几个相关理论和方法。

1.5W 模式

具体内容见第一章第 10 页至第 11 页。

2.SWOT 分析法

具体内容见第二章第 60 页。

3.4PS 营销理论

4PS 营销理论即产品（product）、价格（price）、渠道（place）、促销（promotion），再加上策略（strategy），该理论由杰罗姆·麦卡锡（E. Jerome McCarthy）于 1960 年在其《基础营销》（Basic Marketing）一书中提出，是企业运营因素四个基本战略的组合。

六、研究的创新之处

本章的创新之处主要体现在以下两点。

第一，从传播学、营销学、现代出版学等多学科角度，借助大数据平台，

① 新闻出版总署. 关于加快我国数字出版产业发展的若干意见[J]. 中国出版，2010(21):6-8.

给我国大众图书出版的数字化转型策略提供真实数据依托。运用传播学理论,譬如5W传播理论为我国大众图书出版的数字化转型提供理论支撑。

第二,从整体出版产业视角看,专业出版、教育出版数字化转型都已卓有成效,但是大众出版领域的数字化转型在融合发展、产品形态、营销模式等诸多方面尚处于探索阶段。所以,从理论层面,系统地分析了我国大众图书出版的数字化转型现状,并提出相应的对策建议,具有一定的学术创新意义。

第二节　我国大众图书出版数字化转型的必要性

一、我国大众图书出版的时代特征

时代变迁,岁月更迭,我国大众图书出版一直承担着传播大众信息、传承大众文化的角色。不同历史时期,不同社会环境,大众图书出版的特征和功能有着不同的变化。大众图书出版最先源于文字的出现,但传播途径主要是手抄,所以并没有形成一定的规模。随着造纸术和印刷术的出现,印刷时代大众图书出版大批量地复制文字信息,传播速度加快,形成了规模经济,盛极一时,大众图书出版的功能不再局限于传播信息,开始与经济产生密切联系,并逐步具备产业功能。电子计算机的出现,使大众图书出版传输速度更快,普及范围更宽,传播效率有了革命性的飞跃。同时,大众图书出版的身份也随之发生了变化,从信息的复制者和传播者变成了知识信息的提供者。大众图书出版传统市场也由盛转衰,新兴电子图书开始登上历史舞台。在这样的背景下,数字化转型是历史的必然选择。

纵观互联网风云变幻数十年,大众图书出版为了适应更激烈的竞争,顺应更多变的市场,不断地转变着。过去的大众图书,主要是传播教化,灌输某种思想认知给读者,现在则是以休闲实用为主,阅读消遣成了人们的一种生活方式。其中,近40年来的变化,可谓是彻底的转变。“第一个十年,是以经典作品的重新整理出版为主;第二个十年,是以引进西方的各种思潮,各种观点为主,比较有影响力的是政治学、经济学等方面的大众读物。”①第三个十年,是以多元化出版为主,网络文学、畅销书籍等共生共荣,开放式的出版格局应运而生。第四个十年,是以数字出版为主,阅读终端,网络动漫等迅速被吸纳接受,出版领域的市场逐步放开,专业分工逐渐打破,很多专业图书出版都开始涉及大众图书出版领域,五彩纷呈。

与国外大众图书出版转型相比,我国大众图书出版的转型相对较晚。国外大众图书出版数字化转型比较成功的案例就是亚马逊的 Kindle 电子阅读器。自 2007 年 Kindle 问世,在亚马逊网站销售榜上一直稳居第一,2013 年正式登陆中国,更是在国内电子书阅读器市场一家独大。Kindle 在运用大数据预测用户群体行为和了解个体偏好的基础上,推送个性化广告,精准定位用户需求,以及通过各种社交工具扩大其影响力的做法,都是非常值得我国大众图书出版数字化转型借鉴的。然而,2016 年不温不火的产业环境,使得 Kindle 像苹果 7 系列产品一样,虽然占据着市场份额优势,但前景挑战还很严峻。因此,我国大众图书出版在借鉴 Kindle 成功经验的同时,更重要的是找到一条适合自己转型的道路。

“十三五”元年,我们迎来了倡导和开展全民阅读活动十周年,神州大地掀起阅读热潮,大众图书出版销量迅猛增长。不仅如此,4 月 23 日,国家新闻出版广电总局下发了关于实施《“十三五”国家重点图书、音像、电子出版物出版规划》的通知;6 月,中宣部、国家新闻出版广电总局、国家发展改革委等 11 个部门联合印发的《关于支持实体书店发展的指导意见》;以及新修订的《出版物市场管理规定》等符合数字时代的政策的出台与实施,无疑是为推动大众图书出版数字化转型提供了有力的保障。

二、我国大众图书出版内部优势、劣势

SWOT 分析法,即基于内外部竞争环境和竞争条件下的态势分析,S 是优势,W 是劣势,O 是机遇,T 是挑战,是用来确定企业自身的竞争优势、竞争劣势、机会和威胁,从而将公司的战略与内部资源,以及外部环境有机地联

① 周百义.畅销书籍影响大众出版形态[N].中国图书商报,2008-11-18(A09).

系起来的一种科学的分析方法。企业在数字化转型过程中,要首先认清自己的竞争优势、竞争劣势以及外部的威胁和机会,运用 SWOT 分析法,对企业的内部资源、外部环境进行科学的分析,从而在数字化转型进程中扬长避短,知己知彼。

(一)数字化转型的内部优势

1. 读者群体庞大

大众图书出版涉猎美容健身、服饰家装、饮食养生、励志培训等领域,拥有着丰富的作者资源和内容资源以及庞大的阅读群体,这些都是专业图书出版和教育图书出版望尘莫及的。而且,由于专业图书、教育图书出版涉及面较窄,读者群体较为固定,即使这两大板块的数字化转型已初见成效,但对整体效益的影响还是微乎其微。“考虑到这一因素,很多出版集团都希望可以突破专业限制,转战大众图书出版市场,期望以此可以分解风险压力,追求最大化的经济效益。譬如,化学工业出版社这样的专业出版社都开始触及大众健康、时尚生活、科普版块;华东师范大学出版社和上海外国教育出版社这类的教育出版社把人文社科图书列为发展重点之一。”①

2. 人才专业权威

传统的大众图书出版经过多年发展,已经积累了丰厚的人才、信誉、品牌等无可比拟的资源,而且这部分资源是可以再利用的,尤其是人才,不仅是编辑,还有强大的作者队伍,都是大众图书出版数字化转型过程中急需的内在动力。对于传统大众图书出版而言,首先,编辑绝对是核心资源,正是这样的核心资源,才使得其在纸质图书市场上拥有优良的品牌,在读者心中形成强大的号召力,在阅读圈中形成明确的定位。其次,很多作者在数字出版的冲击下,一方面希望走进数字出版,另一方面也有一定的恐惧心理,因为在数字出版环境下,个体作者维权困难,权益得不到合理的保护,而传统出版社在与作者长期合作中已经建立了长久的信任基础,所以在某种程度上增强了其数字化转型的原创能力和合作能力。

---

① 宁静. 大众出版成为书业 PK 主战场[N]. 中国图书商报,2008-04-29(004).

3. 内容资源丰厚

当我们还在争论到底是内容为王还是渠道为王时,图书出版已然来到了大数据时代。在新的形势下,答案显而易见,因为不论是传统的出版销售,还是便利的网络传播,掌握内容才是核心,因为内容是一切的源头。在这方面传统的出版企业有着得天独厚的优势,它们在传统出版时期,日积月累,拥有着绝对丰富的内容资源,这是任何其他技术提供商、运营提供商等都无法企及的。传统企业在数字化转型过程中,要把传统的内容提供商转变为内容服务商,利用丰富的内容资源,推动内容生产数字化改造,实现内容生产模式的升级创新,最终实现纸质图书和新兴出版产品的同步化和统一化。这样,大众图书出版在数字化转型过程中,才能拓展延伸自身的服务领域。

(二)我国数字化转型的内部劣势

1. 主题随意随机

大众图书出版虽然涉猎广泛,群体众多,但也正是因为如此,其主题分散随意,读者极富个人化,购买呈现随机性,不少出版集团都试图通过网络和数据库,找出这些杂乱无章现象的规律,以便其数字化转型可以有据可依。但是网络信息很多都是以免费形式发布的,这些对大众图书出版数字化转型都是极为不利的。此外,资源冗杂,如果能按照主题或类别进行一些详细的分类,这样不仅便于读者搜寻,促进购买,而且在数字化转型过程中便于做精做细。可是,目前看来,我国大众图书出版数字化转型很少在冗杂资源分类上下功夫。

2. 市场份额不足

据《2015—2016 年中国数字出版产业年度报告》显示,专业出版在数字化转型过程中,已形成了特色资源数据库、在线教育、数字化工具书等多个产品形态;教育出版在转型升级过程中,也已形成了在线教育平台、教育资源数据库、电子词典等产品形态。而大众出版在数字化转型上,除了在科普、少儿图书领域依托 VR/AR 技术,丰富了读者的阅读体验外,其他并无实质性的进展和突破。在数字时代,不能及时了解最新需求,不能给读者提供更好的服务,导致的直接结果就是大众出版市场份额不足。

例如2016年天猫图书细分类目成交数据显示,天猫图书上卖得最好的品类依次分别为:考试教辅、童书育儿、文学小说、科技。其中,考试教辅占比35%,童书育儿占19%,文学小说占19%。从数据表现可以看出,教育图书出版占据着绝对优势的市场份额,而大众图书出版的市场份额却一般,如图4-1所示。

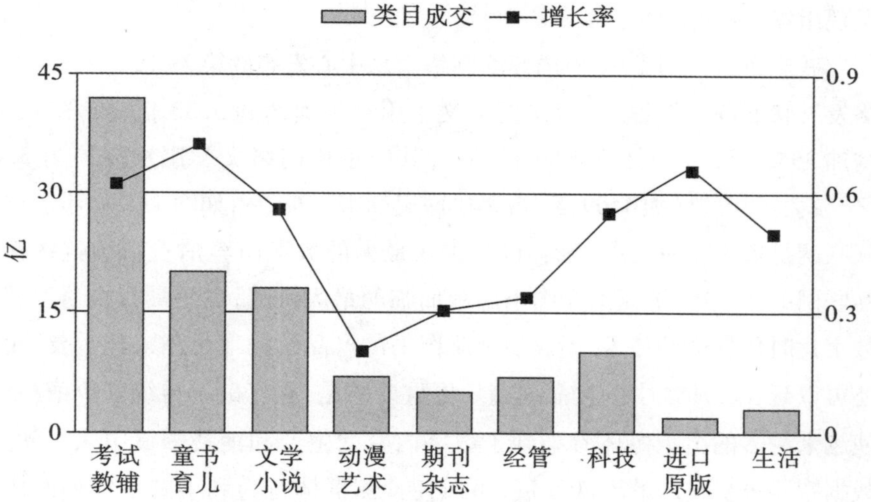

图4-1 2016年天猫图书细分类目数据表现

3. 组织机构繁杂

此外,尽管在事业单位改革和文化体制改革的双重推动下,很多出版社与政府部门都脱离了依附、隶属关系。但是随着图书的市场需求、市场结构、市场绩效的转变,现有的组织结构并没有充分考虑灵活多变的市场模式,传统的大众图书出版的发行需要经过层层的审核和修改,组织机构比较繁杂,效率低下,业务重合更是造成了业绩不佳的局面。在数字时代的大环境下,这种制约日趋明显,掣肘着大众图书出版焕发新的生命力和竞争力。因此,优化繁杂的组织机构,也是大众图书出版数字化转型的当务之急。

三、我国大众图书出版外部的机遇和挑战

（一）我国大众图书出版的外部机遇

1. 技术环境的变化

近年来，在移动互联网、云计算等一系列新兴技术的支持下，社交媒体、智能终端等信息生产和传播的工具在不断发生着变革，移动互联网数据量呈现出爆炸性的增长。

截至 2016 年 12 月，中国互联网络信息中心发布的第 39 次《中国互联网络发展状况统计报告》显示，“网络文学用户规模达到 3.33 亿，较去年年底增加 3645 万，占网民总体的 45.6%，其中手机网络文学用户规模为 3.04 亿，较去年年底增加 4469 万，占手机网民的 43.7%”①，如图 4-2 所示。移动互联网是数字化时代的发展方向，未来最大的数字内容消费市场就在移动互联网的用户中，这是大众图书出版面临的最大挑战，也是最大机遇。利用数字化时代提供的技术，不仅使纸质图书的产品结构地位越来越重要，而且还可以延长纸质图书的生命周期。更重要的是，它打破了传统的价值格局，使越来越多的出版主体参与到了数字内容的生产和消费领域中来。此外，数据智能分析技术的不断发展，可以使预测群体行为和了解个体偏好成为可能，便于进行精准营销。不止如此，传统出版单位如果掌握着核心的数字技术，就不会再被动地受制于第三方。可是，现实情况并非如此，传统出版单位数字技术都比较薄弱。因此，在数字化时代，我国大众图书出版的数字化转型得益于技术环境的变化。

2. 政策导向的支持

2016 年 3 月，《国民经济和社会发展第十三个五年规划纲要》（以下简称《规划纲要》）对出版业发展的目标任务和重大举措提出了明确要求，初次把国家重大出版工程列为文化精品创作工程的重中之重。这一消息不仅为出版业未来五年的发展指明了方向路径，更带来了难得的机遇。同年 5 月，国

---

① 人民网．中国互联网络发展状况统计报告[EB/OL]．(2017-01-23)[2017-02-17]．http://media.people.com.cn/n1/2017/0123/c40606-29042485.html.

家新闻出版广电总局公布了首次遴选的《"十三五"国家重点图书、音像、电子出版物出版规划》(以下简称"'十三五'出版规划")的项目。其中,大众图书占据了半壁江山。这些政策无疑都是我国大众图书出版数字化转型千载难逢的机遇。

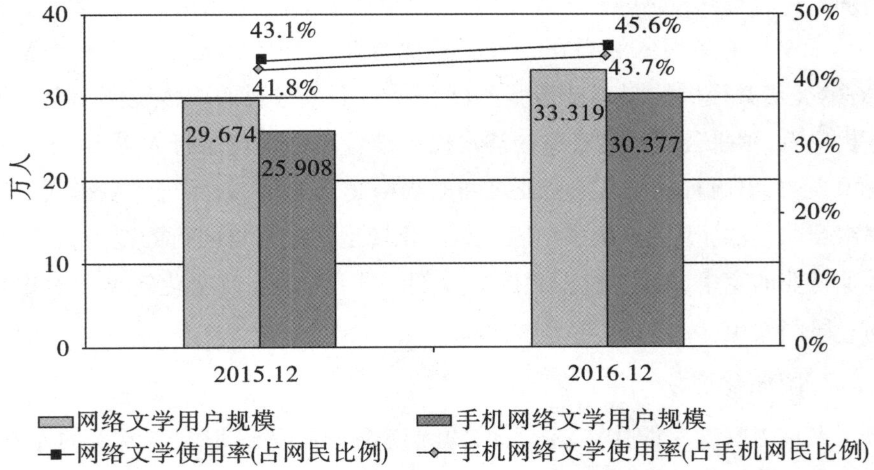

图 4-2　2015.12—2016.12 网络文学/手机网络文学用户规模和使用率

3. 网络市场的推动

京东 1 月 12 日发布的《2016 中国电商消费行为报告》显示,2016 年中国电子商务交易市场规模稳居全球第一,电子商务交易额将超过 20 万亿元,占社会消费品零售总额比重超过 10%。我国作为世界上最大的网络销售市场,为大众图书出版的销售提供了最为广阔的市场平台。而且,有专家预测,新的大众出版的商业模式也许会在中国产生。作为出版行业盈利支柱,大众图书出版要抓住这次机遇,通过数字化转型,充分挖掘我国大众图书的网络市场,使之成为我国大众图书新的销售渠道。

(二)我国大众图书出版的外部挑战

1. 市场竞争激烈

伴随着移动互联网的发展,全球化也日益深入,世界各国之间的影响、合作也不断加强,但是这同时也是一把双刃剑。很多的外国出版集团纷纷将资本投入我国，并本土化我国的图书资源，开拓全球出版业务。譬如，亚马逊 Kindle 系列 2013 年在中国市场开售以来，即遭抢空。《劳动报》曾报道，苏宁作为其独家合作销售，Kindle 系列入华一周，第一批和第二批货源基本售罄，第三批一到货就马上卖完了。Kindle 销售十分火爆，甚至超过市场预期。尽管近几年 Kindle 在国内的销量没有最初那么火爆了，但是它在我国一家独大的局面依然存在。很多其他行业也开始涉足图书市场，譬如："谷歌凭借其提供的图书搜索服务已经成为不可忽视的非传统图书营销服务提供者，苹果公司依托自身的技术优势推行图书代理制行为等等，这一切现象表明，出版行业与其他行业之间的界限越来越模糊，新进入者抢占着图书市场的蛋糕。"①大众图书出版的数字化转型不仅来自同行的竞争，也来自其他行业的竞争，因此，对于我国大众图书出版来说，数字化转型还有很长的一段路要走。

2. 同质化现象严重

大众图书读者群体广泛，人们的阅读选择易受到非内容因素的左右。除了真正的阅读爱好者，大部分人都不会通过一本本的阅读来筛选适合自己的图书，这种情况下，很多的图书之间产生了激烈的竞争，纷纷通过价格和舆论宣传来吸引读者，这样的营销驱动，带来了畅销书的出现，进而造成了阅读同质化现象的产生。例如 2016 年热销的温馨治愈图书《解忧杂货店》受到读者的喜爱，市场上便出现了各种各样同类的治愈系图书。而且，其作者东野圭吾的其他作品（图 4-3）也卖得很好，其中《嫌疑人 X 的献身》还被改编成了电影。如何避免同质化图书的泛滥，也是大众图书出版数字化转型需要重视的问题。

图 4-3　2016 年热销的东野圭吾的图书

① 修安萍. 美国大众出版社之转型研究[D]. 武汉：武汉理工大学，2012.

第三节　我国大众图书出版向数字化转型的态势分析

一、大众图书出版向数字化转型的新要求

在传播学史上，第一位提出传播过程模式的是美国学者 H. 拉斯韦尔。1948 年，他在一篇题为"传播在社会中的结构与功能"的论文中，"首次提出了构成传播过程的五种要素，并按照一定结构顺序将它们排列，形成了后来人们称之为'5W 模式'或拉斯韦尔程式的过程模式"[①]。后来，英国传播学家 D. 麦奎尔等人将这一过程简化成直线模式，参考第一章第三节图 1-1。

虽然这个模式并没有揭示人类传播活动的双向性与互动性，但是它为人类了解传播活动的结构与特性提供了具体的出发点。大众图书出版作为一种传播活动，数字化技术的出现和发展，对整个出版业的影响也是前所未有的，传播主体更加多样，传播渠道更加丰富，传统的大众图书出版数字化转型势在必行。研究其数字化转型也应该从传播者、讯息、媒介、受传者和传播效果这五个方面进行分析。

(一)传播者：出版主体多元化促成新的竞合格局

随着数字化程度的普及，新型的出版形式更新换代迅速，传统出版市场的蛋糕，开始被之前为之提供服务的内容提供商、技术提供商、渠道运营商等相关行业盯上，出版主体日益多元化，市场竞争日益激烈。

正是因为数字化时代的到来，人们一方面工作繁忙、学习生活压力大，另一方面获取信息渠道增多，阅读纸质版图书的时间越来越少，相反，移动互联网提供的快餐化、娱乐化的阅读环境，逐渐受到人们的追捧。2016 年全国国民阅读调查报告显示，2016 年我国成年国民阅读率为 58%，受数字媒介迅猛发展的影响，数字化阅读方式(移动阅读、网上阅读、光盘阅读、电子阅读器阅读等)的接触率为 58.1%，数字阅读率第一次超过传统阅读率。数字阅读成为人们碎片化时间里重要的阅读方式。在数字阅读需求的推动下，

---

① 郭庆光. 传播学教程[M]. 北京：中国人民大学出版社，2011.

传统出版和非传统出版企业都积极地参与到数字出版的竞争中，但是在数字化整合方面，非传统出版企业凭借其技术的优势，走在了新兴出版的前沿。在数字阅读需求的推动下，传统出版和非传统出版企业都积极地参与到数字出版的竞争中，但是在数字化整合方面，非传统出版企业凭借其技术的优势，走在了新兴出版的前沿。例如，在电子图书出版方面，国内早期的汉王、超星、北大方正等企业由于较早进入电子图书领域，经过多年努力，后期发展起来的掌阅、博阅等，与美国亚马逊的 Kindle，共同占据了我国电子图书大约 90% 以上的市场份额，索尼、华为、OPPO、易狄欧、大唐、微星、华硕、博朗等非传统出版企业也纷纷宣布介入该领域；在网络图书出版方面，榕树下作为一家倡导文学原创的网站，成为真正意义上的网络出版实践先锋，而后，起点中文、潇湘以及晋江等纷纷成为网络图书出版的主力军。出版主体的日益多元化，多方的介入形成了激烈的竞争格局，这对于传统的大众图书出版无疑是一种威胁。但与之相对的是，汉王、方正阿帕比、书生等技术提供商也需要丰富的内容资源。因此，大众图书出版与非传统出版企业开始从竞争走向合作，传统的大众图书出版也倾向于吸纳原创作品网站的资源，出版成纸质图书，以此扩大自己的市场效益，新的竞合格局就此产生。

17K 小说网作为中国数字出版领跑者，是中文在线旗下的国内知名文学品牌，是一家具有文学专业性的网站平台，网页的日均访问量超 3500 万，手机平台网的日均访问量超 5000 万。这样的平台打破了传统的单一渠道，使作者、出版商、读者实现了多向立体的发展。作者可以通过出版商出版自己的作品，也可以通过网络平台发表自己的作品，在线与读者互动交流，获得读者的反馈建议，甚至可以让其参与到自己的作品创作中。出版商可以通过网络平台数据精准地寻找到点击量高的小说，并对其进行出版，加以营销，促其成为畅销书，使投资不再盲目，提高收益。2016 年，17K 小说网最为火爆的言情小说《微微一笑很倾城》，不仅被上海剧酷文化传播有限公司翻拍为电视剧，还被授权为官方网游。这样的商机被江苏文艺出版社首次发现出版，随后台湾尖端出版社出版了繁体版，花山文艺出版社出版典藏版。2016 年 11 月，《微微一笑很倾城》更是荣登 2016 中国泛娱乐指数盛典“中国 IP 价值榜——网络文学榜 TOP10”。该书当时一直位居全国畅销书各大榜单之首。其作者顾漫创作的其他作品，譬如《杉杉来吃》《何以笙箫默》等多部作品也都曾被出版和翻拍,风靡一时,受到了广大书迷的追捧。

总之,大众图书出版的主体不断多元化,相互之间不仅存在着竞争关系,更多也伴随着合作关系。新兴技术与内容资源的相互渗透正改变着传统大众图书出版的环境。大众图书出版数字化转型不仅要依托自身的优势,更要借助利用好技术,积极应对数字时代提出的更高要求。

(二)讯息:优质内容是转型的核心指标

提起内容,我们不免要重提一个话题:到底是内容为王,还是渠道为王?传统出版时期一直争论不休,业界也始终没有达成共识。直到数字时代,传播渠道多元化时,人们才发现,内容为王才是不争的事实。而内容的真正来源不是出版单位以及其他出版主体,而是原创作者。过去,作者创作作品,作品若想被大众公知,只能通过出版单位,出版单位的龙头地位,大众图书的火爆市场可想而知。但是,进入数字时代,作者可以将自己的内容资源提供给技术服务商、渠道开发商以及电信运营商,出版单位一家独大的局面被打破。对于大众来说,他们阅读可以选择纸质图书,也可以数字阅读,但最终目的都是阅读优质的内容资源。因此,大众图书出版数字化转型的核心就是优质的内容资源。

接下来我们以兰登书屋为例,来看一下全球最大的大众图书出版商是如何在数字化转型过程中以优质内容再度取得骄人成绩的。其官网显示,兰登书屋在数字化转型过程中,不仅大量推出原创作品的电子书,还有意通过振兴 20 世纪的著名品牌系列图书扩大电子书的市场份额。例如,Loveswept 言情小说品牌是20 世纪八九十年代美国最受欢迎的言情小说品牌。“兰登书屋以电子书形式专设产品线,推出了 8 本电子书,包括《铭记时光》(Remember The Time)、《梦中情人》(Dream Lover)、《誓言》(The Vow)、《耀眼的光辉》(This Fierce Splendor)、《男爵》(The Baron)、《点燃激情》(Lighting That Lingers)、《高、黑暗和寂寞》(Tall, Dank and Lonesome)、《传奇》(Legends)。”[①]同时,兰登书屋复兴了 Summer of Unrest 叙事性非小说系列和 Counterblasts 非小说系列,有意将这两个非小说系列所属的 Brain Shots

① 刘艳,徐丽芳. 兰登书屋数字化发展研究[J]. 出版科学,2012(1):90-96.

数字品牌打造成“数字领域出类拔萃的高质量非小说系列品牌”。兰登书屋为读者提供来自各大媒体的热门文章,并开创了将新闻调查转化为书籍形式的壮举,并将之电子化扩散给更多的读者,兰登书屋当年电子书的销量出现了大幅度的增长。这一系列举措,无不是在发挥原有作品资源的品牌效应,不仅延长了纸质图书的生命力,还在读者群体中树立了良好的口碑。

反观我国的大众图书出版的数字化转型并未出现突破性的进展,所以,在数字时代,我国的大众图书出版要坚守“内容为王”的法则,吸收更多的优质内容资源,运用数字化手段,进一步扩大影响力,从而实现数字化转型。

(三)媒介:现代传播技术成就发行模式多元化

加拿大学者麦克卢汉认为,正是传播媒介在形式上的特性——它在多种多样的物质条件下一再重现——而不是特定的讯息内容,构成了传播媒介的历史行为功效。大众图书出版作为一种传播媒介,在不同物质条件的历史时期,带来了不同的社会变革。例如,在文字印刷媒介时代,传统出版单位将文字与图片印制成书籍传递给大众;在广播电视普及的电子媒介时代,传统出版单位呈现的平面世界受到了冲击,因为广播电视给大众提供了文字、图片、声音共存的立体世界;进入数字媒介时代,受到冲击的传统出版单位又焕发了新生机,借助各种移动终端和网络平台,重新找到了自己的出路。

中国互联网络信息中心(CNNIC)发布的第39次《中国互联网络发展状况统计报告》显示,截至2016年12月,中国网民规模达7.31亿,相当于欧洲人口总量。互联网普及率为53.2%,其中,手机网民规模达6.95亿,增长率连续三年超过10%,手机网民占比达95.1%,移动终端超过了PC终端,如图4-4所示。无线网络的发展,使得人们可以通过手机实现随时随地的沟通、交流、阅读、娱乐等,手机阅读已经成了时尚潮流一族的新宠,公交车上、地铁上,我们经常可以看到人们利用手机来阅读小说。毋庸置疑,手机阅读已经成为利润增长的突破点。在互联网海量信息充斥的今天,传统大众图书出版的销量大幅下降,为了扭转局面,大众图书出版纷纷移植到网络平台,开拓手机阅读新版图,借助移动互联网个性化、即时性、便捷性、精准性等特点,创新“手机+出版”商业模式,提升效益空间。

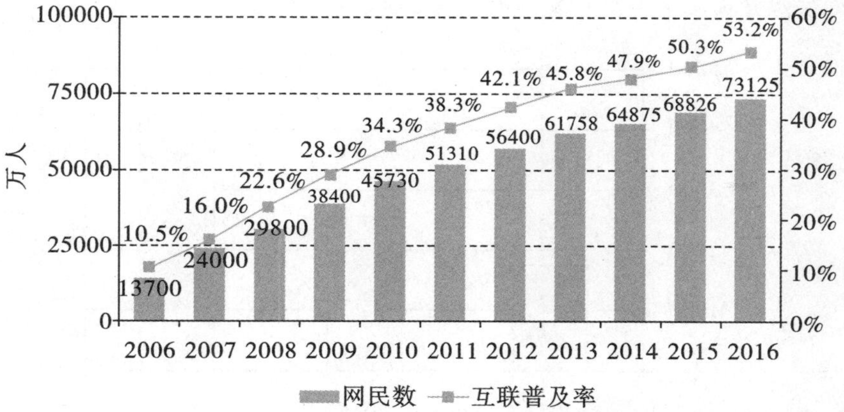

图 4-4　2016 年中国网民规模和互联网普及率

当当网公布的当当电子书数字阅读指数显示："使用电子书的用户呈现爆发式增长的趋势，2016 年用户总量超过 4000 万，同比增长 55%。而且，读者看电子书的时间也越来越长了，35% 的读者阅读电子书每天都超过 1 小时。'90 后'是电子书阅读的主力军。"[①]如图 4-5 所示。电子书阅读器，方便易携带，使人们摆脱了沉重的纸质图书，随时随地掌上阅读，内容丰富，文字、图片、声音、影像等讯息更能使读者大饱眼福，越来越多的大众图书出版纷纷通过电子书来发行。当当网 2011 年 12 月上线电子书平台，数字商品超过 20 万种，截至目前，是拥有最多中文数字书资源的平台，不仅如此，当当网的网络零售图书也做得很成功。当当网作为中国网上购书第一店，凭借全品种上架、退货率最低、给出版社回款最快、价格低等优势，一度做到图书零售业第一。

在数字技术迅猛发展的影响下，无论是网络发行、手机发行、平台发行，还是传统的出版发行，都试图通过各种载体将图文声像等信息传播给大众。新的传播媒介一定程度上给传统的大众图书出版提供了新的发展动力，延长了纸质图书的生命力。大众图书出版的数字化转型关键在于要调动与利

① 中新网. 当当公布 2016 电子书数字阅读指数[EB/OL]. (2017-01-09)[2017-02-20]. http://www.chinanews.com/cul/2017/01-09/8118645.shtml.

用社会媒介资源来丰富其发行模式，扩充其发行渠道。

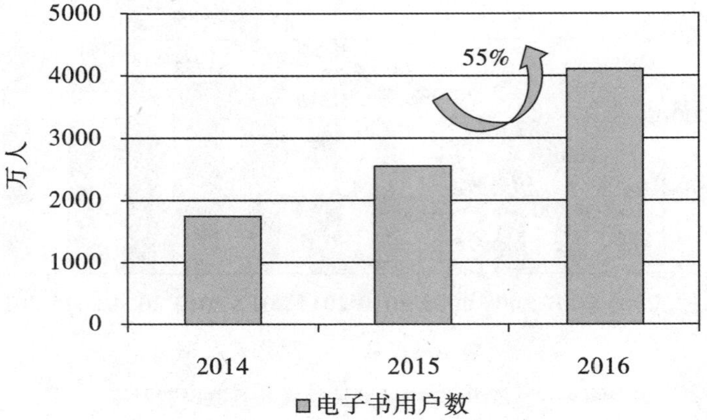

图 4-5　2016 年当当网电子书用户数据表现

（四）受传者：阅读方式具有明显的后现代性

不同于文字印刷传播时期，数字时代，移动互联网改变了传播者与受传者单一的传播与接收的直线模式，大大增强了传者与受众之间的互动性。甚至，受众的参与性、选择性、主动性对大众图书出版的数字化转型更为关键。对于受众来说，图书最大的功能就是阅读。传统阅读，读者做笔记、写读后感，更多的是自我互动。而随着网络平台和移动阅读终端的不断推进，读者走出了固有的阅读模式，突破自我，开始在共享的平台上和其他读者探讨交流，分享自己的观点和阅读体验，甚至给作者提出建议，读者的阅读地位和参与感得到提升。同时，作者也可以分析读者的阅读习惯，采纳读者的合理建议。受众自主选择、评论、分享、发布信息，在信息传播过程中，越发掌握着主导地位，这一巨大改变，不仅影响着阅读产品的生产者，也改变了整个出版业的格局。

随着物质生活的逐渐丰富，人们越来越重视精神享受。大众图书作为一种最普遍、最亲民的精神营养，越来越被重视，人们对于阅读的诉求不断多元化、个性化。纸质书籍不再是人们阅读的唯一选择，电子书、手机微信阅读，网络在线阅读，微博片段阅读等更为科技化、便捷化、人性化的媒介进入了大众的日常生活，不同渠道的交互式阅读，给大众带来了不同的阅读体验。大众通过阅读的交互性在共享内容的同时,也在不断寻找符合自身需求的阅读资源。例如,UGC(User Generated Content)网站—— YouTube、Facebook、百度知道、豆瓣网等正是阅读个性化定制需求的具体体现,大众可以通过搜索引擎的辅助功能和 RSS 订阅功能来获取自己想获取的信息,这样,不仅可以避免大众精力和时间的浪费,还可以使阅读资源更具针对性,对于大众图书出版数字化转型而言,受众的个性化定制,也有利于其更精准的市场定位,从而做到有的放矢,如图 4-6 所示。

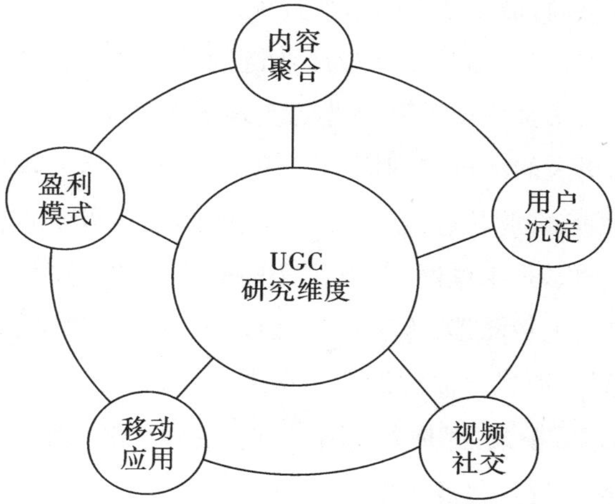

图 4-6 UGC(User Generated Content)网站

(五)传播效果:数字传播技术对图书业的影响加深

"所谓传播效果,是指在传播过程中,传播者传递的信息被传播者接受以后所产生的有效结果。对传播效果的研究是现代传播学的起点。两层含义:一是指带有说服动机的传播行为在受传者身上引起的心理、态度和行为的变化;二是指传播活动尤其是大众传播媒介的活动对受传者和社会所产生的一切影响和结果的总体。"①尽管传播学者考虑到社会变迁的因素,把态度转变、信息共享、认同一致、行为改变,甚至是情绪反应都纳入了传播效果的外延中,但不得不承认,随着社交网站、网络视频、微博、微信、手机等各种

① 郭庆光.传播学教程[M].北京:中国人民大学出版社,2011.

数字传播媒介的兴起，传播效果变得越来越难以预期，越来越难以控制。

传统出版时期，出版单位想要更新图书版本时，需要花费大量的人力、物力、财力做市场调查、市场评估，不仅消耗巨大，而且市场反应难以估摸。而数字媒介的不断涌现，传播载体突破了纸质图书的限制，逐渐转战电子图书。作为后起之秀，电子图书发展势头迅猛，不仅屡次抢占市场高位，还实现了实时更新图书内容。于是，受到冲击的传统的出版单位不再坐以待毙，开始逐步摆脱内容提供商的身份，“图书销售仅仅是创收的来源之一，更多的是作为服务提供商，借助数字技术平台免费为大众提供基础服务和产品，以期形成规模用户，在打通整个出版产业链的基础上，通过收费阅读、植入广告、增值服务、营销推广或关联企业等实现盈利的多元化，从而获得比直接出版销售图书更大的市场和利润”①。例如，京东经常开展购买纸质图书送电子书的营销活动，亚马逊购买一定金额的图书可以免费获得其他的服务，潇湘书院、红袖添香小说网、起点中文网等原创文学网站的很多作品都是前几个章节提供免费阅读，吸引读者阅读，激发读者兴趣，之后需要付费阅读，从而促成阅读消费习惯的形成。总之，“手机+出版”“互联网+出版”“阅读终端+图书”等模式，都是大众图书出版在数字化转型过程中不断探索的商业模式，以期实现盈利多元化。

二、我国大众图书出版数字化转型存在的问题

科技改变生活。数字技术的发展，移动终端的普及，网络书店的火爆，这些都在无形之中改变了传统的大众图书出版模式。在这种形势下，很多的大众图书出版率先开始了转型，但是，大部分的传统出版都是简单地将内容数字化，浮于表面。与西方发达国家相比，我国大众图书出版的数字化转型更是在创新和摸索中前进的，各方面难免会存在很多的漏洞和不足。所在，在数字化的环境下，大众图书出版想要寻求适合自己转型的路线，至少要反思以下几个方面是否存在问题。

① 易群.大众数字出版的免费商业模式探析[J].新闻研究导刊,2016(17):282-283.

（一）我国大众图书出版数字化转型的专业技术人才匮乏

大众图书出版的数字化转型必须依靠技术以及人才，而受很多因素制约，我国大众图书出版数字化转型在人才、技术方面都还有着较大的差距。

首先，大众图书出版数字化转型，最为关键的是技术的引进和开发，也是最难的。传统出版单位很多自主研发能力都不足，往往会寻找第三方技术支持，可是很多的科技开发商会设置技术陷阱，试图把传统出版单位的优质内容资源占为己有，或者通过控制核心数字化技术争夺未来出版的话语权。技术的受限和威胁，导致很多的出版单位停滞不前，甚至墨守成规，不愿主动走上数字化道路。

其次，大众图书出版向数字化方向转型，也使得相关从业人员的社会角色、工作方式和业务内容等都发生了巨大的变化，从业人员除具备丰富知识储备、较强编辑能力、熟悉出版流程外，还要具备一定的数字出版技术应用知识。但目前来看，制约大众图书出版数字化转型最严重的短板恰恰就是复合型人才的缺乏。数字产业的迅猛发展，催生了大量的数字营销编辑，他们虽然懂得数字技术，但是不懂出版流程，甚至编辑的内容质量也让人堪忧，通常都是复制粘贴各种资源，缺乏原创作品和深度内容，有时为了迎合受众需求，追求快速发布，牺牲文章的质量。这与传统的文字编辑形成了强烈的对比。传统文字编辑，懂得出版流程和业务，编辑的内容经过层层把关、加工、润色、糅合，质量通常都比较高，往往可以在社会上产生广泛的影响。可美中不足的是，他们不懂数字技术，对数字出版商业模式缺乏探索，经营内容、运作项目能力欠缺，因此，大众图书出版数字化转型中的人才培训机制也成了一大难题。

（二）我国大众图书出版数字化转型的版权保护力度不够

数字化转型已是出版业界的共识，但是在转型过程中，不仅传统的纸质图书经常出现盗版图书，数字图书信息更是未经授权就被随意复制、转发，侵权现象屡禁不止，这不单单给著作权人带来了严重的经济损失，更使很多作者和出版商对数字化转型望而却步，甚至对整个数字行业都造成了极其恶劣的影响，市场规范步履维艰，版权纠纷案件频发，如 2014 年，起点中文网曾因其拥有网络传播权的《永生》被纵横中文网侵权，后获赔 300 万元，该小说也一度被戏称为史上最贵的网络小说；中华书局起诉汉王科技侵权败诉，也曾在业界引起极大的关注。数字版权该如何保护，已经成为大众图书出版数字化转型的焦点问题。

版权保护法律不健全，网络保护技术不成熟，这些问题都使得传统的大众图书出版在数字化转型面前难以抉择。虽然，很多图书作品的版权也不是长期地在出版单位手中，但也正是因为如此，大众图书出版作为优质内容提供商的期限更显得弥足珍贵。如果在有限的版权时间内，数字化转型效果不理想，或侵权现象频繁发生，传统的大众图书出版就会陷入更为被动的局面。这对于很多出版商来说，风险系数都过高。由此可见，版权保护意识的单薄已经严重阻碍了出版产业的健康发展，完善版权保护制度，加强版权保护意识，迫在眉睫。

（三）我国大众图书出版数字化转型的运营模式尚不清晰

数字时代，市场竞争更为激烈、更为残酷。对于大众图书出版来说，数字化转型面临的不仅仅是内容资源、技术手段、销售渠道、整合机制等方面的竞争，更重要的是运营模式的竞争。大众图书出版相对于专业图书出版和教育图书出版，受众群体庞大，市场属性更强，其数字化转型成功与否，关键在于能不能找到新的盈利增长模式。

传统的大众图书出版，基本上只能依靠图书出版销售作为盈利点。数字时代产生的新的盈利增长点，如广告植入、相关企业推广等方式，也不太适用于大众图书出版。“首先，图书出版与娱乐产业和大众传媒相比较，相对小众，属于利基产业，每本书都会根据其特定的主题有一定的细分市场，难以获得较大的受众规模，不能成为优质的广告渠道。即使是超级畅销书，长时间保持畅销也极困难。其次，传统的出版企业作为单纯的图书生产企业，很难通过自身固有的平台把相关行业联合起来，也很难把原来的忠实读者发展成为需要多种增值服务的用户，或者通过与作者开展各种合作获得其他渠道的效益。”[①]另外，大众图书出版一直追求的受众中心理念，在充斥着各种诱惑的社会环境下，也开始动摇了，因为消费者的口味一直在变，而

---

① 于文．出版业免费商业模式探析[J]．编辑之友，2016(1)：22-26.

且朝哪个方向变化，怎么变化，我们都无从提前得知，因此有不少学者认为，整个图书业中，很少有任何一支队伍像大众图书这样在运营模式上花费如此大的气力。基于此，传统的大众图书出版在自身原有的图书市场方面，还需要继续寻找拓展适合自身的运营模式。

传统图书市场要抓，新兴的数字市场也要抓。当下盛行的一些运营模式，如把传统畅销书的盈利模式移植到数字市场，形成口碑营销，促进图书的二次销售；“手机+出版”的在线阅读模式、“互联网+出版”的免费商业模式、网络书店、电子书等，虽然在数字化转型过程中，取得了比较良好的效果，为大众图书转型指明了方向，但是这些运营模式都还不够成熟，盈利模式尚不清晰，存在着很多的弊端。

第四节　我国大众图书出版数字化转型的发展策略

4PS 营销理论，即产品、价格、渠道、促销、策略，该理论由杰罗姆·麦卡锡（E. Jerome McCarthy）于 1960 年在其《基础营销》（Basic Marketing）一书中提出，是企业营销要素四个基本策略的组合。大众图书出版要想在市场上重获优势地位，就必须以读者为中心，开展精准营销服务，用读者最满意的产品，以读者最能接受的价格，用读者最为喜欢的促销方案，通过读者使用最为频繁的销售网络，最大化满足消费者的市场需求，从而获得可观的经济效益和良好的信誉。

一、注重大众出版内容开发，创造大众图书独特卖点

“纵观出版业的发展，我们不难发现，技术的不断演进都会对大众图书出版造成极大的冲击，但是，归根结底，图书出版业本质上依然是一个内容产业。”①大众图书出版作为传统出版业收益的核心载体，在历史的发展进程中不仅积累了浓厚的文化底蕴和广泛的读者认知，而且还凝聚了一大批原创作者和出版人才，这是大众图书出版数字化转型不可或缺的资源。在数

① 郭旭. 传统出版业在新媒体环境下的危机与对策[J]. 东北师大学报(哲学社会科学版),2012(6):254-256.

字时代，图书出版传播的形式千变万化，数字阅读更是以便捷的载体、丰富的资源以及低廉的价格影响着人们的日常阅读方式，但是，由于数千年形成的纸质图书阅读习惯短时间内很难被改变和放弃，加之数字阅读形式又比较单一，容易造成阅读疲劳，所以内容依然是独一无二的核心。数字化只是丰富了出版内容的传播形式，比起纸质图书从装帧设计到选用纸张所具有的独特艺术高度，数字阅读都是无法复制、无法超越的，尤其是大众图书，因其休闲消遣的特性，被很多的读者依赖留恋着。所以，传统的大众图书出版在数字化转型过程中，一方面，可以深挖优质内容资源，在出版样式和设计风格等固有魅力上发挥艺术魅力，保持原有稳定受众人群；另一方面，可以跨足其他行业领域，开展内容上的合作交流，使内容资源得到充分利用。

（一）深挖优质内容资源，推进大众出版数字化转型

随着经济的发展和物质生活的丰富，人们精神上的追求也日益丰富，再加上数字传播技术的兴起，各种各样的文化不断涌入人们的生活，人们阅读的广度和深度不断拓展，这些都迫使大众图书出版的数字化转型，必须深挖优质的内容资源，必须追求出版品类的“百花齐放”。如果大众图书出版没有危机感，一味地踏步不前，或者没有责任感地出版低质量图书，并数字化低俗内容，那就会被读者群体抛弃。

首先，无论是传统出版，还是数字出版，掌握丰富的内容资源，至关重要。传统大众图书出版虽然在内容资源方面具有独特的优势，但是随着数字技术发展产生的网络原创小说风靡一时，一定程度上也严重挤压了传统大众图书的生存空间。因此，传统大众图书出版想要更好地吸引读者，就要拿出更为新颖有趣的内容，同时，还要美化书籍的装帧设计，以一种美的形式将最丰富的图书信息传递给读者，增强图书内涵，树立品牌形象。而优质的内容资源来源于优秀的原创作者。在传统的大众图书出版中，优秀作家、知名学者等强大的作者队伍，是争相抢夺的资源，他们创作的图书，一经问世，在市场上都是炙手可热，抢购一空。例如，2016 年，杨绛先生离世，关于先生的报道铺天盖地，许多人都希望第一时间阅读她的作品进行追忆。无论是 2016 亚马逊中国年度纸质图书畅销榜单、网络书店，还是当当 2016 年电子书数字阅读指数，《我们仨》（图 4-7）的销量都很可观。《2016 年中国

图书零售市场报告》也显示,"2016 年,我国图书零售市场总规模为 701 亿元,较 2015 年的 624 亿元同比增长 12.3%"①。这样的数字,无不在提醒传统大众图书出版重视优质内容资源,注重利用在读者心中地位较高的作者资源。

图 4-7 《我们仨》

其次,在数字时代,受众的电子阅读需求与日俱增,受众不仅可以在新的数字平台上获取更为丰富的内容资源,同时还可以主动参与作品创作或自主发布作品,一大批优秀的年轻原创作者群由此迸发,数字平台的即时性和便捷性,使得他们的作品被大规模的网民所追捧,这一现象对传统纸质图书市场构成了一定的威胁,这就需要传统大众图书出版挖掘新的作者资源,吸收各种新鲜血液,吸引更多优秀原创人才。例如,2016 年台湾信昌出版社与台湾极其热门畅销的网络作家梨花烟雨签约了《药香怡人》的繁体书版;2015 年作家出版社与网络作家花千芳签约,在中国文联大厦推出他的新书《我们的征途是星辰大海》,最终以通俗朴实、生动活泼的文字,独树一帜的写作风格赢得了不少读者的喜爱。

① 中国出版网. 2016 年中国图书零售市场[EB/OL]. (2017-01-16)[2017-02-20]. http://www.chinanews.com/cul/2017/01-09/8118645.shtml.

最后，传统大众图书出版数字化转型，也要对自己重新定位，传统的绝对的霸主地位已经不复存在，要快速适应并转变为内容提供商或信息提供商，积极与其他数字传播媒介进行合作交流，或自主研发技术平台，对优质内容资源进行开发以及二次开发，生产数字内容产品，从而延伸内容资源的优势，满足受众日益增长的需求。在出版行业中，中信出版社算是大众图书出版中应对数字化转型最为积极的一个，他们不仅没有在数字化浪潮的冲击下退缩，反而主动出击，迎难而上，推出“中国故事”纯电子书品牌，并试图用品牌防火墙构筑新的内容出版模式，这一举措，不仅表明了要与其他技术类公司争夺数字产品市场的雄心，更为其他传统大众图书出版数字化转型提供了借鉴性的答案。为了完成从旧时代向新时代的惊险一跃，中信出版社极为重视，以“记录名家，反映大众”为概念，邀请诸多名人一起参与，主打非虚构产品，不仅对已经在媒体、传统图书中出现过的作品进行再次“电子包装”，也陆续推出像《我在哪里等你呢》《最后一个戏班》等纯电子书，并加以品牌宣传片立体展现“中国故事”的文化内涵。结果，“名家战略”效应不负众望，从销售数据上看，冯唐的《小通鉴》（图 4-8）上市 10 天就已经冲到了亚马逊搜索排行榜第一名。

图 4-8 《小通鉴》

总之，传统的大众图书出版数字化转型之路确实步履维艰、任重道远，但是就内容资源来说，如何鼓励原创内容不断涌现，如何让名家把自己当作"第一出版平台"，如何促使传统出版内容生产方式的转型，是突出重围的关键。

(二)跨足动漫影视市场，融合大众图书内容资源

虽然专业出版和教育出版在数字化转型上已经取得了一定的成绩，找到了比较明确的方向，但由于受众群体有限，无法形成规模产业经济，所以，在这种不均衡的背景下，大众图书出版的数字化转型就显得尤为重要，以文化产业的视野与影视产业和其他领域相结合，已是大势所趋。"传统大众图书出版纷纷进军影视产业和动漫产业，拍摄并推广电视剧、电影或动漫作品，运用资本投资、版权授予、纸电互动等多种方式，不断推动传统出版、数字出版与数字视听的产品互融、技术共融、渠道通融和业态创新。在2016年申报的文化产业资金、国有资本经营预算金等项目中，为数不少的大众图书出版企业选择将'动漫 IP'作为申报重点，这表明了大众图书出版机构在未来发展蓄势方面，已经开始着手数字视听领域的布局。"[①]例如，金盾出版社联合启迪传媒集团共同开发了"中国金盾电视联播平台"，宣布进军影视产业，一度引起业界震动。清华大学新闻与传播学院教授崔保国从学术角度对该平台给予了充分肯定。他认为："这种富有创造性的传播模式应该是未来传媒行业发展的主流趋势，两家的合作不仅是独树一帜，而且具有划时代的意义。"[②]因此，在2016年军队停止有偿服务工作后，金盾出版社依然借助数字化发展趋势，积极开拓数字出版传媒多元化业务，形成全媒体发展格局。金盾出版社参与出品的电视剧《麻雀》，收视率长线飘红，稳居全国第二名，不仅扩大了金盾的影响力，还再次推动了《麻雀》图书的销量；金盾出版社还涉足了电影产业，"八一"建军节推出的现代军事题材网络电影《特种兵王》播出半个月，点击量就突破了7000多万，目前点击量已突破1.2亿人次，还被国家新闻出版广电总局评为优秀网络电影。

---

① 张新新. 出版业融合发展的趋势与对策建议[J]. 中国编辑，2016(5)：66-70.

② 万明. 金盾出版社携手启迪传媒打造电视联播新平台[J]. 出版参考，2015(Z1)：60.

现在越来越多的传统大众图书出版进军影视企业，但是这并不意味着数字化转型已经完成，还应该不断积极探索，尝试其他的领域，如数字游戏领域，对于大众图书出版企业，还是一个完全陌生的行业。传统大众图书出版下一步应该在纸质图书、数字产品、特效电影、动漫作品的基础上，继续衍生内容融合产业链，探索网页游戏和手机游戏开发，逐步形成具有自主知识产权的数字游戏类产品。

二、制定大众出版价格策略，分化大众图书定价梯队

近年来，随着数字技术的发展和普及，网络在线阅读、手机阅读、电子阅读器阅读节节攀升，数字阅读正在潜移默化地动摇着纸质阅读的核心地位，据《中国网民数字阅读状况调查报告（2016）》显示，我国目前使用手机终端进行数字阅读的用户比例已经高达63%，加上平板电脑、Kindle等阅读终端，比例更高，移动数字阅读已经成为大众数字出版数字化转型的主要方向。但是，由于人们对于大众图书的选择比较随机，以及网络初期大量信息都是免费的，这在很大程度上制约了网络普遍支付行为的产生；后来，“随着电子书的出现，电子出版图书开始实行一定的定价策略，但是目前国内大部分电子出版图书都是走低价路线，价格仅为纸质图书价格的10%左右，长久下来，导致读者形成了错误的思维定式，认为电子图书很廉价。反观美国等发达国家，价格一般是纸质图书价格的50%到70%，甚至与纸质图书定价相当”①。因此，大众图书出版应该充分利用当前有利的数字环境，制定价格策略，引导读者认同并购买。这里，我们主要结合国内外一些比较具有特色的电子书出版方式，探讨一下大众图书出版在数字化转型过程中应该如何创新地制定价格策略。

为了打破长久以来形成的廉价电子书的局面，大众图书出版可以先行推出电子书，不比照纸质图书价格，独立定价，在获得好评之后，根据读者的反馈信息和需求特点，制定一个打包价格，以年费、季费、月费等形式收费，建立价格梯队模式，然后快速细分市场，有针对性地推出纸质版图书。“出

---

① 胡兴球，曲文凤. 电子书定价的价格歧视策略探讨[J]. 科技与出版，2013(8)：14-18.

版社 Baen Books（以科学小说为主要产品）、Harlequin（以浪漫小说为主要产品）就是两个典型代表。除此之外，还有 Osprey 旗下的科学小说出版社推出'愤怒的机器人'系列订阅，Dzanc 的文学类图书订阅。"[①]如果纸质图书的字数和页码都很多，而且需要在纸质内容的基础上增加配套的图片，或者补充相应的音频或视频，这时，拆分定价可能更容易被读者接受，读者也可以根据自己的需要单独选择其中的某一部分，而不用被绑架消费，全部购买。"如北京大学出版社将一本定价较高的纸质书《武术基础教程》，加入大量的音频和视频制作成电子书后，将电子书分成四部分，每个部分定价约为20 元。"[②]

综上所述，大众图书出版应充分认识到价格策略的重要性，根据数字阅读发展环境的变化，主动与时俱进地改变价格策略，实现自身资源价值的最大化。

三、培育大众出版销售网络，建立大众图书营销渠道

这里所要谈的渠道，主要是指营销渠道，即商品的销售路线和流通路线。具体到转型中的大众图书出版，主要是指传统的销售渠道和新兴的数字渠道。传统的大众图书销售渠道包括批发商、零售商和图书代理商，他们通常通过与掌握有一定人脉资源的大型出版商合作增加大众图书的销售概率。如今随着数字技术的提高，大众图书的新兴数字销售渠道产生并日益多样化，包括产品的推广平台和宣传方式等。大众图书作为人们日常生活和工作最常接触到的类型，具有巨大的开发潜力，渠道选择和力度的好坏，都直接影响大众图书出版数字化转型的效果。由于传统的销售渠道已经成熟化，所以笔者主要谈一下新兴的数字渠道。

（一）探索协同合作模式，发展大众图书出版业务

现在国内的大众图书出版市场，尤其是数字出版市场处于十分严峻的

---

① 百道新出版研究院. 电子书订阅模式主要适用于专业细分市场[EB/OL].(2012-08-15) [2017-02-18]. http://news.xinhuanet.com/2012-08/14/c_123580999.htm.

② 商鸿业. 电子书成本与定价分析[J]. 科技与出版，2013(4):88-93.

分散竞争阶段，各种类型的平台不仅数量杂多，而且彼此独立不通，每家的市场占有率也都十分有限。想仅凭单一渠道的力量来全面适应数字市场的千变万化，几乎是不大可能的。因此，探索协同合作模式是大众图书出版数字化转型的必然趋势，多方积极合作，优势互补，共同开拓发展业务，从而实现资源的聚合效应。大众图书出版由于自身更为明显的商业属性，渠道范围更为广泛，除了传统的销售渠道外，还有以下几种销售渠道。

1. 电子书阅读终端

为了吸引在数字环境下成长起来的新一代读者群体，出版商、运营商、技术商纷纷涉足电子书阅读终端。美国亚马逊 Kindle 2013 年首次正式登陆中国市场，在国内电子书阅读器市场一家独大。后来，由于受众群体觉得，手机和平板携带更为方便，于是，电子书阅读器的市场一度陷入不温不火的局面中。可是，经过几年的沉寂，电子书阅读器以自身类纸化、不伤眼的优势，再次在市场上掀起波澜。例如，京东、亚马逊、当当纷纷推出新款的电子书阅读器，掌阅在改进上一款阅读器的基础上，发布了新设备。与之前的电子书阅读器不同的是，这一波的电子书阅读器都由数字阅读公司推出，读者完全不用担心没有地方购买电子书，而是有充足的内容可供挑选。“对于电子阅读器终端的发展前景，掌阅科技首席执行官成湘给予了高度的认可。他说，中国是仅次于美国的第二大电子阅读器市场，而且其增速更是每年至少翻一倍。用专业设备阅读电子书的势头，比以往任何时候都要快，在这个速度下，掌阅电子书阅读器的销量目标是在全世界范围内做到前三名。”①因此，大众图书出版数字化转型一定要着重在电子书阅读器方面做文章，集各种多媒体技术于一身，丰富读者的阅读体验。

2. 电商平台

目前，随着安全支付功能的普及和物流业务的不断完善，在线购书越来越受到大众的推崇，电商平台凭借图书搜索的绝对优势，已经成为年轻读者购买图书的首选。而且，近年来，电商平台的图书销售持续保持着高速增长

① 任晓宁. 电子书阅读器再起“硝烟”[N]. 中国新闻出版广电报，2016-05-11(001).

的态势，每年增幅都在两位数以上，2016 年，电商平台的销售总码洋正式超过了实体书店。以当当电商平台为例，当当网作为中国图书电商行业的先驱，2016 年图书销售码洋高达 140 亿，占据全国图书销售的 20%。“当当 CEO 兼联合创始人李国庆对大众图书出版数字化转型也给予了明确的方向，他表示，传统的图书出版单位切勿盲目，要在经典著作上多下功夫。”①

而且，随着电商的不断发展，传统电商逐渐向社群电商发展。通过大 V、意见领袖等名人的影响力，以情感为纽带，积累广大的读者粉丝群体，从而促进图书的网络销售。吴晓波和逻辑思维就是典型的代表，他们依靠自身影响力积累的粉丝、用户以及会员引导到第三方交易平台，然后促成图书交易的实现。对于大众图书出版数字化转型而言，在数字环境下，更要充分利用电商渠道进行图书销售，这已经是未来图书销售不可或缺的重要方式。

3. 手机阅读终端

数字时代，手机俨然已是人们生活中必不可少的一部分，大量数据也表明，手机是目前最受大众欢迎的阅读终端。人们可以随时随地利用移动互联网进行阅读，这在很大程度上刺激了手机阅读市场的发展。“易观智库对近五年中国移动阅读市场的数据显示，2012 年中国移动阅读市场规模仅为 34.7 亿元，2013 年增长到 62.5 亿元，增长率为 80.1%。2014 年整体上较 2013 年增幅开始放缓，增幅仅有 41.4%，但总体规模也达到 88.4 亿元。2015 年、2016 年发展增速与 2014 年持平，2015 年增长到 101 亿元，2016 年突破 135 亿元，预计 2017 年有望突破 156 亿元。总体来看，2013 年之后，中国移动阅读市场增速变缓，但每一年都保持着增长”，②如图 4-9 所示。

---

① 中新网. 当当 2016 年图书销售数据公布[EB/OL]. (2017-01-11)[2017-02-18]. http://money.163.com/17/0111/23/CAHM3N3L00254TI5.html.

② 中国产业信息网. 2016 年我国移动阅读行业市场规模及行业市场状况分析[EB/OL]. (2017-01-11)[2017-02-18]. http://www.chyxx.com/industry/201607/432117.html.

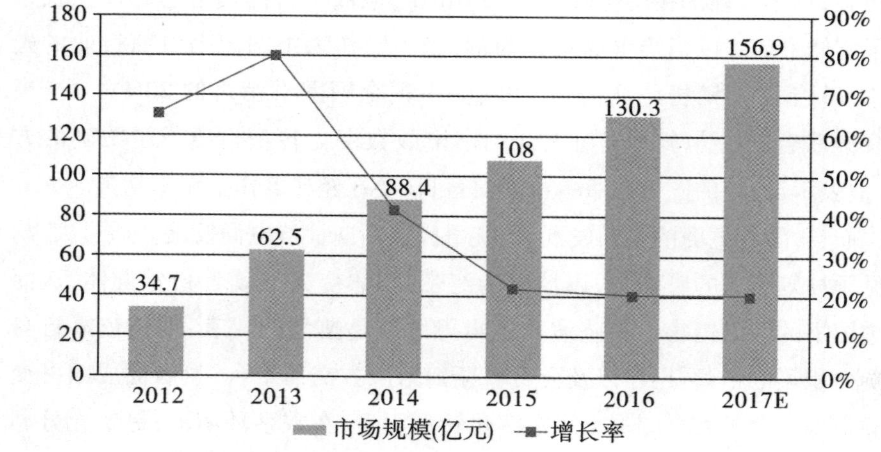

图 4-9 2014-2017 年中国移动阅读市场规模

而且,由于传统大众图书出版受数字技术的制约,以及不确定数字化转型的前景,导致了手机阅读终端被网络文章独霸天下,而传统优质的大众图书资源没能在手机阅读平台上得到应有的发挥,缺位现象比较严重。手机阅读终端的内容主要以网络文章为主,传统优质的大众图书资源没有在手机阅读平台发挥应有的作用。因此,传统大众图书出版数字化转型要充分利用更高效、更便捷的手机阅读,多渠道拓展内容商品价值。

大众图书出版的数字化转型只有多渠道并行,根据数字时代形势的发展,分清主次,有重点地挖掘产业链自由重组的多种可能性,才能促进整个产业向规模化发展,手机阅读终端随着手机网民的增加,增强市场活力。

(二)整合大众出版渠道,促进大众图书数字转型

如今的大众图书市场,尤其是数字文化产业,处处都弥漫着无声的硝烟,众多的大众图书出版商看好数字市场,纷纷调整自己的转型战略,以期获得更好的社会效益和经济效益。这就要求大众图书出版不仅要实现传播载体的数字化,还要紧跟时代的变化,整合推广渠道,实现数字渠道的转型。

1. 搜索引擎推广营销

移动数字时代,人们越来越追求高效率的生活,获取信息逐渐倾向于以搜索引擎为代表的个性化服务,面对数字文化产业激烈的竞争,大众图书出

版转型要满足用户的需求，就必须解决内容信息服务中的各种问题，把搜索引擎应用于内容资源，为实现个性化服务提供新的途径和渠道。

目前，互联网营销最常见的手段是搜索引擎，而且这项业务也是很多互联网公司创收的重要来源之一，譬如360和百度，两者相比来说，360的搜索引擎优势更为明显。CNZZ数据中心的统计分析显示，“除IE浏览器外，2015年360系列的浏览器使用率高达32.68%，且近几个月来呈现出明显的小幅上升趋势，稳居浏览器的领先地位”[①]。浏览器集中了各种搜索引擎，不受搜索引擎类型和信息来源的限制，方便读者在搜索时对检索结果互相补充，不必登录搜索引擎就可以收藏和管理检索到的信息，十分高效便捷。大众图书出版想要成功实现数字化转型，更要与搜索引擎公司进行渠道合作，买断一些畅销书的关键词，或者类似于大众图书这样的特定用词，这样便于众多的网络读者群体精准搜索和购买。

2. 微博意见领袖宣传

微博作为时下比较热门的社交网络平台之一，通过140字左右的文字实现信息分享，通过关注机制实现交流，具有明显的时效性和随意性。新浪微博2009年经新浪网正式推出后，经过发展，2014年已正式更名为微博，是目前中国用户活跃度最高的微博平台，是最为火爆的新媒体传播渠道之一。与以往新书推广渠道不同，微博推广改变了传统的派发、邮件、传真以及邮寄等推广方式，即便是新书签售会或现场促销等方式，影响也比较微弱，时效性也不强。而微博平台以其自身群体多、成本低、速度快等优势，吸引了很多出版企业的目光。尤其是，微博上的大V的意见领袖的作用异乎寻常。所以，大众图书出版数字化转型可以选择与这些微博意见领袖群体合作交流，让其帮忙撰写书评等，从而提升作品的知名度，促进各种形式的图书销售。譬如，腾讯与作家韩寒合作推出的《ONE·一个》，凭借作家韩寒的影响力，目前已经拥有了94万的微博粉丝。这就相当于该账号发布一条信息就有将近百万的人知道，再加上转发量，受众群体将会更为广泛，影响力可想

① 数据专家.2015年4月PC浏览器占比分析报告[EB/OL].(2016-06-19)[2017-02-20].http://doc.cnzz.com/about/product/2015/0604/434.html.

而知。不仅如此，该账号还在微博上吸引大量优秀的原创内容进行投稿，以期掌握更多更好的优质内容资源。因此，大众图书出版数字化转型通过微博与这样的平台开展交流合作，不仅可以获取一手新鲜的内容资源，还可以扩大自身的认知度。

3. 即时通讯软件

微信自从 2012 年 8 月正式上线以来，就凭借自身独特的优势，占据了渠道推广的主导地位，微信公众号推广热火朝天，各行各业更是都设有专人来运营自己的微信公众号。一方面，微信公众号渠道平台是零成本，这是投资网页广告位、进行实地宣传等渠道所无法企及的绝对优势；另一方面，微信公众号一对一精准推送，不仅可以保证推送消息的送达率和阅读率，而且还可以很好地了解不同关注者的需求，有利于根据受众的不同反应，进行更为精准的服务。除此之外，微信推送中的荐书功能、最新活动、互动反馈等特权，可以间接地促成图书的销售。例如，新世界出版社曾推送这么一条消息《那时临水照花人——张爱玲 20 周年祭》，通过讲述张爱玲一生的情感经历，推荐了由颜西创作的图书《民国时期的爱情》，最后附注的阅读原文是图书详情页面，读者可以通过点击购买选择自主购买，这种渠道推广不像电商平台那么干脆直接，而是把自主权交给了读者。大众图书出版在进行数字化转型的过程中，可以借鉴新世界出版社的经验，借助微信公众号这样有力的渠道平台，营造自己的影响力，促进图书销售的实现。

（三）借力国际出版营销，开拓大众图书海外市场

大众图书作为传播中国思想文化的重要载体之一，数字技术的不断发展，推动了数字文化产业的极速发展，文化产业在国民经济发展中扮演着越来越重要的角色，大众图书出版的数字化转型发展不仅要靠内需的拉动，而且也要靠外需的拉动，必须实施"走出去"发展渠道战略，提升中国图书的国际传播能力。

现在，随着中国国际地位和影响力的提升，国外很多国家掀起了"中国热"，尤其对中国五千多年的传统文化感兴趣，但是中文图书的出口却比较有限，销量没有明显的增长，倒是这些国家本地的出版商看到了商机，自己出版有关中国的图书，销量火爆。所以，国外的出版市场不亚于中国的市

场,大众图书出版数字化转型,一定要借助数字时代的广泛传播力“走出去”。而走在走出国门前列的比较具有代表性的是接力出版社。2015 年 8 月,北京国际图书博览会期间,接力出版社与智慧宫文化投资出版公司正式签约,合作开发接力出版社海外埃及分社。“据接力出版社总编辑白冰说,中东是目前世界上人口出生率较高的地区,但是儿童图书市场的整体比重却不到 30%,即使有相关的少儿图书,大部分也都是教材教辅,这一点正好和中国相反。所以,接力出版社捕捉到了这一市场先机,对埃及的儿童市场将进行积极挖掘。如果能扭转埃及儿童图书市场儿童读物占比较少的局面,销量自然而至。”①

四、采用大众图书促销策略,促进大众出版盈利增长

无论是大众出版、专业出版还是教育出版,数字化转型过程中,其盈利模式都可以归纳为以下三种:依靠销售内容的盈利模式、依靠广告收入的盈利模式和集成各类增值服务的盈利模式。

(一)依托大数据资源,精准定制大众图书服务

最早提出“大数据”时代到来这一说法的是全球知名咨询公司的麦肯锡,他说数据已经成为一种重要的生产因素,渗透到每一个行业和业务领域。当前,人们对于数据的挖掘和运用,预示着新一波生产率增长和消费者盈余浪潮的到来。尤其是近几年,大数据吸引了越来越多的关注,各行各业都在布局大数据,掀起了一股“大数据”浪潮。但是,目前大数据在图书出版业的应用并没有完全展开来,利用大数据分析市场变化,正日益成为大众图书出版数字化转型所必须具备的核心竞争力。

目前,对于传统大众图书来说,丰富的内容资源是优势,而且分类比较明确,但是数字化的内容就显得比较杂乱,一部分是来自传统出版内容的数字化,一部分是来自技术支持商推出的数字原创作品。许多数字平台对内容分类都比较粗糙,个性化内容订制更无从谈起。所以,利用大数据对读者

---

① 新华网.从输出版权到输出资本,中国出版业“走出去”进入新阶段[EB/OL].(2015-12-24)[2017-02-20]. http://news. xinhuanet. com/newmedia/2015-12/24/c_134946922. htm.

群体的阅读习惯和兴趣进行跟踪和计算,根据每位读者的不同需求,投其所好,实现真正的个性化,是当前数字化转型的重中之重。譬如,2016 年京东书城发布了年度报告,通过深度分析不同地区、不同年龄、不同性别的读者群体的消费行为数据,通过数据总结出读者的购买阅读习惯,是十分有借鉴意义的。销售榜排行前十的图书分别是《习近平总书记系列重要讲话读本(2016 年版)》《岛上书店》《摆渡人》《解忧杂货店》《世界地图:跟爸爸一起去旅行(百科知识版)》《从你的全世界路过》《皮囊》《追风筝的人》《我们仨》《偷影子的人》。从 TOP10 榜单上,我们可以看出,经典著作多,原创新品比较少。这在一定程度上说明经典大众图书的生命力更为长久,对于大众图书出版的数字化转型来说是一个巨大的鼓励。

(二)深化大众图书宣传,探索数字广告盈利模式

大众图书作为一种传播媒体,本身兼具着文化和商业的双重属性,一方面大众图书的宣传,需要通过其他各类传播渠道推广,从而使读者便于搜索和接触内容产品,达到图书销售的目的。另一方面,大众图书出版作为一个盈利的行业,也有广告媒介的属性,其自身影响力的扩大,也会吸引其他行业的广告投放。大众图书作为出版行业的盈利支柱,更要走好数字化转型道路,实现双赢。前一章已经讲过宣传推广渠道,这里我们主要探讨一下大众图书出版的数字广告盈利模式。

近年来,一种新的广告形式在电影、电视剧等领域内越发活跃,最近在传统大众图书出版业中也悄然兴起,这便是植入式广告,大众图书出版业从单一的经营图书到多元化的经营广告,也是数字化转型的一种体现。以“爸爸去哪儿”系列图书为例,该套书从一开始,就对广告植入、推广发行等有了整体的方案,图书出版方与广告投放商互助合作,互利共赢,无论是新书发布会,还是图书签售会,双方都利用自身的影响力扩大宣传,图书展销可以看到广告方的介入,广告方的宣传也与“爸爸去哪儿”系列图书紧密配合。如,倍安生活——恒大美森美儿童家具王国作为“爸爸去哪儿 2”系列图书推介会官方唯一指定的好家具品牌,曾表示每售出一件产品就会捐出 10 元儿童梦想基金,双方达到共赢。

(三)创新大众出版增值服务,提升读者付费意识

互联网数字网络盛行的今天,许多图书出版企业和网络文学网站最初

都是通过“先免费后收费”的原则，吸引了大量读者用户，导致很多人对数字阅读一直持有廉价的观念。《2013—2014 年中国移动互联网发展状况调查报告》显示，中国手机网民对移动互联网产品的付费意愿较低，过去半年，仅有25.2% 的用户使用过付费的手机应用。因此，为读者创造增值服务内容，培养读者付费阅读习惯，是实现数字化转型的重要盈利模式。

国内由传统大众图书出版企业推动转型的数字化增值服务项目效果并不理想，但是由受众主导的数字内容产品则呈现出良好的发展态势。譬如，起点中文网以原创文字为主，拥有大量优秀的内容资源，被盛大网络风险投资收购后，在原创文字的主题内容上增值，使其成为开发网络游戏的脚本，效果十分理想，不仅吸引了众多读者为继续阅读付费，而且还促使读者对网络游戏进行一定的投资。传统大众图书本身作为一种丰富的内容资源，只要在延长产业链、创新增值内容资源上下功夫，就一定能够转移读者的注意力，增强读者的付费意识，唯有通过技术把内容结合起来，才能为受众提供更全面的服务，才能丰富图书企业的获利渠道。

第五节　我国大众图书出版数字化转型保障措施

一、培养复合型数字人才，强化大众出版人才建设

数字化给图书出版业带来了巨大的变革，为了顺应时代潮流的发展，众多传统图书出版企业纷纷转型发展，然而在激烈的竞争环境下，传统图书出版业面临着人才结构失衡、高端人才匮乏等问题，大众图书出版更是一直未能找到行之有效的转型突破口。作为知识技术密集型产业，图书出版产业的发展离不开高素质的人才。在数字化转型过程中，大众图书出版产业要想取得好的发展，就必须坚持以人为本，加强复合型数字人才的培养；紧跟数字潮流的变化，建设数字出版人才队伍。

目前，我国很多图书出版企业都开展了新兴的数字出版业务，大众图书出版市场动态多变，新兴的数字出版竞争主体不断涌进，数字化转型想要取得突破性发展，就必须着力培养复合型人才，建设自己的出版人才队伍。

首先，大众图书出版产业要按照“产学研一体化”的思路开展人才培养，

与高校互助合作交流，建立出版融合研究基地。由于我国数字出版专业开设得较晚，目前我国仅有13所高校开设有数字出版相关的专业课程，例如北京大学、武汉大学、华中科技大学、北京印刷学院等，这些高校加强与出版行业的联系，建立实习基地，不仅注重人才理论知识的培养，还鼓励学生参加各种数字出版实践活动。走在数字出版人才培养前沿的当数北京印刷学院，与中国出版科学研究所共建的“中国数字出版人才培养基地”堪称典范。不仅如此，目前国内有7家传媒出版集团开设了博士后工作站，培养出版及相关专业的博士后，例如江苏凤凰出版传媒集团、广州日报报业集团、时代出版传媒公司等。人才作为比物质、技术、资源等更为重要的资本，已经成为众多出版集团竞相争夺的第一要素。

其次，面对与各方形成的激烈人才争夺局面，大众图书出版企业必须改革人才激励机制，这样才能吸引到人才，留得住人才。只有不断地激发从业人员的积极性、主动性和创造性，大众图书出版才能在数字化转型的背景下谋求更为长远的发展。“对于人才来说，长期激励的有效形式，无非两点：一是工资薪酬的合理增长；二是股份和期权的激励。通过长期激励机制，使从业人员的角色发生转变，增强人才的归属感，进而实现图书出版企业利益的最大化。”[①]值得借鉴的是，长江少儿出版集团旗下的武汉爱立方儿童教育传媒股份有限公司通过引进战略投资者及核心员工入股，使其在登陆“新三板”的第一年就实现了4088.73万元的营业收入，较去年同期增长128.55%。

最后，大众图书出版企业要加强出版从业人员的危机意识，促使他们认识到数字技术的发展给传统大众图书出版产业带来的双重影响，更多的是危机四伏。此外，还要定期对从业人员进行业务培训，使从业人员充分了解未来出版的发展方向，真正做到与时俱进；定期邀请业内的知名人士进行学习，为传统的大众图书出版产业注入新鲜的活力；举办一些与行业相关的比赛，积极引导员工的参与和学习；推进数字编辑职称资格考试，推动数字编辑职称评定体系建设。

① 张新新.全方位布局与培养数字出版人才[J].出版参考,2016(6):5-7.

数字技术的发展迫使很多传统图书出版企业不得不转型，但对于大型的出版集团来说，他们拥有各种绝对的资源；而一些中小型的图书出版企业转型则比较困难，很多甚至还都停留在意识层面，不知道该如何操作。因此，在人才队伍力量比较薄弱的现实环境下，传统的大众图书出版企业应该顺势转变人才战略，创新人才跨界合作，有效地借用外部优秀人才。这样一来，传统的大众图书出版企业就可以集中精力提高内容资源质量，加速数字化转型的步伐。目前，国内很多的大众图书出版企业，都尝试着把业务外包。举例来说，中信出版社完全把自己的发行销售业务外包给中信联合发行公司，结果，中信出版社出版的《谁动了我的奶酪》一度成为畅销书，不仅实现了盈利的增长，还提高了其在业内乃至全国的影响力。

二、加强大众出版政策支持，改革大众图书数字版权保护

（一）优化大众出版政策，合理布局数字出版战略

当今，数字出版以其方便快捷、成本低廉等优势，越发受到了读者的推崇，文化产业的半壁江山也逐渐被数字出版所占有。作为高速发展的朝阳产业，我国政府要加大政策支持，宏观调控出版产业，促进出版产业的良好发展。

“十二五”期间，我国的很多出版企业在政策的支持下，都取得了一定的成绩，譬如，一些创新性产品研发成功并推广，机构设置也有所创新。但是，我们在看到成绩的同时，更应该看到出版融合还有很多的不足。“十三五”时期，大众图书出版企业进入融合发展的关键时期，更需要在政策的优化指导下，进一步转型升级。继2015年国家新闻出版广电总局、财政部联合推出《关于推动传统出版和新兴出版融合发展的指导意见》之后，“十三五”元年，我国关于出版业融合发展的政策、财政支持力度的加大、出版融合发展重点实验室的适时推出等都预示着我国高度重视出版产业的融合发展。譬如，“十三五”时期，有关主管部门通过完善和落实项目补助、贷款贴息、停费补贴、股权投入等措施，实现财政政策、产业政策与企业出版融合需求的有机衔接。值得注意的是，《关于申报2016年度文化产业发展专项资金的通知》支持范围由以前的主要支持项目，转变为一方面支持市场化配置资源，另一

方面支持重大项目。

综上所述,我国政府及相关部门通过制定政策,加大财政支持力度,一定程度上刺激了我国出版产业的发展,有力拉动了我国图书出版产业的转型升级。但就目前来看,我国对数字出版产业的宏观调控手段还有待完善提升。

(二)增强数字版权意识,制定大众出版相关法规

数字传播技术的极速发展和广泛应用,给传统大众图书出版产业带来极大变革的同时,也给传统版权保护以极大冲击。网络上,大量的数字内容产品信息不经作者授权就随意地被复制和传播,原创作者的合法权益一再被严重侵犯。这些不良行为不仅遏制了作者的创作动机,还给传统大众图书出版行业带来了巨大的压力,数字化转型进程步履维艰。传播技术的广泛应用使数字信息的复制极为方便,但也给传统版权保护带来了极大的冲击。增强数字版权意识,完善相关法律法规,成为亟待解决的重要问题。

首先,版权是技术价值的核心。数字版权纠纷一直存在,究其原因是很多数字平台没有明确的统一的授权标准和版权保护机制。就拿手机阅读软件来说,据统计,只有33.3%的手机阅读软件有版权声明,其他都完全忽视版权保护的重要性,版权保护问题在数字文化产业中混乱不堪。积极推进版权机制的建立,使传统大众图书出版在数字化转型过程中,遇到侵权问题时,可以有章可依。尤其是在新兴的手机出版领域,传统大众图书出版企业要高度重视与作者签署数字出版权利,共同协商利益分配。作者可以参与到版权监控中来,确保自身利益不受侵害,传统大众图书出版企业按章办事,维护自身的形象和名誉。如,中国第一家现代出版机构商务印书馆2014年遭遇了严重的盗版。其中,很多名著的盗版都与互联网有着直接或间接的关系。商务印书馆很多的内容资源在网络阅读平台上都能找到相应的资源,虽然封面被改了,但是内容是商务印书馆的扫描版,多看、掌阅阅读器经抽查也有涉嫌盗用商务印书馆出版的《现代汉语词典》的情况。

其次,完善数字版权相关的法律法规。目前,虽然我国数字出版方面的法律法规在不断完善,但是由于数字时代的迅速发展,现有的法律法规还存在着很多的漏洞。数字出版相关的法律法规不仅要进行原则性宏观方面的

解释,还要进一步细化法律条文,使其具有较强的可操作性。在对内容资源进行数字化之前,要根据法律法规的相关条文,弄清楚哪些是合法的,哪些是违法的,以免模糊不清的条文被一些心怀不轨的企业利用,在数字出版保护问题上"打擦边球"。我国针对数字出版相关的法律法规一直在不断地完善,如2010年,新闻出版总署颁布的《关于加快我国数字出版产业发展的若干意见》指出,要加快制定《数据库出版服务管理方法》《互联网文学出版服务管理办法》等部门规章,同年,国家标准化管理委员会还下达了国家标准化公益科研项目《电子书标准体系研究》。因此,加快数字出版行业版权和司法保护是十分迫切的。

三、提升大众出版数字技术,树立大众图书品牌战略

(一)掌握数字出版技术,提高大众出版的质量

技术创新是科学技术转化为现实生产力的重要途径。图书出版行业作为一个高度依赖技术的产业,在数字化的冲击下,不可避免地受到了一定的冲击,但是与此同时,给图书出版行业带来更多的是变革,例如,选题组稿更具有针对性,发行销售渠道更加多样化,内容载体形式更为丰富等。虽然,在数字化转型方面,我们传统的图书出版企业起步比较晚,大众图书出版更是始终未形成比较具有规模性的转型方式,但是作为内容最为丰富的提供商,数字化转型对整个出版产业链的意义仍然十分重大。大众图书出版一定要抓住数字出版技术这个千载难逢的时机,努力进行数字化转型。

当前,最为火爆的AR技术,被广泛应用于各个行业,传统的图书出版行业自然也在其列。AR技术凭借其虚拟现实完美融合的方式,给传统的纸质图书增添了形象生动的数字化内容,不仅给人们带来了最为直观的视听体验,还实现了图书出版的新的飞跃。作为AR幕后技术支持后盾的梦想人软件科技有限公司,已经和国内很多出版商达成了合作共识,一起发布了数千本AR图书。比如,人民教育出版社、北京师范大学出版社、科学出版社等。比较令人意外的是,这次大众图书出版走在了应用AR技术的前列,儿童出版领域作为大众图书出版的分支,近几年在数字化转型方面已初见成效。"外语教学与研究出版社是国内探索AR技术应用的出版社之一,其2014年

出版的“西游记的故事”系列就是结合 AR 技术的一套童书，这套书的优点是，可以利用互动以及 3D 效果实现交互阅读的体验。”①之后，随着 VR 技术的日趋成熟，越来越多的出版商开始利用 AR 技术构建虚拟场景，尤其是在儿童科普丛书中，给读者带去阅读的独特体验。

（二）立足大众出版特色，打造出版品牌的形象

美国营销专家拉里·莱特曾指出：“品牌是一个企业拥有市场的唯一方法，而且这个品牌必须是拥有统治地位的品牌，这个比拥有工厂更为重要。”②随着出版体制改革的不断深入和传媒业准入限制的逐渐开放，图书出版企业面临着激烈的竞争和严峻的考验，市场已经不再是卖方市场了，而是买方市场；竞争已不仅仅是产品和服务的竞争，而是品牌的竞争。大众图书出版要致力于打造企业品牌，赢得读者的信任和依托。

目前，我国的出版企业很多，在管理水平、出版风格、受众群体、专业领域等方面有着明显的差异，任何一家图书出版企业都不可能做到包罗万象，不可能在每一个领域都建立自己的品牌。所以，找准自己的定位，主攻自己擅长的领域，是倾力打造品牌的第一步。例如，中信出版社一直以来都坚守着“我们提供知识，以应对变化的世界”的定位。定位找准后，接下来要清楚地了解自己出版的内容产品的“卖点”在哪里，也就是产品的区别功能，对于读者而言，具有比较独特价值的地方。通过精准定位和熟知卖点，凸显图书出版企业的特色至关重要。如读者想要买名人传记之类的书，就会首先想到长江文艺出版社，把某一特色做到位，就会收获读者的“芳心”。

结 语

数字时代的到来，人们的生活方式发生了巨大的改变：电子产品更新换代频率逐步攀升、移动应用平台遍布各大应用商城、移动网络购物深层普

---

① 赵延芹. AR 与 VR 技术在儿童出版业中的应用[J]. 新闻传播，2016(23)：108-110.

② 江曾培. 要打品牌这张牌：关于上海出版战略的一个思考[J]. 编辑学刊，2000(4)：52-55.

及、数字阅读增长快速……经历了这一轮轮的冲击，我们见证了传统图书出版产业由鼎盛到衰落，再到兴起。同时，我们也感同身受到其数字化转型所面临的困局：版权得不到保障、内容资源不断被侵犯、技术创新能力欠缺等。对于大众图书出版来说，情况更为艰难，不仅要面对专业图书和教育图书出版转型成功带来的巨大压力，还要应对许多竞争主体带来的“挤压”，转型可谓万分艰难。

市场很无情，大众图书出版必须主动参与数字化转型，打破根深蒂固的传统观念，学习国内外的先进经验，逐渐消除技术壁垒，创新产品营销服务。本章的研究价值在于通过 SWOT 分析法，梳理了我国大众图书出版的内部竞争优劣势以及外部的威胁和机会，运用 5W 传播模式有针对性地探究了我国大众图书出版传播流程的现状，并指出了目前存在的一些问题，结合 4PS 理论和成功转型的案例，为我国大众图书出版数字化转型的发展提供了有价值的借鉴。大众图书出版若能成功实现数字化转型，不仅可以重振出版产业的信心，同时，还可以大力促进我国文化产业的全面发展。因此，随着数字技术的不断深化，大众图书出版的数字化转型研究仍有很大的价值。

受各种主客观条件的制约，本章虽然对大众图书出版数字化转型进行了理论和实践相结合的研究，并给予了一定的转型方向和策略，但还是存在着很多不完善、不全面的地方，有必要进行更深一步的研究。主要包括以下两个方面：

(1)随着数字技术的更新换代，影响大众图书出版的因素可能会日益增多，本章提出的大众图书出版数字化转型策略就不再具有恒久的有效性，难以紧跟时代步伐，希望更多的学界和业界能够持续关注，在后续的研究中，以与时俱进的眼光对本章的有些观点进行进一步的修正，并创新性地提出更多切实可行的建议。与此同时，笔者也会结合以后发生的变化，通过严谨科学的方法，继续对其进行更为深入的研究，进一步探索出更多与时俱进的转型策略。

(2)本章只对大众图书出版的数字化转型策略进行了整体性、系统性的理论研究，至于大众图书出版细分的少儿图书、养生保健类图书、娱乐休闲类图书等门类，还有待继续开展更为深入的、更富针对性的研究。

参考文献

[1]出版商务周报. 国家“十三五”数字出版要点[EB/OL]. (2016-07-21)[2017-02-21]. http://www.bisenet.com/article/201607/160714.htm.

[2]柏景岚. 网络时代下图书营销新模式[J]. 出版广角,2013(12):58-60.

[3]金雪涛,程静薇. 大众出版的产业价值链与数字化转型[J]. 重庆社会科学,2012(3):78-83.

[4]中国出版网. 2014—2015 中国数字出版产业报告[EB/OL]. (2016-07-19)[2017-02-15] http://www.chuban.cc/rdjj/2016szcb/zlttp/201607/t20160719_174913.html.

[5]每日经济新闻. 亚马逊 Kindle 阅读器销量[EB/OL]. (2016-07-19)[2017-02-15]. http://www.chuban.cc/rdjj/2016szcb/zlttp/201607/t20160719_174913.html.

[6]程三国. 理解现代出版业(上)[N]. 中国图书商报,2002-10-11(030).

[7]李旭,宣晓凤. 创意与整合:大众出版的专业化与数字化[J]. 现代出版,2014(01):17-20.

[8]丁荣源. 论大众图书[J]. 出版发行研究,1996(2):10-12.

[9]赖茂生. 从电子出版到数字出版[J]. 中国电子出版,2000(2):40-41.

[10]新闻出版总署. 关于加快我国数字出版产业发展的若干意见[J]. 中国出版,2010(21):6-8.

[11]周百义. 畅销书籍影响大众出版形态[N]. 中国图书商报,2008-11-18(A09).

[12]宁静. 大众出版成为书业 PK 主战场[N]. 中国图书商报,2008-04-29(004).

[13]人民网. 中国互联网络发展状况统计报告[EB/OL]. (2017-01-23)[2017-02-17]. http://media.people.com.cn/n1/2017/0123/c40606-29042485.html.

[14]修安萍. 美国大众出版社之转型研究[D]. 武汉:武汉理工大学,2012.

[15]郭庆光. 传播学教程[M]. 北京:中国人民大学出版社,2011.

[16]刘艳,徐丽芳. 兰登书屋数字化发展研究[J]. 出版科学,2012(1):

90-96.

[17]中新网.当当公布2016电子书数字阅读指数[EB/OL].(2017-01-09)[2017-02-20].http://www.chinanews.com/cul/2017/01-09/8118645.shtml.

[18]易群.大众数字出版的免费商业模式探析[J].新闻研究导刊,2016(17):282-283.

[19]于文.出版业免费商业模式探析[J].编辑之友,2016(1):22-26.

[20]郭旭.传统出版业在新媒体环境下的危机与对策[J].东北师大学报(哲学社会科学版),2012(6):254-256.

[21]中国出版网.2016年中国图书零售市场[EB/OL].(2017-01-16)[2017-02-20].http://www.chinanews.com/cul/2017/01-09/8118645.shtml.

[22]张新新.出版业融合发展的趋势与对策建议[J].中国编辑,2016(5):66-70.

[23]万明.金盾出版社携手启迪传媒打造电视联播新平台[J].出版参考,2015(Z1):60.

[24]胡兴球,曲文凤.电子书定价的价格歧视策略探讨[J].科技与出版,2013(8):14-18.

[25]百道新出版研究院.电子书订阅模式主要适用于专业细分市场[EB/OL].(2012-08-15)[2017-02-18].http://news.xinhuanet.com/2012-08/14/c_123580999.htm.

[26]商鸿业.电子书成本与定价分析[J].科技与出版,2013(4):88-93.

[27]任晓宁.电子书阅读器再起"硝烟"[N].中国新闻出版广电报,2016-05-11(001).

[28]中新网.当当2016年图书销售数据公布[EB/OL].(2017-01-11)[2017-02-18].http://money.163.com/17/0111/23/CAHM3N3L00254TI5.html.

[29]中国产业信息网.2016年我国移动阅读行业市场规模及行业市场状况分析[EB/OL].(2017-01-11)[2017-02-18].http://www.chyxx.com/industry/201607/432117.html

[30]数据专家.2015年4月PC浏览器占比分析报告[EB/OL].(2016-06-

19)[2017-02-20]. http://doc. cnzz. com/about/product/2015/0604/434. html.

[31]新华网. 从输出版权到输出资本,中国出版业“走出去”进入新阶段[EB/OL]. (2015-12-24)[2017-02-20]. http://news. xinhuanet. com/newmedia/2015-12/24/c_134946922. htm.

[32]张新新. 全方位布局与培养数字出版人才[J]. 出版参考,2016(6):5-7.

[33]赵延芹. AR 与 VR 技术在儿童出版业中的应用[J]. 新闻传播,2016(23):108-110.

[34]江曾培. 要打品牌这张牌:关于上海出版战略的一个思考[J]. 编辑学刊,2000(4):52-55.